100.000 Jahre SEX

Liebe und Erotik in der Geschichte

Herausgeber

Drs. Vincent T. van Vilsteren

Prof. Dr. Rainer-Maria Weiss

Drents Museum, Assen [NL]

Helms-Museum, Hamburg [D]

Odense City Museums, Odense [DK]

Landesamt für Archäologie Sachsen mit

Landesmuseum für Vorgeschichte, Dresden [D]

Südtiroler Archäologiemuseum, Bozen [I]

Tiroler Landesmuseum Ferdinandeum, Innsbruck [A]

Haus der Natur, Salzburg [A]

THEISS

Impressum

Herausgeber der deutschen Ausgabe
Vincent van Vilsteren
Rainer-Maria Weiss

Übersetzungen aus dem Niederländischen, Englischen und Französischen für die deutsche Ausgabe
Martin Devens

Redaktion der deutschen Ausgabe
Michael Merkel
Annett Rensing
Christin Rudolph
Gerhard Scheffler
Gisela Scheffler

Endlektorat der deutschen Ausgabe
Rainer-Maria Weiss

Bildredaktion
Benoît Mater

Gestaltung
Gerard Ph. Alberts, grafisch ontwerp BNO, Assen

Druck
Druckerei Waanders, Zwolle

Bibliografische Information Der Deutschen Bibliothek
Die Deutsche Bibliothek verzeichnet diese Publikation in der Deutschen Nationalbibliografie; detaillierte bibliografische Daten sind im Internet über http://dnb.ddb.deabrufbar

Lizensausgabe für den Konrad Theiss Verlag GmbH, Stuttgart

ISBN 3-8062-1949-4

Inhalt

Hintergrund:
Sigmund Freud führte den Begriff Penisneid *ein. Er besaß eine eigene Sammlung ägyptischer, etruskischer, römischer und japanischer Phallusamulette (Freud Museum, London).*

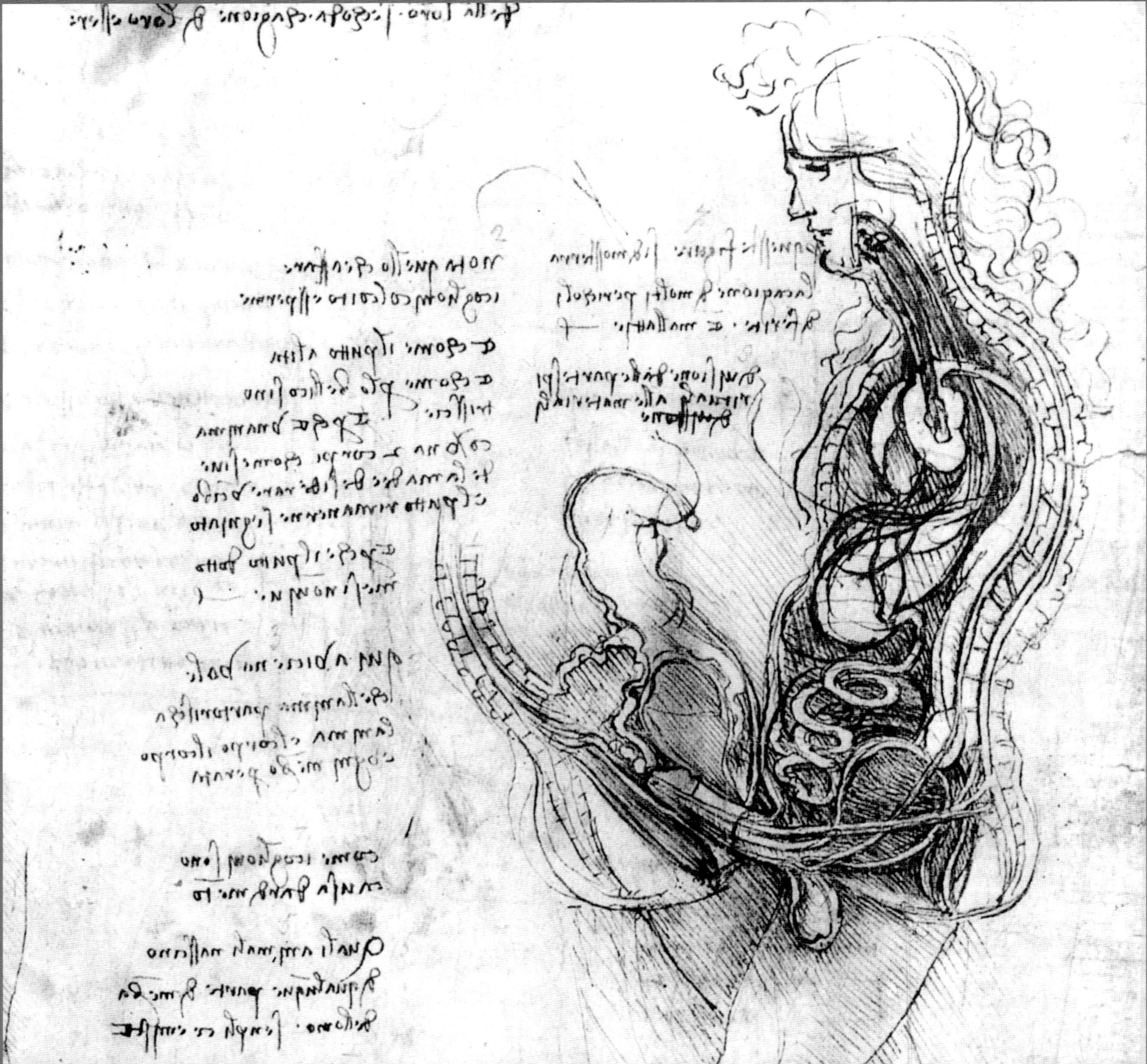

Einführung

Vincent T. van Vilsteren

Die von Leonardo da Vinci im 15. Jahrhundert angefertigte Skizze eines Mannes und einer Frau beim Geschlechtsverkehr im Längsschnitt verrät uns heute, dass man damals sehr wohl darüber im Bilde war, wie die Fortpflanzung biologisch vonstatten ging. Die Fortpflanzung mag vielleicht der wesentliche Bestandteil der Sexualität sein, aber Sex ist natürlich mehr als nur Fortpflanzung. Sex ist auch Erotik, Verführung und Lust. Sex ruft sichtbare Spannungen und hörbare Emotionen hervor. Sexuelles Geseufze und Gestöhne müssen früher für alle Welt zu hören gewesen sein. Für viele Kinder, ob sie nun auf einem eisenzeitlichen Gehöft in Schweden oder in einer römischen Villa in Pompeji aufwuchsen, werden die Liebesgeräusche ihrer Eltern die erste Berührung mit dem Sex gewesen sein. Man schlief zusammen in einem Raum oder die Unterteilung bestand bloß aus Vorhängen. Als Prüderie könnte man die Tatsache empfinden, dass in den Geschichtsbüchern eher eine Feldschlacht mit 3.000 Toten als das Liebesleben seiner Zeitgenossen beschrieben wird. Und darüber hinaus wird der Geschlechtsverkehr in der Bronzezeit wohl nicht viel anders als im Mittelalter gewesen sein. Eigentlich gibt es nichts Neues unter der Sonne. Sex ist nicht nur so alt wie Methusalem, sondern faktisch so alt wie Adam und Eva. Dass Adam und Eva es miteinander machten, ist offensichtlich. Wie sollten Kain und Abel sonst enstanden sein? Wenn einer der beiden unfruchtbar gewesen wäre, hätte es die Menschheit nie gegeben, zumindest wenn man an die Schöpfungsgeschichte der Bibel glaubt.

Viele dicke Bücher wurden geschrieben, um Sex zu definieren und zu erklären, wobei Freud vielleicht der bekannteste Autor ist. Aber um all diese Theorien geht es bei ‚*100.000 Jahre Sex*' nicht. Bei diesem Projekt soll durch eine Ausstellung und ein Buch verdeutlicht werden, wie der Mensch in der Vergangenheit auf sehr unterschiedliche Weise mit Sex umgegangen ist. Sex gibt es, Sex gab es und Sex wird es immer geben. Darüber hinaus hatte Sex früher auch eine gesellschaftliche Bedeutung, die uns schon lange verloren gegangen ist. So erweist sich *100.000 Jahre Sex* auch als ein Stück Kulturgeschichte mit oft überraschenden Wendungen. Wir modernen Menschen mögen der Ansicht sein, dass wir nach der sexuellen Revolution der 60er und 70er Jahre des vorigen Jahrhunderts die Weisheit (sexuelle Freiheit) gepachtet haben, aber tatsächlich hieß das nur, das Joch der Prüderie abzuwerfen, das unsere Vorfahren sich selbst auferlegt hatten. Wie anders als bei uns heute waren doch z. B. die Ansichten darüber in der griechischen Kultur. Dort war Sex einfach Bestandteil des Lebens, der in aller Öffentlichkeit und auch in der Gruppe stattfand. Dass Frauen dabei weniger auf ihre Kosten kamen, bleibt dabei unbenommen und sagt nur etwas über die Stellung der Frau in der damaligen Gesellschaft aus. Dabei fällt auf, wie sich die männliche Dominanz auch in der materiellen Hinterlassenschaft früherer Zeiten mit sexuellem Charakter niedergeschlagen hat. Wie sehr man auch in verschiedenen Sammlungen sucht, übertrifft die Zahl der männlichen Exponate die Zahl der weiblichen um ein Vielfaches. Einzige Ausnahme hierbei ist die Frühzeit der Menschheit. In der Altsteinzeit wurde die Frau vielfach als Urmutter abgebildet, vom Mann jedoch fehlt fast jede Spur.

Im Laufe der Zeit hat der Mensch den Begriff Sex in sehr unterschiedlicher Weise gestaltet und interpretiert, oft in ungeahnt kreativer Weise. Ein Niederschlag davon findet sich in *100.000 Jahre Sex*.

Anatomische Studie eines Geschlechtsaktes. Leonardo da Vinci, um 1492 (Royal Library, Windsor)

Vom Mutterleib zum Sexualpartner

Sexuelle Bildersprache in der Kunst der Altsteinzeit

Jill Cook

Den Schleier über dem Geschlechtsleben unserer frühesten menschlichen Vorfahren zu lüften, ist eine schwierige Sache. Intime Beziehungen hinterlassen keine bleibenden Spuren, wenn ihre Freuden nicht in Kunst, Poesie oder Erzählungen aufgezeichnet werden. Für den größten Teil unserer Evolutionsgeschichte liegt keine dieser Quellen vor. Abgesehen vom offensichtlichen Erfolg des genetischen Imperativs zur Fortpflanzung fehlen uns die Möglichkeiten, herauszufinden, wie Geschlechtsbeziehungen das individuelle und das soziale Verhalten beeinflussten, es sei denn mithilfe der Modelle moderner Evolutions- oder Soziobiologen. Aus einer modernen Sichtweise geschrieben, neigen diese Darstellungen dazu, die heterosexuelle Monogamie und das Familienleben als die Hauptelemente der menschlichen Evolution, Lust jedoch nur als Teil des Paarungsverhaltens anzusehen, als ein Mittel, durch Anlokkung und Bindung den Fortpflanzungserfolg zu sichern. Außer diesen Theorien gibt es nichts im archäologischen Befund, das auf die Art der persönlichen bzw. zwischenmenschlichen Sexualität hindeutet, bis der anatomisch moderne Menschen begann, seine Gedanken in Kunst auszudrücken. Dies begann in verschiedenen Teilen der Welt vor etwas weniger als 100.000 Jahren, jedoch sollen hier die Menschendarstellungen aus der Kunst der späten Eiszeit in Europa vor 35.000 bis 10.000 Jahren betrachtet werden. Für die Dauer dieser Periode, des Jungpaläolithikums, kennen wir Männer, Frauen und Paare durch naturalistische und abstrakte Malereien, Skulpturen und Ritzzeichnungen aus Höhlen oder von offenen Lagerplätzen. Das Betrachten dieser Bilder lässt manchmal das universelle Bedürfnis, einen anderen menschlichen Körper zu erfassen und sich mit ihm zu vereinigen, aber auch Konzepte von Geschlecht und Sexualität erkennen, die sich von unseren heutigen sehr unterscheiden.

Die Venus von Willendorf (vorige Seite). Schwere Brüste, hervorstehender Bauch und eine ausgeprägte Vulva: Heute vielleicht ein Sexsymbol, vor 25.000 Jahren aber wahrscheinlich ein Fruchtbarkeitssymbol (Naturhistorisches Museum, Wien).

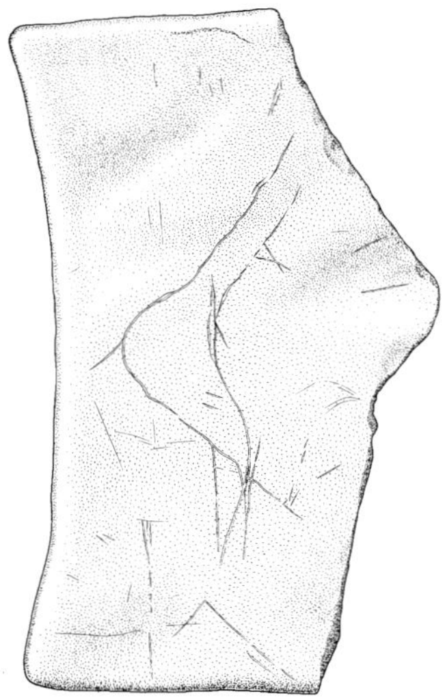

Diese Frauenfigur wurde vor ca. 12.500 Jahren in ein Stück Kalkstein geritzt (Courbet).

FRAUENDARSTELLUNGEN

Abbildungen von Frauen wurden während des gesamten Jungpaläolithikums angefertigt. Die älteste bekannte ist eine Skulptur aus blaugrünem Kiesel, nur sieben Zentimeter groß, gefunden neben der Feuerstelle eines Lagerplatzes bei Stratzing-Galgenberg in Niederösterreich. Ihr Geschlecht wird deutlich aus der Linie von Hüfte und Schenkel sowie einer Brust, die unter einem Arm, den sie über ihren Kopf hebt, hervor schwingt. Die Pose lässt darauf schließen, dass sie tanzt. Mit einem Alter von etwa 32.000 Jahren ist sie Vorläufer von über 150 Frauendarstellungen in Skulptur und Flachrelief aus der Periode vor 28.000 bis 21.000 Jahren. Abgebildet werden Frauen mit großen Brüsten, Pobacken, Schenkeln und hervortretenden Vulven. Später wurden Frauendarstellungen öfter eingeritzt und seit etwa 12.500 Jahren wurde ihre Geschlechtlichkeit in abstrakter Form ausgedrückt. Neben diesen Ganzkörperdarstellungen ist weibliche Sexualität während dieser Perioden auch durch Malereien oder Ritzzeichnungen des Schamdreiecks dargestellt. Dies sind in der Regel einfach gezeichnete Symbole. Außergewöhnlich ist die etwa 32.000 Jahre alte Höhlenmalerei von Chauvet in der Ariège, Frankreich, hier wurde offensichtlich die natürliche Form der Höhlenwand genutzt, um die Kurven eines weiblichen Oberschenkels zu betonen und mit schwarzer Farbe die hervortretende Schambehaarung in aufreizendem Realismus zu malen.

Tanzende Mädchen, üppige Akte und die wiederholte Verwendung des Schamdreiecks könnten darauf schließen lassen, dass Bilder von Frauen als Erotica hergestellt wurden. Dies wurde wiederholt in ihre Benennung und Interpretation einbezogen. Seit den 60er Jahren des 19. Jahrhunderts wurden solche Abbildungen als Venusfiguren bezeichnet, womit eher der laszive als der göttliche Aspekt, den dieser Name impliziert, betont werden sollte. Eine schlanke Elfenbeinstatuette von einem Abri bei Laugerie Basse an der Dordogne wurde wegen des Fehlens deutlicher Geschlechtsmerkmale als *Keusche Venus* bezeichnet. Eine Höhle mit Ritzzeichnungen von zwei liegenden Akten und der stehenden Figur einer jungen Frau im Aveyron-Tal nahe Montauban in Frankreich wurde dem gegenüber *La Magdeleine*, die gefallene Frau, genannt, gemäß der Ansicht Abbé Breuils, dass die Bilder dem Vergnügen der heimkehrenden Jäger dienten. Diese Vorstellungen sind nicht allein auf die Abbildungen zurückzuführen. Die ersten Figurinen wurden im späten 19. und frühen 20. Jahrhundert entdeckt, in einer Zeit, als sich auch Kunststile und das Verständnis der menschlichen Natur veränderten.

Freizügige Aktgemälde von Künstlern wie Gustave Courbet, Auguste Renoir, Toulouse Lautrec und Egon Schiele wie auch die Photographie des 19. Jahrhunderts stellten die bisherige idealisierte, angepasste Kunst in Frage. Diese Auseinandersetzung geschah nicht zuletzt auch unter dem Einfluss von Freuds Forschungen zu Sex und zur Psyche des Menschen.

In dieser Zeit nutzten Archäologen neue ethnologische Arbeiten und deren außereuropäische Sichtweisen zu physischer Schönheit, um zu begründen, dass die Männer des Paläolithikums offensichtlich kräftige Frauen als erotisches Ideal bevorzugten. Bis in die 30er Jahre des 20. Jahrhunderts waren manche Autoren von dieser sexuellen Funktion der Frauendarstellungen in der paläolithischen Kunst überzeugt. Einige Autoren interpretierten die Abbildungen gerne als erotische Kunst, sich dabei auf das visuelle und andere durch den weiblichen Körper verursachte Vergnügen beziehend, während der Ausgräber von Dolní Věstonice in Mähren bei der Beschreibung von dort gefundenen Darstellungen schrieb, dass der Künstler „*seine sexuelle Libido betone*“ mit „*einer eiszeitlichen, plastischen Pornographie*“. R. Feustel schloss sich 1971 dieser Ansicht an und erwog, dass diese Abbildungen eine „*rohe animalische Wollust*“ reflektierten, „*ein elementares, profanes Bedürfnis ohne magischen oder spirituellen Wert*“. Obwohl solche Ansichten insoweit gerechtfertigt sein mögen, als dass jede künstlerische Wiedergabe des

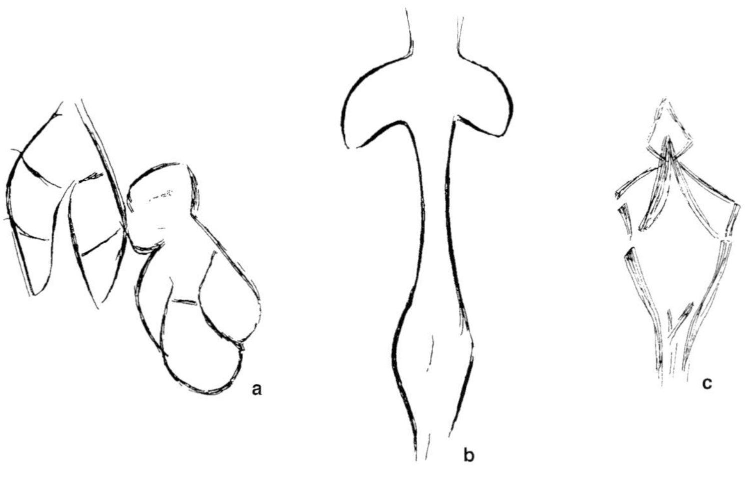

Stilisierte Brüste, ein Torso, ein schlanker Körper und ein rautenförmiger Körper, abgebildet auf Werkzeugen, die ca. 12.500 Jahre alt sind (aus La Madeleine [a und b] bzw. Montastruc [c]).

nackten menschlichen Körpers erotische Gefühle beim Betrachter auszulösen vermag, sagen solche Schlussfolgerungen wohl mehr über die Einstellung des 20. Jahrhunderts als über die Steinzeit aus. Um einschätzen zu können, ob diese kleinen Statuetten einfach den Pin-ups moderner Männermagazine entsprechen, ist es unumgänglich, sie detaillierter und im Kontext ihrer Zeit zu betrachten.

NACKTHEIT UND GEBÄRDE

Obwohl es zahlreiche Belege dafür gibt, dass Tierhäute, Pelze und möglicherweise Textilien zusammengenäht und wahrscheinlich als Kleidung genutzt wurden, wurden Frauen normalerweise ohne Kleider dargestellt. Ihre Nacktheit ist beabsichtigt und oft durch persönlichen Schmuck wie Armbänder, Gürtel oder Zierbänder, eine kunstvolle Frisur oder Kopfbedeckung noch gesteigert, oder, wie im Falle der Statuette von Lespugue, Frankreich, durch eine unterhalb des Gesäßes getragene Schürze, die nur dazu dient, dessen bereits betonte Form noch zu unterstreichen. Sogar das Geschlecht von Statuetten in Anoraks von Mal'ta in Sibirien ist durch die Andeutung von Brüsten und eine Kerbe im Schambereich verdeutlicht. Die Absicht ist, den Betrachter die Weiblichkeit der Figurinen, die in verschiedenen Lebensaltern gezeigt werden, erkennen zu lassen; jung und schlank, in verschiedenen Stadien der Schwangerschaft, gebärend und älter mit von der Geburt erschlafften Muskeln. Obwohl jedes Fundstück ein Individuum wiedergibt, gehören die Figurinen zu einer Gruppe mit deutlich betonten Geschlechtsmerkmalen, wohingegen die Künstler den Händen, Füßen und Gesichtern wenig Aufmerksamkeit gewidmet haben, obwohl es manche bezaubernde, wenn auch außergewöhnliche Porträts gibt.

Die Ähnlichkeiten zwischen den Skulpturen lassen auf einheitliche Ideen oder Glaubensvorstellungen bei Künstlern und Betrachtern schließen. Falls diese Einheitlichkeit nur sexueller Natur war, muss dazu gesagt werden, dass die Statuetten weder in deutlich aufreizenden Posen aufgestellt sind noch ihre Hände vielsagend auf ihre Brüste oder Genitalien weisen. Die Vermutung, dass die hochschwangere Kalksteinstatuette Nr. 87 von Kostienki I Handfesseln als Hinweis auf sexuelles Fesseln trägt, erscheint kaum glaublich, sobald man sich die verzierten Halbmonde aus Elfenbein und Armbänder von der Fundstelle betrachtet. Tatsächlich könnte man die Figurinen als sittsam bezeichnen, auch wenn sie kniend oder stehend gebärend dargestellt sind, wie bei Exemplaren von Ausgrabungen in Avdeevo in Russland oder Sirieul, Tursac und Monpazier in Frankreich sowie aus der Höhle von Grimaldi, Italien. Wenn die Genitalien abgebildet werden, sind sie darüber hinaus manchmal nach vorne verlagert, sodass sie sichtbar und sorgfältig ausgearbeitet sind. Bei der österreichischen Kalksteinfigur von Willendorf und der Figurine V aus Elfenbein von Dolní Věstonice sind die Öffnung der Vagina und die umgebenden Labia deutlich erkennbar. Bei den gebärenden Figurinen von Monpazier und Grimaldi ist die Vagina vergrößert und mit geöffnetem Muttermund im Moment der Geburt dargestellt. Solche Merkmale deuten eher auf Realismus als auf Sinnlichkeit hin und es wäre möglich, dass der Titel „*Der Ursprung der Welt*", den Courbet 1866 seinem realistischen Gemälde von den Genitalien einer Frau gab, einen Hinweis auf die Bedeutung dieser Figurinen gibt.

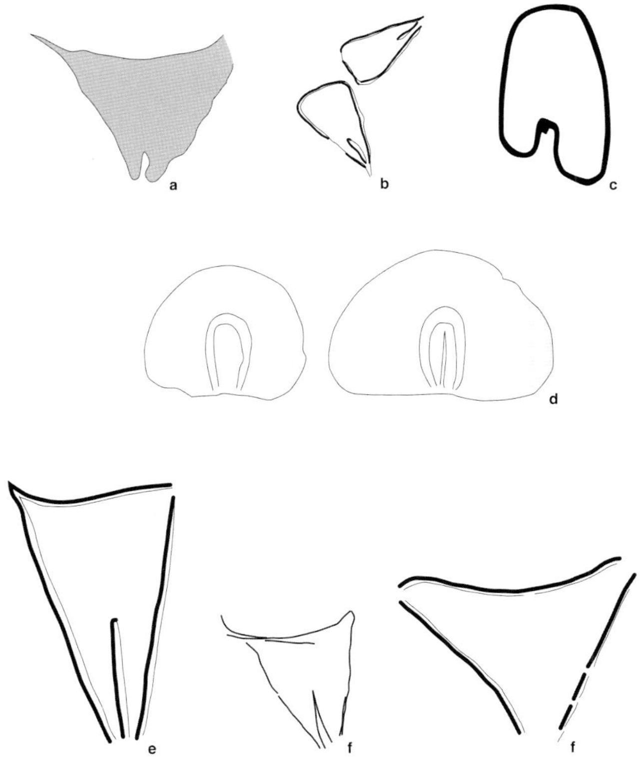

Das Dreieck als Abbildung weiblicher Genitalien. In der Zeit von vor 32.000 bis 14.000 Jahren wurden derartige Malereien und Ritzzeichnungen in Grotten in Frankreich (Grotte Chauvet (a), La Ferrassie (b), Abri Cellier (c), Pergouset, (f)), Russland (Kostienki I (d)) und Deutschland (Oelknitz (e)) angebracht.

ALTERNATIVEN ZUM SEX

In der Kunst der letzten Jahrhunderte wurde Schwangerschaft selten abgebildet, außer da, wo eine Idee oder eine Glaubensvorstellung ausgedrückt wird, z. B. bei der Jungfrau Maria mit dem

Jesuskind oder im sozialistischen Realismus die Wiedergeburt der Sowjetnation nach den ungeheuren Verlusten im Zweiten Weltkrieg. Darüber hinaus war bis vor kurzem und in den meisten Kulturen das Gebären allein Frauensache. In dieser Hinsicht könnte die Betonung der Geschlechtsmerkmale weniger einen Künstler reflektieren, der das Lustbringende bis fast hin zum Fetischismus perfektioniert, als einen, der das Lebensbringende und -erhaltende bekräftigt. Manchmal werden nur die Brüste wiedergegeben. In Dolní Věstonice sind die Figurinen VIII und XIV auf Stäbe mit Brüsten reduziert und es gibt ein Halsband von sorgfältig aus Elfenbein gefertigten brustförmigen Perlen. Zugleich wurden während des gesamten Jungpaläolithikums die Eckzähne von Hirschen wegen ihrer einer Brust ähnelnden Form durchbohrt, um sie als Perlen zu verwenden. Solche Gegenstände und Verzierungen könnten Totems, Glücksbringer oder Zeichen für Übergangsriten wie Pubertät, Heirat, Geburt und Tod gewesen sein. Ihr Vorkommen bei Feuerstellen und in Gruben von Siedlungen könnte dies stützen und ruft eher eine Mutter Courage des urgeschichtlichen Abfallhaufens als eine steinzeitliche Verführerin ins Gedächtnis. Jedoch können hervorgehobene Formen auch Göttlichkeit bezeichnen. Von einem göttlichen Wesen, einer Göttin des Lebens, der Mutterschaft oder der Fruchtbarkeit darf man annehmen, dass sie üppiger ausgestattet war als die lebenden Individuen, denen sie nachempfunden wurde. Vor etwa 21.000 Jahren verschwand dieser Statuettentyp nach und nach, obwohl Ritzzeichnungen von üppigen Frauen und von Brüsten weiter auf Alltagsgerätschaften auftraten.

Vor etwa 12.500 Jahren hatte sich der Stil der Frauendarstellungen verändert. In Frankreich und Deutschland erhielt die weibliche Figurine eine vereinfachte, abstrakte Form, die deutlich das Wesentliche ihrer Sexualität ausdrückt. In Ritzzeichnungen, Statuetten und persönlichem Schmuck sind die Figuren im Profil dargestellt. Der Oberkörper ist auf zwei fast parallelen Linien reduziert und zeigt manchmal eine normal große Brust. Die Körper sind flach und es gibt keine Andeutung ihrer Genitalien, obwohl ihre Weiblichkeit sehr schön durch die sinnlichen Kurven von Hüfte und Schenkel ausgedrückt ist. Sie kommen allein oder in Gruppen vor und sind nicht mit Abbildungen von Männern vergesellschaftet. Möglicherweise geben sie eher normale Frauen als zeichenhafte Abbilder wieder und es ist bemerkenswert, dass heterosexuelle und Männerdarstellungen zu dieser Zeit an Zahl zugenommen hatten, was vielleicht auf ein gewachsenes Verständnis der Rolle des Mannes bei der Fortpflanzung hindeutet. Die Stellung der Frau hatte sich möglicherweise von der alleinigen Quelle des Lebens zur Partnerin hin verändert. Eine Beurteilung dieser

Venusstatuette aus Steatit von Grimaldi, Italien (25.000 v. Chr., Musée des Antiquités Nationales, St.-Germain-en-Laye).

verschiedenen Möglichkeiten verlangt einen Blick auf Einzel- und Paardarstellungen von Männern.

MÄNNERBILDER

Obwohl Männerdarstellungen während des ganzen Jungpaläolithikums in der Kunst vertreten sind, nehmen sie zahlenmäßig seit vor 16.000 Jahren zu. Trotzdem sind Männerbilder mit Ausnahme einiger bemerkenswerter Porträtköpfe aus der späteren Periode selten realistisch gezeichnet und selten bemerkenswert. Die Figuren sind oft abgerundet, und ein Mangel an anatomischen Details erweckt den Eindruck, dass sie bekleidet sind. Sie werden im Allgemeinen in Bildkompositionen gezeigt, die Geschichten oder Ereignisse andeuten. Ritzzeichnungen bilden Männer ab, wie sie Bären entgegentreten, sich an Auerochsen pirschen, Pferde bejagen, um ein geschlachtetes Wisent herum sitzen und in einer Malerei in Lascaux, Dordogne, vor einem verwundeten Wisent liegen. Seltener scheinen sie Tiermasken zu tragen oder Tiergestalt angenommen zu haben.

Gut ein Drittel der in allen bekannten Bildern gezeigten Männer ist mit Phallus abgebildet, jedoch scheint der erigierte Penis eher Männlichkeit anzuzeigen als auf Sex hinzudeuten oder Fruchtbarkeit zu symbolisieren wie in späteren Kulturen. Eventuell mit Ausnahme der gemalten Figur in Galerie II in der Höhle von Le Portel, Ariège, und der Ritzzeichnung 34 von La Marche, Vienne, hält keine dieser Figuren ihre Genitalien oder weist darauf, noch wird der einzelne Phallus als Zeichen verwandt. Eine Besonderheit ist der phallische Lochstab aus der Sprosse eines Rengeweihs vom Abri von Montastruc, Penne Tarn. Die Spitze des Penis ist detailliert geschnitzt und sein Schaft ist mit Fischen verziert, die Sperma oder die konvulsivischen Bewegungen des Penis bis zur Erektion und während des Verkehrs bis zum Orgasmus symbolisieren könnten. In späteren Kulturen symbolisierte der Fisch aus dem letztgenannten Grund Männlichkeit, aber im Paläolithikum findet sich diese Verbindung nur auf diesem einzigartigen Objekt. Die Funktion des Fundstücks ist nicht bekannt. Zusammen mit einem Doppelphallus, der wahrscheinlich aus der Höhle von Gorge d'Enfer in Frankreich stammt, hat man es als Sexspielzeug oder als ein Instrument zum Zerreißen des Jungfernhäutchens vorgeschlagen. Beide Vorschläge scheinen nicht plausibel angesichts des einzigartigen und besonderen Charakters beider Fundstücke. Obwohl dies die einzigen bekannten Exemplare von einzeln dargestellten Phalli sind, kennt man allerdings andere, die männliche und weibliche Symbole vereinen.

VERMISCHTE BILDER

Unter den weiblichen Figurinen der älteren Periode scheinen einige Statuetten, z. B. die von Mauern in Bayern und die von Savignano und dem Trasimenischen See in Italien, männliche und weibliche Formen zu vereinen. Die sich verjüngenden Oberkörper und gerundeten Bäuche und Hinterbacken können als phallisch interpretiert werden und eine bisexuelle Verbindung andeuten. Objekte, auf denen männliche und weibliche Genitalien ganz offensichtlich vereinigt sind, stammen aber aus jüngeren Kontexten. Zwei davon stammen aus der Höhle im französischen Le Placard, Charente, und wurden in Sedimenten gefunden, die von vor 16.000 bis 14.000 Jahren datieren. Beide aus Rengeweih gefertigten Artefakte haben eine phallische Form und zeigen zugleich deutliche Darstellungen von weiblichen Genitalien. Zweck und Bedeutung dieser Objekte sind nicht bekannt. Eine gleichartige männlich-weibliche Kombination ist auf einem etwas jüngeren, gravierten Knochen von La Madeleine, Dordogne. Sie zeigt einen Doppelphallus, bei dem die Penisse in gegensätzliche Richtungen zeigen, sich aber in dieselben Hoden teilen. Am rechten Ende wendet sich ein Löwe oder Bär der Spitze eines der Phalli zu, der sorgfältig mit einer leichten Krümmung und einer Ritzlinie gezeichnet ist, um die Venen und konvulsivischen

Ein 25 cm großer Phallus als Symbol für den Mann, im Abri Blanchard, Sergeac, Frankreich, gefunden (30.000 v. Chr., Musée des Antiquités Nationales, St.-Germain-en-Laye).

Eine 6 cm große natürliche Ausstülpung in der Grottenwand stellt den erigierten Penis dieses mit roter Farbe gezeichneten Mannes dar (Le Portel).

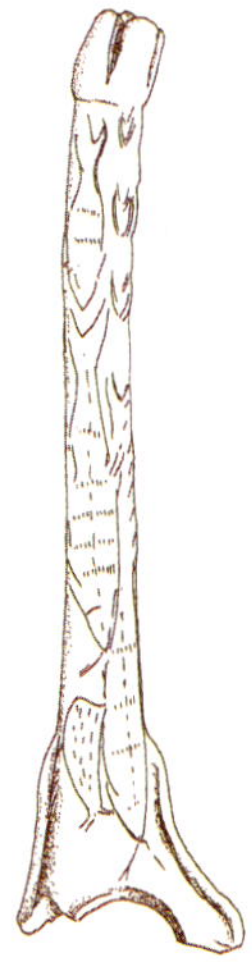

Ca. 12.500 Jahre altes phallisches Knochenstück, verziert mit eingeritzten Fischen, gefunden in Montastruc, Frankreich.

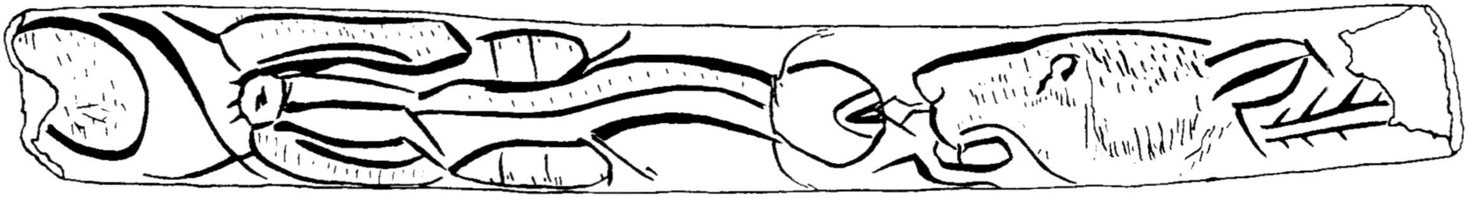

Manchmal finden sich männliche und weibliche Elemente auf einem Gegenstand vereinigt: Ein Knochenstück (ca. 13.000 Jahre alt), verziert mit einem Doppelphallus, einer Vulva und einem Tierkopf (oben) und zwei beinerne Werkzeuge aus Le Placard, Frankreich (ca. 14.000 Jahre alt).

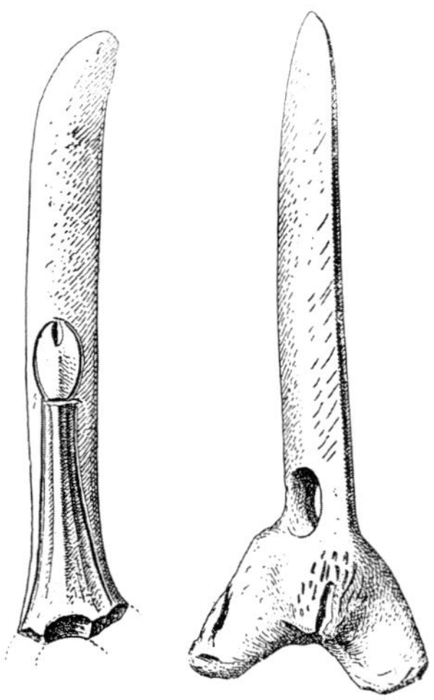

Bewegungen des erigierten Organs anzudeuten. Die Vorhaut und die Harnröhre sind ebenfalls dargestellt; ein offenes rautenförmiges Symbol verbindet offensichtlich den Phallus mit dem Tierkopf. Der Penis zur Linken ist kürzer und von zwei Halbmonden umgeben, die von winzigen Ritzlinien bedeckt sind; wahrscheinlich, um das Schamhaar um eine von dem Penis penetrierte Vulva herum anzudeuten. Obwohl das Objekt als erotisch betrachtet werden könnte, gibt es wahrscheinlich eher komplexe Ideen über die biologischen Funktionen des Sex, die Rolle des Mannes bei der Fortpflanzung oder mögliche spirituelle Quellen der Fruchtbarkeit, gut oder böse, wieder. Ungefähr zur selben Zeit, als es angefertigt wurde, tauchten die ersten Darstellungen von Geschlechtsverkehr auf.

GESCHLECHTSVERKEHR

Obwohl der Anblick und die Geräusche von sich paarenden Tieren den Menschen des Jungpaläolithikums wohlbekannt gewesen sein müssen, gibt es in der reichen Kunst dieser Periode keine deutlichen Abbildungen von kopulierenden Tieren. Dies gilt auch für Menschen. Die ältesten Bilder von Paaren, die vielleicht Küsse oder Sex zeigen, könnte man als verstohlen oder graffitiähnlich beschreiben, wären sie nicht in komplexe Kompositionen eingebettet, die man als abstrakter Expressionismus bezeichnen könnte. Diese Abbildungen, die auf einer Steinplatte, auch Schmuckplatte genannt, eingeritzt waren, zwischen einer großen Zahl von Linien wahrzunehmen und zu unterscheiden, entspricht dem Versuch, ein Gemälde Pinselstrich für Pinselstrich zu interpretieren. Sorgfältige Arbeit führt vielleicht zu einigen gesicherten Erkenntnissen, und die sich ergebenden Interpretationen könnten sehr weit von der Absicht des Künstlers entfernt sein.

Die gravierte Schmuckplatte 23 aus der Höhle von La Marche zeigt zwei einander zugewandte Köpfe. Einer ist leicht geneigt und die Nasen und Münder scheinen einander zu berühren. Es könnte ein Kuss sein, aber ob zwischen Männern, Frauen oder einem heterosexuellen Paar ist nicht deutlich. Die gleiche Schwierigkeit trifft auf andere Darstellungen von der Fundstelle zu, die Oralsex oder Geschlechtsverkehr zeigen könnten. Die Schmuckplatte 37 zeigt die Abbildung einer sich aus kniender Stellung vorbeugenden Frau. Eine andere Gestalt unbekannten Geschlechts sitzt zwischen ihren Beinen, wobei deren Kopf ihren Genitalien zugewandt ist. Dies könnte Oralsex wiedergeben, entweder zwischen einem heterosexuellen oder einem lesbischen Paar, oder die zweite Gestalt könnte eine Hebamme sein. Das Geschlecht der beiden Gestalten auf der Schmuckplatte 52 ist ebenfalls unbekannt. Sie scheinen einander zugewandt dargestellt zu sein, wobei ihr Kopf jeweils die Genitalien der anderen anblickt. Das Geschlecht und Verhalten eines Paares auf

Felszeichnungen von vor 14.000 bis 12.000 Jahren zeigen möglicherweise oralen Sex und einen Koitus (La Marche en Enline).

einer Schmuckplatte aus der Höhle von Enlène, Ariège, sind ebenfalls nur schwer zu erkennen. Eine Person wird hinter der anderen abgebildet. Die vordere Gestalt scheint sich auf einen Arm zu stützen, ihr Gesäß hochgereckt, während die hintere Gestalt möglicherweise zwischen den Beinen der anderen kniet und diese anscheinend berührt oder stützt. Ob dies Geschlechtsverkehr wiedergibt oder eine Person, die einer anderen hilft, ist nicht deutlich, und die Verbindung dieses Paares zu anderen Gestalten und einem schön gezeichneten Wisent, die ebenfalls in diese Platte geritzt sind, wird immer unsicher bleiben. Ganz ähnlich zeigt ein gravierter Knochen von Laugerie Basse eine Frau mit einem großen Bauch, die hinter einem Rentier auf dem Rücken liegt. Die Frau wurde später als das in weit größerem Maßstab abgebildete Rentier gezeichnet. Obwohl es als Beleg für Sodomie vorgebracht wurde, ist dies eine unwahrscheinliche Interpretation, welche die Linien, die den Körper der Frau überschneiden, außer Acht lässt. Das könnte einen Sexualpartner oder möglicherweise eine Hebamme andeuten, und das Stück könnte den Sinn haben, eine ähnliche Botschaft zu übermitteln, wie die der Ritzzeichnung des Doppelphallus von La Madelaine. Dennoch gibt es eine sichere Darstellung von Geschlechtsverkehr zwischen Mann und Frau auf der Schmucktafel 39 von La Marche. Das Paar steht im Profil einander gegenüber. Die Frau umarmt den Mann an der Schulter; seine Hand liegt auf ihrem Gesäß. Er ist mit einem erigierten Penis abgebildet, der innerhalb des weiblichen Körpers gezeichnet ist. La Marche 40 scheint ebenfalls ein Paar in Umarmung zu zeigen, das einander in kniender Stellung ansieht. All diese Bilder sind zwischen 14.000 und 12.000 Jahre alt.

SCHLUSS

Obwohl Steinzeitkünstler keine Hemmungen hatten, den Körper darzustellen und oft Sexualorgane im Detail zeigten, scheint diesen Bildern, zumindest für den heutigen Betrachter, ein sinnlicher oder erotischer Zweck zu fehlen. Die Seltenheit sexueller Handlungen in ihrer Kunst könnte auf ein Tabu hindeuten, aber das muss nicht unbedingt der Fall sein, da viele andere alltägliche Verrichtungen, z. B. Essen, Kochen, Stillen oder Werkzeuge herstellen, ebenfalls fehlen. Dieses Fehlen könnte darauf schließen lassen, dass die biologische Funktion des Sex noch nicht verstanden oder als irgendwie besonders oder von anderen Körperfunktionen verschieden angesehen wurde. Falls die Ursache der Schwangerschaft unbekannt war, könnte ihr Auftreten unerklärlich übernatürlich geschienen haben.

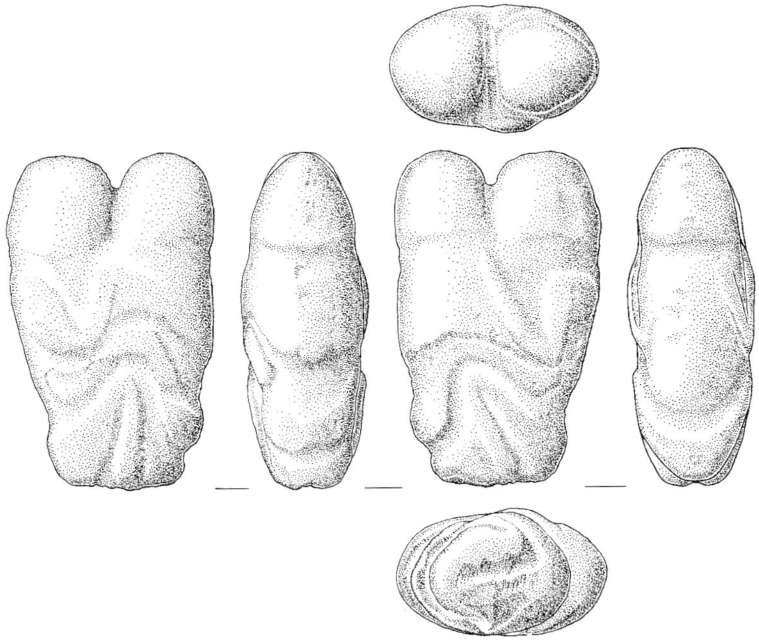

Wie dem auch sei, es scheint eine Verlagerung von den Übermüttern der frühen Phase zu den sinnlicheren Sexualpartnern und phallischen Darstellungen späterer Zeit zu geben. Diese Entwicklung ist auch im Nahen Osten vor etwa 10.000 Jahren ersichtlich, als Gemeinschaften begannen, Tiere zu domestizieren und die Verbindung zwischen Sex und Fortpflanzung erkannt haben müssen. Das erste erhaltene Bild eines sich liebenden Paares von Ain Sakhri in der Wüste von Judäa datiert in diese Zeit. Dieses bemerkenswerte Stück ist in all seinen Aspekten phallisch und steht in Verbindung mit Schnitzereien und Modellen von Phalli, die an den Fundstellen mit den ersten domestizierten Tieren in Erscheinung treten. Fruchtbarkeit wurde jetzt eher mit dem Mann als mit der Frau assoziiert.

Es ist klar, dass Sexualität keine zeitlose Konstante ist. Unser heutiges Verständnis kann nicht einfach auf die Vergangenheit angewandt werden. Wie man sich in der Steinzeit am Sex erfreute oder wie die Zusammenhänge der Entstehung des Lebens verstanden wurden, wird immer eine Sache der Spekulation bleiben, die unsere eigene Erfahrung und Wesensart reflektiert.

Ein phallusförmige Figurine aus Kalzit, gefunden in Ain Sakhri, Israel, stellt zwei Menschen beim Geschlechtsverkehr dar (ca. 10.000 Jahre alt).

„Das Grab des goldenen Penis“

Rainer-Maria Weiss

Das reich ausgestattete Grab 43 als stark geschönte Rekonstruktion im Museum von Varna. Um 4.300 v.Chr. (Regionales Geschichtsmuseum, Varna).

Archäologische Funde und Befunde bedürfen, gerade wenn sie aus den schriftlosen vorgeschichtlichen Epochen stammen, der behutsamen Interpretation durch die Wissenschaftler. Die Auswertung aller zur Verfügung stehenden Informationen führt in detektivischer Kleinarbeit zu einem mal mehr und mal weniger überzeugenden Versuch einer Rekonstruktion vergangener Lebenswelten mit all ihren kulturellen, dinglichen, sozialen, wirtschaftlichen oder religiösen Facetten. Schwierig gestaltet sich allerdings die Deutung singulärer Funde. Dabei hält sich hartnäckig in der archäologischen Zunft das nicht immer ironisch gemeinte Motto: „Was man nicht erklären kann, sieht man gern als kultisch an“. Entsprechend heikel gestalten sich das Erkennen und die Beurteilung archäologischer Hinterlassenschaften, die der Sphäre der Sexualität und Fruchtbarkeit angehören.

Beispielhaft herausgegriffen sei in diesem Zusammenhang ein kleines Goldobjekt, das in der Literatur wiederholt als Peniszier eines Priesterhäuptlings gedeutet wird.

Es stammt aus einem Grab der kupferzeitlichen Nekropole von Varna an der westlichen Schwarzmeerküste in Bulgarien. Dort hat man zwischen 1972 und 1986 insgesamt 294 Gräber aus der Zeit um 4.400 bis 4.200 v.Chr. geborgen.

Eines der reichsten Gräber der Nekropole ist Grab Nr. 43. Seine rechteckige Grabgrube maß 2,70 m auf 1,05 m und war 2,20 m tief. Auf der Grabsohle lag das stark vergangene Skelett eines über 1,70 m großen Mannes von ungefähr 45-50 Jahren, ausgestreckt auf dem Rücken liegend. Der Tote war mit insgesamt 990 Goldobjekten mit einem

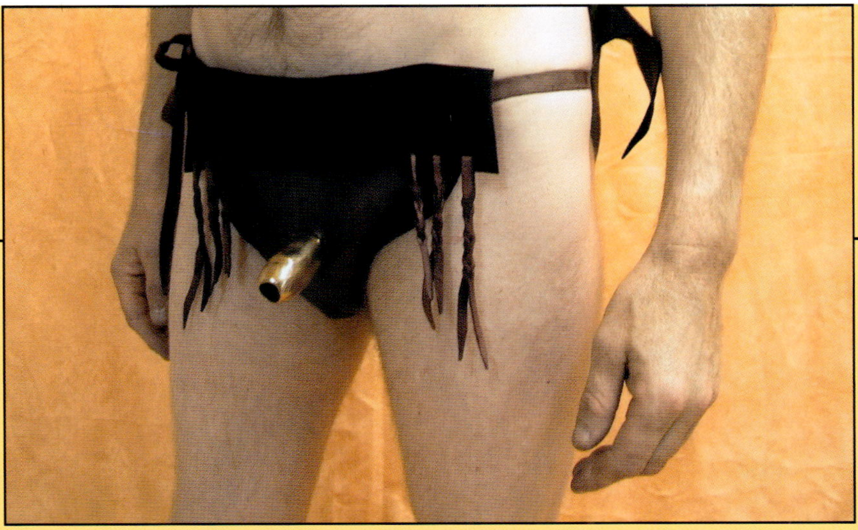

Hypothetische Rekonstruktion der Goldhülse aus Grab 43 als Penisfutteral an einem Lederslip (Nachbildung durch atelier C. Wolf, Groningen / O. Goubitz, Hilversum).

Gesamtgewicht von 1.516 Gramm überreich ausgestattet. Dazu gehören ein Szepter in Form einer Hammeraxt mit einem goldüberzogenen Griff, ferner zehn große, runde Applikationen, die wahrscheinlich auf ein Band aufgenäht waren, das als Diadem oder Tiara auf dem Kopf getragen wurde. Das Gewand des Bestatteten war mit Gold- und Karneolperlen besetzt, auf der Brust lag eine große Goldscheibe. Überdies trug der Mann mehrere Ketten aus Goldperlen und besaß vielerlei Waffen und Geräte aus Kupfer und Stein.

Der Reichtum des Inventars, darunter besonders die goldverzierte Zeremonialaxt, weist darauf hin, dass der Bestattete eine exponierte Stellung innerhalb der Gemeinschaft innehatte, die man als Priesterhäuptling bezeichnen könnte. Von besonderer Relevanz für das Thema „100.000 Jahre Sex" ist ein Goldobjekt, für das immer wieder eine Deutung als Penisfutteral in der Literatur auftaucht. Das Objekt selbst liefert dafür zunächst überhaupt keine Hinweise. Es handelt sich um eine 23,48 Gramm schwere und 5,1 cm lange Röhre aus dünnem Goldblech, die sich zu einer Seite hin von 3,1 cm auf 1,5 cm verjüngt. Am Rand der breiteren Öffnung befinden sich kleine Löcher, die wohl einst der Befestigung dienten.

Für die Interpretation als Penishülse wird allein die Fundlage ins Feld geführt: Das Objekt soll genau zwischen den Oberschenkeln direkt am Beckenknochen gelegen haben. Spinnt man diesen Faden weiter, so gerät die goldene Hülse zum Bestandteil der rituellen Tracht eines Priesters und muss als ein Beleg für die führende Rolle des Mannes in der sozialen Gliederung der Kupferzeit herhalten. Denn aufgenäht auf das Gewand oder einen Lendenschurz des Priesterhäuptlings sei der goldumhüllte Phallus vor allen Angehörigen des Stammes zur Schau gestellt worden und unterstreiche also die männliche Dominanz in der Gesellschaft und im Kult.

Weitaus phantasievoller sind die Ausführungen dazu in einem populären Buch zur „Sexualität der Vorzeit", wo ein ganzes Kapitel „Das Grab des goldenen Penis" behandelt. Dort wird zunächst darüber spekuliert, ob das Objekt, immerhin „aus einem hypoallergetischen Material hergestellt", als Kondom gegen die Übertragung von Geschlechtskrankheiten getragen worden sei. Mit Hilfe der kleinen Randlöcher könnte die Hülse „auch direkt auf die Penishaut selbst aufgenäht worden sein". Zweiflern hält der Autor moderne Genitalpiercings entgegen. Andererseits soll das Goldobjekt auch erst nach dem Tode angelegt worden sein können, als „symbolischer Penis zum Gebrauch im Jenseits". Vielleicht sei Grab 43 aber auch „das Grab eines Unglücklichen" gewesen, der „entmannt worden war", getröstet gewissermaßen mit einer goldenen Penisprothese. In welche Richtung alle weiteren Spekulationen abgleiten, mögen einige weitere Einlassungen illustrieren: Der Tote könnte ein Transsexueller gewesen sein, genetisch eine Frau, von dem Leiden AGS befallen. Dann könnte die Goldhülse das Endstück eines umschnallbaren Dildos gewesen sein, durch dessen Öffnung man Milch oder Sahne als „symbolischer Samen" im Rahmen kultischer Handlungen „ejakuliert" haben könnte.

Kehrt man allerdings wieder zur nüchternen wissenschaftlichen Betrachtung von Grab 43 zurück, so sollte bei jedem Deutungsversuch ein kleines, aber wichtiges Detail nicht unerwähnt bleiben. Die meisten Interpretationen beruhen auf Fotografien, die die heutige Rekonstruktion des Grabes im Museum von Varna zeigen. Das im Originalbefund weitgehend zersetzte Skelett ist hier durch eine Kunststoffnachbildung ersetzt, alle Beigaben sind mehr oder weniger dekorativ, vor allem aber sehr phantasievoll in der Grabgrube verteilt.

Der Blick auf die Originalfotos der Ausgrabung sowie der Grabungsbericht offenbaren allerdings, dass der „goldene Penis" gar nicht zwischen den Beinen gefunden worden war, sondern rechts neben dem Becken. Dort mag er als unterer Abschluss eines hölzernen Stabes gedient haben, wie er als Würdezeichen in anderen Gräbern von Varna mehrfach vorkommt.

Sexy in der Bronzezeit

Vincent van Vilsteren

Das bronzezeitliche Grab der Frau von Egtved (1.400-1.200 v. Chr.). Die Kleidung bestand aus einem Hemd, einem Gürtel und einem Rock aus geflochtenen Schnüren. Um die Füße waren als Fußbekleidung Lappen gewickelt (Nationalmuseum, Kopenhagen).

Die Eitelkeit gehört zum Menschen wie Adam zu Eva. Die meisten Menschen haben das Bedürfnis, gut auszusehen und schenken ihrem Äußeren viel Aufmerksamkeit. Das ist nicht nur heute so, früher war es kaum anders. Schöne Kleider und Schmuck, aber auch das Flechten der Haare oder das kunstvolle Aufstecken mit Haarnadeln sind und waren gängige Mittel, sich schön zu machen. Dass dies die Frauen früher mehr als die Männer taten, zeigt sich in zahllosen Grabfunden, nach denen Menschen oft in ihrem schönsten Gewand auf die letzte Reise gingen. Die Gründe der Frauen, sich herauszuputzen, werden die gleichen wie heute gewesen sein: Um Anklang beim männlichen Geschlecht zu finden und um ihre Konkurrenz beim weiblichen Geschlecht zu übertrumpfen. Dass sich Frauen in vorgeschichtlicher Zeit nicht nur herausputzten, sondern manchmal noch einen Schritt weiter gingen, legt ein Fund aus dem dänischen Örtchen Egtved nahe. 1921 war ein Bauer damit beschäftigt, die letzten Überreste eines Grabhügels einzuebnen, als er auf einen dicken Baumstamm stieß. Er vermutete sogleich, dass es sich um einen Sarg handelte und verständigte das Museum in Kopenhagen. Tatsächlich erwies sich der Stamm als ein gut zwei Meter langer Sarg, der aus einem gespaltenen und ausgehöhlten Baumstamm hergestellt worden war. Aufgrund der günstigen Bodenverhältnisse war die Bestattung über die Jahrtausende hinweg hervorragend erhalten. Der Sargboden war mit einer Kuhhaut bedeckt. Auf dem Fell lag eine Frau ausgestreckt auf dem Rücken, sie war mit einer rechteckigen Decke zugedeckt, mit einem kurzärmeligen Hemd bekleidet und trug auf dem Bauch eine spiralverzierte Bronzescheibe. Die Scheibe war zusammen mit einem Kamm aus Horn an einem Gürtel mit lang herunterhängender Quaste befestigt. Unter dem Hemd trug die Frau einen Rock, der beinahe bis auf die Knie reichte. Darunter waren ihre Beine nackt, ihre Füße waren in Lappen gehüllt. Ihr Haar war mit einem Haarband zusammengebunden, als Schmuck trug sie zwei bronzene Armreifen und einen Ohrring aus Bronzedraht. Am Kopfende stand eine Schachtel aus Birkenrinde, darin befand sich ein Bronzepfriem mit Holzgriff und eine 2,5 m lange, aus Wolle geflochtene Schnur. Neben ihrem linken Unterschenkel lag ein zusammengeknüllter Lappen, darin die verbrannten Knochen eines acht- bis neunjährigen Kindes. Weil das Alter der Frau auf 18 bis 20 Jahre geschätzt wird, kann es nicht ihr eigenes Kind gewesen sein. Es wird vermutet, dass dieses Kind der Verstorbenen als Opfer beigegeben wurde. Am Fußende stand noch ein Eimer aus Birkenrinde, der ein bierähnliches, mit Honig gesüßtes Getränk aus Beeren und Getreide enthielt. Auf den ersten Blick scheint an diesem Begräbnis aus der Bronzezeit nichts Besonderes zu sein. Aber wenn man den Rock genauer betrachtet, erweist er sich als nicht gerade alltäglich. Normale Kleidung aus dieser Periode wurde immer auf dem Webstuhl gewebt. Der Rock

ist aber nicht gewebt, sondern auf ganz besondere Weise so geflochten, dass von einem Bund eine große Zahl zusammen gedrehter Schnüre hing. An der Unterkante waren diese Schnüre wahrscheinlich mit einem Faden verbunden. Obwohl der Rock zweimal um ihre Taille gewickelt war, wirkte er dennoch transparent. Zumindest wenn sich die Frau bückte, muss einiges zu sehen gewesen sein. Hätte man die Webkunst nicht besonders gut beherrscht, wäre es vorstellbar, dass eine solche offene Technik verwendet wurde. Die Menschen der Bronzezeit konnten jedoch auf ihren Webstühlen wundervolle, dichte Gewebe herstellen. Der Rock muss also absichtlich transparent hergestellt und – vermutlich – als ein erotisch aufreizendes Kleidungsstück getragen worden sein. Tatsächlich könnte der Rock als der Minirock der Bronzezeit bezeichnet werden. Wenn man seinen Gedanken freien Lauf lässt, kann man sich vorstellen, wie diese Schönheit auf der Dorfstraße von Egtved flanierend versuchte, den Männern den Kopf zu verdrehen.

Hat der Durchsichteffekt des Röckchens von Egtved manchem Bronzezeitmann den Kopf verdreht? (Nachbildung von C. Schürmann, Freilichtmuseum, Örlinghausen).

II

„Eros hat mir die Seele erschüttert“

Sexualität bei den Griechen

Charles Hupperts

Es ist ein heikles Unterfangen, die Sexualität eines Volkes zu beschreiben, das vor über 2.000 Jahren lebte, und dabei dem Anspruch gerecht zu werden, dass wir mit unserem kulturellen und sozialen Hintergrund fähig sein sollen, das sexuelle Erleben von Angehörigen einer anderen Kultur zu verstehen und die ihm eigene Bedeutung in Worte zu fassen.

Zu Beginn müssen einige geographische Einschränkungen gemacht werden. Griechenland war im Altertum keine politische Einheit wie es heute der Fall ist. Jede Stadt war ein unabhängiger Kleinstaat mit eigener Regierung, eigenen Gesetzen und Gebräuchen. Diese Gebräuche konnten große Unterschiede aufweisen. Das Leben in Athen unterschied sich z.B. in mehreren Aspekten von dem in Sparta, so etwa hinsichtlich der sexuellen Gewohnheiten und der Sexualmoral. Über das Leben in Athen stehen uns die meisten Quellen zur Verfügung, weshalb wir uns zum größten Teil auf diese Stadt beschränken. Des weiteren werden wir uns einer bestimmten Periode aus ihrer Geschichte zuwenden, nämlich vom sechsten bis einschließlich zum vierten Jahrhundert v. Chr.

In einer Stadt wie Athen war die Gesellschaftsstruktur ganz anders als heutzutage. Sie bestand aus einer Lebensgemeinschaft, in der die männlichen Bürger im Mittelpunkt standen und die meisten Fäden in der Hand hielten. Die Lebensbereiche von Ehemann und Ehefrau waren in mancher Hinsicht voneinander getrennt. Die Frau verbrachte ihr Leben zum größten Teil im Haus, der Mann vorwiegend außerhalb des Hauses. Das öffentliche und kulturelle Leben in Athen war eine Angelegenheit der Männer. Diese Bevölkerungsgruppe hatte sich eine sehr privilegierte Stellung zu verschaffen gewusst. Viele Aspekte des täglichen Lebens waren auf die Befriedigung ihrer Wünsche ausgerichtet. Die Quellen zur Sexualität im klassischen Athen sind fast ausschließlich von Männern für Männer verfasst. Deshalb ist es nahezu unmöglich, Einblicke in die sexuellen Erfahrungen von Frauen zu bekommen.

Sex und sexuelle Handlungen dienten dem Lustgewinn und dem Vergnügen, nicht ausschließlich der Fortpflanzung und der Fortführung der Familie. Sexuelle Lust wurde nicht als etwas Schlechtes, Verbotenes oder Schmutziges gesehen. Das griechische Denken war noch nicht von christlichen Moralvorstellungen beeinflusst, in denen Körperlichkeit und Sexualität an Fortpflanzung, Ehe und Monogamie gebunden sind, aber auch an Scham, Enthaltsamkeit, Sünde und Strafe. Der nackte Männerkörper war in der athenischen Kultur allgegenwärtig. Überall in der Stadt waren Standbilder errichtet, die den Männerkörper in seiner ganzen Schönheit zeigten und verherrlichten. An städtischen Kreuzungen stand eine Statue des Gottes Hermes mit einem großen Phallus, die sogenannte Herme, die eine apotropäische, übelabwehrende Wirkung hatte. Die Athener waren ganz versessen auf Fitness, Sport und Baden. Körperkultur hieß Nacktkultur. Diese spielte sich in den für Frauen nicht zugänglichen Gymnasien ab. Es scheint, dass Männer untereinander wenig Probleme mit Prüderie und Verlegenheit hatten. Darüber hinaus schauten sie gern bei sexuellen Handlungen zu.

DAS FREMDE UND DAS EIGENE

Auf allerlei Gebrauchsgegenständen, wie Trinkbechern und Öllampen, wurden sehr explizite erotische Szenen dargestellt. Auch entsteht entschieden der Eindruck, dass Sex längst nicht immer als eine Privatangelegenheit, für die man sich schämen musste, betrachtet wurde. Ganz im Gegenteil, Sex war etwas, das man mit seinen Freunden teilte und in der Gruppe betrieb. Sexualität war in der Welt athenischer Männer nicht aus ihrem Handeln, Denken und Reden fortzudenken.

Die griechische Religion war dabei kein Hinderungsgrund. Die Götter waren eigentlich nichts anderes als übernatürliche Menschen, deren Sexualverhalten sich wenig von dem der Menschen unterschied. Sie kümmerten sich nicht darum, ob ihr Sexualverhalten schicklich wäre. Nachstellung, Vergewaltigung, Ehebruch, Sodomie, Homosexualität, Inzest waren in der Vorstellung der Griechen durchaus keine ungewöhnlichen Handlungen, mit denen Götter ihre sexuellen Begierden befriedigten.

Die athenische Gesellschaft war eine Sklavenhaltergesellschaft. Die meisten Athener besaßen einen oder mehrere Sklaven. Sie waren Besitztum ihrer Herren und deren Willen völlig unterworfen. Die Gesetze erlaubten es einem Athener, seine Sklaven zu schlagen oder auf andere Weise zu bestrafen. Auch sexuell konnte ein Herr mit seinen Sklavinnen und Sklaven tun, was er wollte. Leider haben wir über diesen Aspekt der Sexualität nur wenige Angaben. So ist nicht bekannt, inwieweit die Ehegattin, sofern sie das wollte, ein sexuelles Verhältnis ihres Mannes mit dem Personal verhindern konnte, welcher Art das Verhältnis zwischen der Frau des Hauses und ihren Sklaven war und ob für Sklaven die Möglichkeit eigener Sexualkontakte bestand. Jedenfalls bedeutete der Besitz von Sklaven, dass ein Athener, besonders wenn er reich war, genügend Zeit hatte, sich dem öffentlichen Leben zu widmen und dessen Freuden zu genießen.

Die Athener sahen die Liebe eines Mannes zu einem Mädchen oder einer Frau nicht als grundsätzlich verschieden an von der zu einem Jungen oder Mann. Es waren zwei Formen des sexuellen Begehrens (eros), die jeweils besser zu bestimmten Personen oder bestimmten Lebensphasen passten als die jeweils andere Art. Die Athener waren im Allgemeinen nicht der Ansicht, dass ein Mann, der Jungen liebte von anderer Natur war als ein heterosexueller Mann. Ein verheirateter Mann konnte neben seiner Ehe ein Verhältnis mit einem Jungen unterhalten. Im Leben eines Atheners konnten problemlos beide Formen der Sexualität nacheinander oder zu gleicher Zeit vorkommen. Das Altgriechische hat keine eingebürgerten Begriffe für Heterosexualität und Homosexualität wie wir heute. Von Diskriminierung oder einer Subkultur konnte keine Rede sein.

Eros konnte mit seinem Bogen Liebespfeile verschießen und so jemandes Herz entbrennen lassen. Römische Kopie nach einem Bronzeoriginal von 340/330 v. Chr. (Museo Capitolino, Rom).

Viel wichtiger scheint die Rolle gewesen zu sein, die jemand während des Sexualaktes annahm. Vereinfacht gesagt: Ein Mann hatte sich wie ein Mann zu verhalten. Ein Mann hatte dominant zu sein und durfte sich nicht dominieren lassen. Ein Mann hatte zu penetrieren, ob nun vaginal, anal, oral oder intercrural (zwischen den Schenkeln). Dieser Rolle wurden verschiedene positive Eigenschaften zugeschrieben wie männlich, potent, kampfeslustig, tapfer, intelligent, zuverlässig. Diejenigen, die sich penetrieren ließen, sowohl Frauen wie auch Männer, wurden mit Eigenschaften wie schwach, feige, unterwürfig, sklavisch, leichtgläubig, unzuverlässig und unersättlich assoziiert. Diese scharfe Zweiteilung wurde jedoch von den Männern selbst eingeführt und fungierte als eine Art von Ideologie, in der ein starker Männlichkeitswahn zum Ausdruck kam. Man sollte es als Widerstand der Männer gegen ihre eigene sexuelle Unsicherheit, ihre weibliche Seite und Impotenz betrachten. Sie hofften, dass die Frauen das nicht durchschauten und dass ihnen ihre sexuelle Potenz imponieren würde. Darüber hinaus versuchten sich die Männer selbst mit diesen Darlegungen von ihrer eigenen Überlegenheit zu überzeugen und davon, dass sie es darin selbst den Göttern gleichtun könnten.

Unter den griechischen Göttern gab es drei, die ganz besonders mit Erotik, Leidenschaft, Geilheit und Sexualität verbunden waren: Eros, Aphrodite und Dionysos.

Bronzestatuette eines tanzenden Silens aus Dodona (vorige Seite). Um 530 v. Chr., er ist genau wie ein Satyr halb Mensch, halb Tier. Sein aufgerichteter Phallus verweist auf seine tierischen Instinkte (Archäologisches National Museum, Athen)

EROS

Eros galt als der Gott blinder Leidenschaft und sexueller Begierde. Genau wie die Göttin Aphrodite war er ursprünglich ein Fruchtbarkeitsgott. Meistens wird er als Sohn von Aphrodite und Zeus bezeichnet. Dichter stellen ihn als unentrinnbar, mächtig, überwältigend, alles verschlingend, mitleidslos und grausam dar. Er konnte sowohl Götter wie Menschen bezwingen. Er zeigte keinen Respekt vor dem Alter und schoss seine Liebespfeile, mit denen er die Herzen seiner Opfer entflammte, ohne sich um die Person zu kümmern, ab.

APHRODITE

In Griechenland galt Aphrodite nicht nur als Göttin der Liebe und der Sexualität, sondern auch der Schönheit. Ihr berühmtester Tempel befand sich auf Zypern, weshalb *Kypris* (= von Zypern stammend) ihr Beiname war. Ein anderer berühmter Tempel, dessen Priesterinnen Prostituierte waren, stand in Korinth.

Zu ihrer Geburt gibt es zwei Überlieferungen. Bei Homer ist sie die Tochter von Zeus und Dione. Dieser Dichter verlieh ihr den Charakter, den sie bis heute trägt. In der anderen Überlieferung war sie die Tochter von Uranos, dem Himmel. Gaia, die Göttin der Erde, hatte ihren Sohn Kronos dazu angestiftet, seinen Vater Uranos zu entmannen. Während Gaia Uranos verführte, schlug Kronos das Geschlechtsteil seines Vaters genau in dem Moment ab, als dieser ejakulierte. Das Geschlechtsteil und der Samen fielen bei der Insel Zypern ins Meer und dieses begann zu schäumen. Hieraus erhob sich Aphrodite; sie wurde von den drei Charitai oder Grazien versorgt, die ihr Schönheit und Charme verliehen. In dieser Version hat sie also keine Mutter und bekam als Tochter des Himmels den Beinamen Urania. Ihren Namen brachten die Griechen mit dem Schaum (*aphros*) in Verbindung und deuteten ihren Namen als Schaumgeborene. Ihre starke Bindung an das Meer blieb bestehen. So gab es etwa den Brauch, ihre Kultbilder im Meer zu baden, was darauf hindeutete, dass die Natur aufs Neue zu jungfräulicher Fruchtbarkeit gebracht wurde.

Das schönste und berühmteste Standbild der Aphrodite stammt von Praxiteles und stand seit 350 v. Chr. im runden Aphroditetempel auf der Halbinsel Knidos an der türkischen Westküste. Diese Statue war ein Novum, weil sie Aphrodite zum ersten Mal völlig entkleidet zeigte. Die Göttin legt ihr Gewand auf einen Wasserkrug, der zu ihrem Bad bereitet ist. Die Statue war eine touristische Sehenswürdigkeit. Sogar als Statue war Aphrodite sexuell attraktiv, wie der römische Schriftsteller Plinius berichtet: Ein Mann hatte sich so in die Statue verliebt, dass er sich nachts im Tempel einschließen ließ und dort die Statue so innig umarmte, dass ein Fleck darauf zurückblieb.

Von Aphrodite werden pikante Geschichten erzählt. Neben ihrer Ehe mit dem lahmen Hephaistos, dem Gott des Feuers und der Schmiedekunst, hatte sie ein Verhältnis mit dem Macho Gott Ares, dem Kriegsgott. Die Sonne, die alles sieht, hatte Hephaistos davon in Kenntnis gesetzt, dass sein Bett entehrt werde. Dieser ersann eine List: Er spannte ein unsichtbares Netz über seinem Bett und reiste unter einem Vorwand nach Lemnos ab. Kaum lagen Aphrodite und Ares miteinander im Bett, als schon das Netz über sie fiel und Hephaistos neben dem Bett stand. Er rief die anderen Götter und Göttinnen herbei, damit sie diesen Betrug sähen. Die Göttinnen, schreibt Homer, blieben aus Verlegenheit zu Hause, aber die Götter konnten nicht schnell genug den Olymp verlassen, um das ertappte Paar, vor allem aber die nackte Aphrodite zu betrachten.

Die Liebesgöttin Aphrodite oder Venus Genetrix. Römische Kopie nach einem Original aus der Zeit um 410 v. Chr. (Louvre, Paris).

Der Phallus spielte eine wichtige Rolle in Festen beim Tempel des Dionysos, wo riesige Marmorphalli Wache hielten (Insel Delos, Griechenland).

DIONYSOS

Der dritte Gott, der mit Sexualität zu tun hat, ist Dionysos. Dieser Gott verdeutlicht andere Aspekte der Sexualität. Zunächst einmal ist er der Gott des Weines, bei den Griechen Volksgetränk Nummer Eins. Ein jeder trank, ob jung oder alt. Griechischer Wein war ziemlich stark und darum mischte man den Wein mit Wasser. Die benebelnde Wirkung des Weins schrieb man dem Gott zu und glaubte, dass, wenn jemand betrunken war, der Gott selbst von ihm Besitz ergriff. Diesen Zustand nannte man *enthousiasmos*, im Banne der Gottheit sein. Für die Griechen gingen Wein und Sex Hand in Hand. Die meisten eindeutig sexuellen Darstellungen wurden deshalb auch auf der *kylix*, der Trinkschale für Wein, abgebildet. Zwischen den kopulierenden Paaren standen häufig große Kratere voll Wein, mit Wasser gemischt. Zum Gefolge des Dionysos gehörten Satyrn, wilde Naturdämonen und ursprünglich halb Mensch, halb Bock oder Pferd. Zu ihren Merkmalen zählten oft Bockshörner, spitze Ohren, ein Schweif, Hufen und ein behaarter Körper. Diese Satyrn – in der Regel im Zustand der Trunkenheit abgebildet – wurden oft mit einem großen, steifen Phallus dargestellt. Auf den Abbildungen sind sie hinter den Anhängerinnen des Gottes Dionysos her und vergreifen sich auch an Böcken oder Ziegen. Die Erregung der Satyrn stand für eine grenzenlose sexuelle Energie. Ihre Erektion zeigte an, dass sie von Geilheit besessen waren und von der Begierde zu penetrieren oder zu masturbieren angetrieben wurden. Zu bestimmten Festen des Dionysos wurden große Phalli auf Karren oder von einer Gruppe sexuell erregter Männer mitgeführt. Götter, die mit Feldfrüchten zu tun hatten, waren ebenfalls mit Fruchtbarkeit in Verbindung zu bringen.

Von Dionysos wird die folgende Geschichte erzählt: Einmal wollte er in die Unterwelt hinabsteigen, um seine Mutter Semele, die vom Blitz des Zeus getroffen worden war, wieder mit in die Oberwelt zu nehmen. Der Gott kannte aber den Weg in die Unterwelt nicht. Ein gewisser Prosymnos versprach, ihm den Weg zu zeigen, jedoch nur im Tausch gegen eine Gegenleistung. Der Preis, den er von dem Gott forderte, war eine sexuelle Gunst. Dionysos stimmte zu und versprach, sich ihm hinzugeben, wenn er ihm den Weg wiese, und bekräftigte sein Versprechen mit einem Eid. Prosymnos zeigte ihm den Weg und der Gott brach auf. Als er zurückkehrte war Prosymnos aber gestorben. Um sein Versprechen zu halten, ging er zu dessen Grab und tat folgendes: Er schnitt einen Ast von einem Feigenbaum und arbeitete ihn zu einem männlichen Glied um. Dann setzte er sich auf den Ast und erfüllte so sein Versprechen gegenüber dem Gestorbenen. Als rituelle Erinnerung an dieses Geschehen wurden in verschiedenen Städten Phalli für Dionysos aufgestellt. Die Phalli im Kult des Dionysos standen also auch für den Wunsch, penetriert zu werden. Dies wird durch die Art, wie Satyrn ebenfalls abgebildet werden, belegt: Sie penetrieren einander oder sich selbst mit einem Dildo. Ferner sagt man von diesem Gott, dass *„er tut, was Männern eigen ist, und erfährt, was Frauen eigen ist"*. Der Gott wurde also mit der sexuellen Doppelrolle, die Männer offensichtlich in dieser Kultur erfüllen konnten, assoziiert. Vasendarstellungen zeigen, dass Männer sich während der Feste zu Ehren von Dionysos völlig gehen lassen und tun konnten, was ihnen die Natur eingab.

RELIGION ALS SPIEGEL

Die Götter wurden von den Griechen als Wesen mit starken erotischen und sexuellen Begierden und Trieben dargestellt. Die griechische Mythologie kennt zahllose Erzählungen, in denen Götter, allen voran Zeus, außereheliche Verbindungen unterhalten und promiskuitives Verhalten zeigen. Zeus ist dabei das Urbild des untreuen Ehegatten. Die griechische Mythologie berichtet von nicht weniger als 63 Geliebten. Er ersann alle möglichen Tricks, um dafür zu sorgen, dass sein Interesse an anderen Frauen der Aufmerksamkeit seiner Frau Hera entging. So verwandelte er sich in einen Schwan, um Leda zu verführen; auf Kreta nahm er die Gestalt eines Stieres an, um die Prinzessin Europa zu entführen. Gleichermaßen entbrannte er in Liebe zu Knaben: In der Gestalt eines Adlers führte er Ganymedes, den Prinzen aus Troja mit auf den Olymp, wo dieser zum großen Ärger Heras jede Nacht das Bett des Götterherrschers teilte und tagsüber als Mundschenk Dienst tat. Auch von Helden wurden phantastische und delikate Geschichten erzählt, z.B. von Herakles, dem Sohn des Zeus, der in einer Nacht 50 Frauen geschwängert haben soll. Diese Erzählungen stellen gleichsam einen Spiegel dar, in dem sich ein Mann erkennen und auf den er seine sexuellen Begierden projizieren konnte. Doch zog die griechische Religion dem Sexualverhalten auch Grenzen. So durfte, von einigen Ausnahmen abgesehen, in Tempeln oder Heiligtümern kein Geschlechtsakt stattfinden. Auch gab es in vielen Kulten Vorschriften über Keuschheit und die Reinigung nach dem Geschlechtsverkehr. Priesterinnen mussten für die Dauer ihres Dienstes an der Gottheit Keuschheit bewahren und Kontakt mit schwangeren Frauen meiden, weil diese als unrein angesehen wurden. Auch im Falle religiöser Feste, einige der wenigen Gelegenheiten, zu denen verheiratete Frauen Familie und Haus verlassen und andere Frauen treffen konnten, mussten sich die Teilnehmer oft, manchmal Tage im Voraus, jeglicher sexueller Handlungen enthalten, um einen Zustand von Reinheit zu erlangen.

So auch auf dem sehr populären Thesmophorienfest, das in ganz Griechenland gefeiert wurde und ausschließlich verheirateten Frauen zugänglich war. Es war ein Fest zu Ehren von Demeter, der Göttin des Landbaus, der Saat, des Getreides und der Ernte. Es wurde im Herbst gefeiert, zur Zeit der Aussaat, und dauerte drei Tage. Die Frauen versammelten sich nachts irgendwo in der Stadt. Sobald sie zusammen waren, beschimpften sie einander in groben und schlüpfrigen Worten, wahrscheinlich um üble Einflüsse abzuwehren. Am zweiten Tag fasteten die Frauen und bauten Hütten aus Zweigen, in denen sie sich auf ein Bett aus Blättern des *vitex agnus-castus* (Keuschbaumes) setzten. So hatten sie Kontakt zur Erde, der Allmutter, die eng mit Demeter verbunden war. Darüber hinaus glaubten sie, das Sitzen auf Blättern des Keuschbaumes hätte eine reinigende Wirkung. Am letzten Tag holten sie aus unterirdischen Hohlräumen die zerfallenen Überreste von Ferkeln hervor, die mit Fruchtbarkeit in Verbindung gebracht wurden. Diese Tiere hatten sie selbst drei Monate vorher lebendig in diese Gruben geworfen, zusammen mit Pinienzweigen, Schlangen und männlichen Geschlechtsteilen aus Teig. Letztere wurden teilweise zusammen mit roten Pinienkernen, die Blut andeuteten, aufgegessen. Eine späte Quelle deutet an, dass auch weibliche Geschlechtsteile aus Teig verzehrt wurden. Alle übrig gebliebenen Sachen legten sie auf einen Altar und vermischten sie mit Saatgetreide. Dies wurde Demeter geopfert, um Fruchtbarkeit zu erbitten, nicht nur für die Felder, sondern auch für sich selbst. Das Fest hatte auch die praktische Funktion, dass die Frauen aufgrund der tagelangen sexuellen Enthaltsamkeit und Trennung von ihren Männern nach ihrer Rückkehr den Sex mit ihren Männern begrüßt haben werden.

DAS HÄUSLICHE LEBEN

Das berühmte Zitat eines Rhetors des vierten Jahrhunderts spricht Bände: *„Prostituierte haben wir für das Vergnügen, Konkubinen für die tägliche Betreuung unseres Körpers und die Ehegattinnen, um auf legale Weise Söhne zu zeugen und als treue Hüterinnen des Haushalts“.*

Das Leben einer verheirateten Frau aus mittleren oder höheren Klassen spielte sich vornehmlich innerhalb des Hauses ab. Ihr Gatte erwartete tatsächlich von ihr, dass sie den Haushalt und die Kinderbetreuung übernahm und die Sklaven anleitete. Die Mädchen heirateten gewöhnlich im Alter von vierzehn bis fünfzehn Jahren, der Mann war meistens fünfzehn bis zwanzig Jahre älter. Die Heirat wurde von den Vätern geregelt und es soll nicht ungebräuchlich gewesen sein, dass sich das Brautpaar auf der Hochzeit zum ersten Mal sah. Jedenfalls kannten sie einander nicht besonders gut, geschweige denn, dass Verliebtheit im Spiel war. Die ersten sexuellen Erfahrungen eines so jungen Mädchens mit einem viel älteren Mann, der in der Regel auf sexueller Ebene sehr erfahren war, dürften nicht einfach gewesen sein.

Die Griechen glaubten, dass phallische Symbole Fruchtbarkeit verliehen. Diese Priesterin besprengt Phalli aus Terrakotta, wie sie im Kult des Dionysos geopfert wurden (British Museum, London).

Die wichtigste Aufgabe einer verheirateten Bürgerin war einen Sohn zu gebären, der die Familie weiterführen konnte. Es stand für ein solches Mädchen zu hoffen, dass ihr Mann sein Interesse an ihr behielt, nachdem sie ihm einen Sohn geboren hatte. An einer Tochter war der Vater oft weniger interessiert, da sie mit einer Heirat in die Familie ihres Mannes überging und darüber hinaus teuer war, da er sie mit einer Mitgift ausstatten musste. Die Wahrscheinlichkeit, dass ein Mädchen nach seiner Geburt ausgesetzt wurde, war deshalb nicht gerade klein. Wenn ein Mann in seiner Ehe keinen Sohn hatte und wahrscheinlich auch keinen

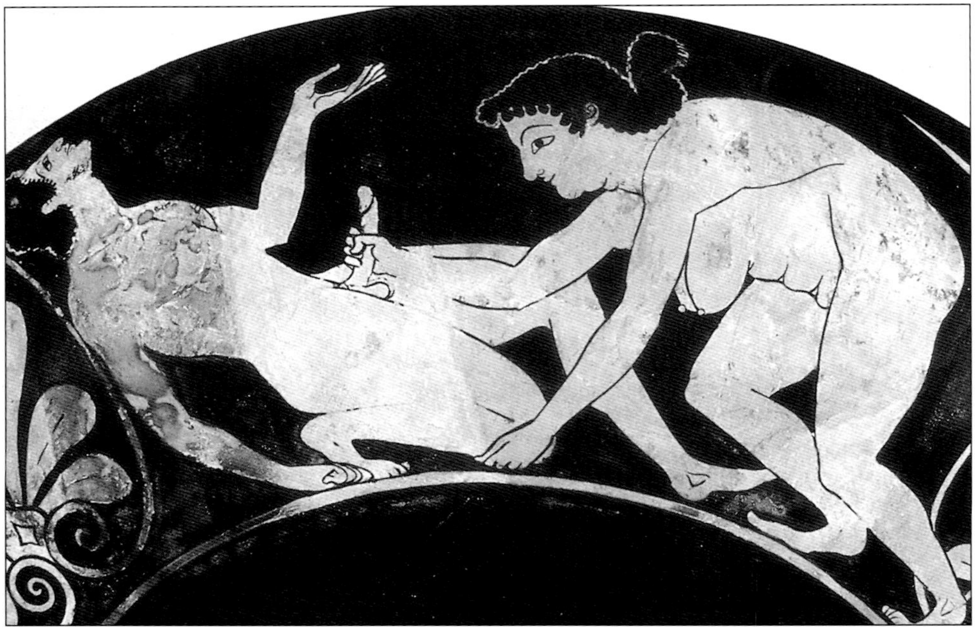

Eine unverhüllte Darstellung des Vorspiels. 500 v. Chr. (J. Paul Getty Museum, Los Angeles).

mehr bekommen würde, schritt er zur Scheidung oder zur Adoption. Das Interesse an einem männlichen Erben wird ebenfalls aus einem Gesetz deutlich, das bestimmte, dass der Gatte einer reichen Frau, die Alleinerbin des Familienbesitzes war, dreimal monatlich mit ihr ins Bett gehen musste. Es war unumgänglich, dass ein Mädchen noch Jungfrau war, wenn sie in den Stand der Ehe trat. Es gab sogar ein Gesetz, das den Vater verpflichtete, seine Tochter als Sklavin zu verkaufen, wenn es sich erwies, dass sie keine Jungfrau mehr war. Die Frau ging bei der Hochzeit aus dem Besitz des Vaters in den Besitz ihres Mannes über, der alle Verfügungsgewalt über sie hatte. Die Mitgift war oft das einzige, was einen Mann an seine Frau band. Kinder zu bekommen, war für so junge Mädchen nicht ungefährlich. Viele Frauen starben deshalb im Kindbett. Es wurden zahllose Grabsteine gefunden, auf denen eine Frau mit Kind abgebildet ist.

Im Allgemeinen gingen die Ärzte davon aus, dass die Rolle von Mann und Frau bei der Zeugung und der Bestimmung des Geschlechts der Kinder gleichwertig war. So gibt es einen Text aus dem *Corpus Hippocraticum*, der erläutert, welche physischen Prozesse der Geburt von Kindern zugrunde liegen. Danach bestehen weibliche Wesen vor allem aus Wasser und wachsen mit Hilfe von Speisen, Getränken und Beschäftigungen, die kalt, feucht und sanft sind, heran. Männliche Wesen dagegen bestehen aus Feuer und wachsen mit Hilfe von Speisen und einer Lebensführung, die trocken und warm sind, heran. Wenn nun jemand ein Mädchen zeugen will, muss seine Diät aus Wasser bestehen. Wenn er einen Jungen bekommen will, muss er eine Diät einhalten, die feurig ist. Und nicht nur der Mann muss sich daran halten, sondern auch die Frau. Denn sowohl der Samen des Mannes als auch das, was die Frau ausscheidet, tragen zum Geschlecht aber auch zum Charakter des Kindes bei. Die verschiedenen Zusammenstellungen des männlichen und des weiblichen Samens erklären in der Sicht dieses Autors die Entstehung verschiedener Typen von Männern und Frauen.

Die Möglichkeiten einer verheirateten Frau auf sexuellem Gebiet waren sehr beschränkt. Viele Athener konnten wegen ihrer Arbeit auf dem Land außerhalb der Stadt tagelang von zu Hause abwesend sein. Aus Quellen wissen wir, dass außereheliche Beziehungen vorkamen, auch wenn sie sehr riskant waren, da das Gesetz den Ehebruch mit einer verheirateten Frau als ernstes Vergehen ansah. Die Strafe für einen Ehebrecher bestand darin, dass sein Schamhaar mit glühender Asche weggesengt und ihm eine große Mohrrübe in den Anus gestoßen wurde. Ertappte der Gatte beide in flagranti, durfte er sie töten.

DAS LEBEN AUßER HAUS

Die Quellen deuten an, dass der athenische Mann seinen sexuellen Gelüsten gewöhnlich außer Haus frönte. In Athen und seiner Hafenstadt Piräus existierte ein ausgedehntes und entwickeltes Netzwerk der Prostitution. Es gab zahlreiche Bordelle, in denen Frauen arbeiteten und in den Städten gab es Stadtteile, in denen fleißig auf den Strich gegangen wurde. Diese Frauen wurden *pornai* genannt und waren am billigsten. Anfänglich bezahlte man einen einzigen Obolos, den Preis für einen halben Liter Olivenöl. Ein Bordell zu betreiben hatte den gleichen Status wie ein Unternehmen zu leiten. Der Bordellbesitzer und die Prostituierten waren registriert und mussten Steuern zahlen. Auch Frauen konnten die Geschäfte führen. Meistens waren die Prostituierten Sklavinnen, die aus Kriegsbeute stammten oder Piraten abgekauft worden waren. Viele Mädchen, die nach ihrer Geburt ausgesetzt worden waren, landeten ebenfalls in Bordellen. Dort fanden sie ein Zuhause, in dem sie aufgezogen und zur Prostituierten ausgebildet wurden. Kinderprostitution war gesetzlich nicht verboten, solange es nicht um freigeborene Kinder ging. Anscheinend wurden diese Mädchen schon jung beschäftigt. Einige Prostituierte, *hetairai* genannt, hatten sich im

Spielen von Musikinstrumenten, im Vortragen von Poesie, im Tanz und in der Akrobatik vervollkommnet. Sie waren viel teurer als gewöhnliche Prostituierte – der Preis konnte bis zu zwei Drachmen betragen, der zweifache Tageslohn eines ausgebildeten Arbeiters – und wurden gemietet, um Männer zu ihren privaten Feiern, den *symposia*, zu begleiten. *Symposion* bedeutet wörtlich zusammen trinken und eine solche Zusammenkunft war dem Gott Dionysos geweiht. Es war im sozialen Leben eines Atheners nicht ungewöhnlich – und bestimmt nicht für einen, der genug Zeit und Geld hatte, gehörig betrunken zu werden – des Nachts lallend durch die Straßen zu torkeln und am nächsten Tag seinen Rausch auszuschlafen. Die Frau des Hauses durfte bei einer solchen Party nicht anwesend sein, sondern verbrachte den Abend im Obergeschoss des Hauses. Es blieb nicht beim Weintrinken allein. Man mietete Prostituierte an, sowohl Frauen als auch Knaben und eine solche Feier konnte sich zu einem recht überschwänglichen sexuellen Beisammensein, wie das die Griechen selbst euphemistisch nannten, entwickeln. Der Ausdruck *„mit Männern zusammen trinken"* bedeutete in Athen soviel wie Prostituierte sein. Väter nahmen ihre Söhne zu solchen Feiern mit, sodass der Aufklärungsunterricht sofort in die Praxis umgesetzt werden konnte.

Manche Prostituierte spekulierte offensichtlich darauf, mit einem Kunden eine länger dauernde Beziehung einzugehen. Sie wurde von diesem als Freundin ausgehalten. Manchmal teilten sich Männer den Umgang mit einer solchen Frau und auch die Kosten. Die Frau konnte auch das Glück haben, dass der Mann so verrückt nach ihr war, dass sie als seine feste Konkubine bei ihm zu Hause einziehen durfte. Es war gesetzlich verboten, sie zu heiraten, aber das Zusammenwohnen war möglich. Hatte er aber genug von ihr, verlor sie ihre Einkommensquelle und landete wieder in einem Bordell. Je älter Prostituierte wurden, desto schwieriger wurde es für sie. Die meisten besaßen kein Bürgerrecht und ihre Kinder wurden vom Gesetz und vom Vater nicht anerkannt und hatten keinerlei Ansprüche auf den Familienbesitz.

Die Athener diskutierten auch bei geselligem Beisammensein über die Vasendarstellungen, die sexuelle Handlungen abbildeten. Tausende von Vasen sind in dieser Thematik hergestellt. Die meisten erotischen Darstellungen kommen auf Trinkschalen vor, die während eines Symposions verwandt wurden. Der Gastgeber bot seinen Gästen eine solche Trinkschale vielleicht an, um sie daran zu erinnern, wozu sie letztendlich gekommen waren. Die Vase war eine Art Anheizer, um in Stimmung zu kommen, denn die Kleider mussten schon bald nach dem Trinken herunter. Die Darstellungen, die auf amouröse Begegnungen in den Bordellen verwiesen, betonen häufig mit einer verhaltenen erotischen Spannung die Verhandlung und die Verführung. Ein einziges Mal haben Kunde und Prostituierte bereits die Kleider ausgezogen und stehen im Begriff, den Akt zu vollziehen. Bei diesen Szenen wird vieles der Phantasie des Betrachters überlassen, was aber beim zweiten Darstellungstyp nicht der Fall ist. Es sind dies die Darstellungen, die auf das Symposion verweisen. Dabei werden keine verblümten oder euphemistischen Zeichen verwandt. Es geht um Pornographie pur, wobei alle möglichen sexuellen Handlungen sehr explizit und voll Phantasie und Hingabe dargestellt sind. Die Bilder belegen, dass der griechische Mann davon ausging, dass die Frau einen unaufhaltsamen Drang nach Sexualität hatte und unersättlich war. Einmal soll Zeus einen Streit mit Hera über die Frage gehabt haben, wer beim Sex das meiste Vergnügen erlebte, der Mann oder die Frau. Schließlich konsultierten sie Teiresias, weil dieser Mann während seines Lebens einmal eine Frau gewesen war und deshalb nicht nur als Mann, sondern auch als Frau sexuelle Erfahrungen gemacht hatte. Er verkündete, dass das Liebesspiel der Frau wohl neunmal soviel Vergnügen bereite wie den Männern.

Auf den Darstellungen sehen wir Frauen, die sich vor Männern auskleiden, Männer und Frauen in inniger Umarmung, Frauen die Männer mit der Hand befriedigen oder masturbierende Männer, die eine nackte Frau ansehen. Alle möglichen Stellungen werden wiedergegeben, wobei manchmal der Frau einiges an akrobatischem Können abverlangt wird. Sex auf einem Symposion bedeutete meistens Gruppensex. Eine Frau wird von zwei Männern zugleich oral und vaginal genommen. Ein Mann masturbiert, während er zusieht, wie ein Freund sich an einer Frau vergreift. Manchmal hängen mit Öl gefüllte Fläschchen an der Wand. Das kann ein Hinweis darauf sein, dass die Männer vom Sport kamen, bevor sie zum Fest gingen. Wahrscheinlicher ist, dass das Öl als Gleitmittel verwandt wurde. Oft schlagen die Männer Frauen mit einer Sandale, um sie dazu zu bringen, ihnen ihren Willen zu erfüllen. Auf dieser Art von Darstellung verbinden sich Sex, Gewalt und virile Machtdemonstration. Eine derartige Darstellung von sexueller Handlungen war für den Mann ein Mittel, seine Macht und Überlegenheit gegenüber Frauen zu demonstrieren. Wir dürfen nicht vergessen, dass Vasen mit derartigen Darstellungen auch von Frauen,

Als Belohnung der Trinker für das Leeren dieser Weinschalen kamen erotische Darstellungen zum Vorschein. Um 470 v. Chr. (Museo Nazionale, Tarquinia).

bestimmt von Hetären, aber vielleicht auch von Ehefrauen betrachtet und benutzt wurden. Manchmal treiben die Maler auch Scherze: Auf einer Darstellung streckt ein Mann seinen Phallus in Richtung einer vor ihm knienden Frau vor. Er hat ihr anscheinend ihre Flöte (altgriechisch *aulos*) weggenommen, denn sie streckt ihre rechte Hand danach aus und er hält die Flöte weit hinter sich. Vielleicht fürchtet sie, dass er sie damit schlagen wird. Nun gibt es im Altgriechischen ein Verb *prosaulein*, das nicht nur Flöte spielen bedeutet, sondern auch die sexuelle Nebenbedeutung *fellatio* hat. Der Mann streckt seinen Phallus vor: Das ist die Flöte, die sie spielen soll.

HOMOSEXUALITÄT

Der Gott Eros ist vor allem der Gott der Liebe unter Männern. Es sind Vasendarstellungen bekannt, auf denen der Gott einen hübschen Jungen verfolgt. Seine Statue stand oft in den Sporthallen, den Plätzen für erotische Begegnungen zwischen Männern und Knaben. Homosexualität zwischen Männern äußert sich in verschiedenen Aspekten der griechischen Kultur. Über die Liebe zwischen Frauen weiß man fast nichts. Es gibt eine einzige Vasendarstellung, die eine lesbische Interpretation erlaubt. Der Philosoph Platon erwähnt in seinem Werk *Symposion* die lesbische Liebe als gleichwertige Variante zur Liebe zwischen Männern und zwischen Mann und Frau. Die Lieder Sapphos, der Dichterin von der Insel Lesbos aus dem sechsten Jahrhundert, umfassen Fragmente, in denen sie die Schönheit von Frauen besingt und von ihrer Liebe zu Mädchen spricht. Dies sind die einzigen Zeugnisse für lesbische Liebe.

Männliche Homosexualität stand im Mittelpunkt der athenischen Kultur. Das zeigt sich unter anderem daran, dass diese Form der Liebe in klassischer Zeit auf unterschiedlichste Weise ausgedrückt wurde: In lyrischer Poesie, auf Vasenbildern, in Skulpturen, in der Mythologie, in philosophischen Abhandlungen, in Reden, Inschriften, medizinischen Traktaten, Tragödien, Komödien, Geschichtsschreibung und anekdotischer Literatur.

Eine homosexuelle Freundschaft bestand in Athen meistens aus einem Erwachsenen und einem Jungen. Letzterer, der Geliebte, war zwischen zwölf und achtzehn Jahre alt. Sobald bei dem Jungen der Bartwuchs einsetzte, wurde er nach den Quellen in den Augen des Mannes weniger attraktiv, was dann zum Ende der Beziehung führen konnte. Der Liebhaber, der dem Jungen erotisches Interesse entgegenbringt, ist traditionell ein erwachsener Mann oder ein Jüngling mit einem leichten Bartflaum. Dem Liebhaber stand es zu, die Initiative zu ergreifen und hinter dem Jungen her zu sein, und nicht anders herum. In seinen Bemühungen, einen Jungen aufzureißen, verwandte er hin und wieder schöne, nützliche, manchmal teure Geschenke. So verschenkte man allerlei Tiere – der Hase und der Hahn kommen am häufigsten vor – aber mancher Junge ließ sich auch von Spielzeug oder Geld verführen.

Hatte der Junge das Alter eines erwachsenen Mannes erreicht, fand in der Regel ein Rollentausch statt: Er wurde vom Geliebten zum Liebhaber. Es war zumindest bemerkenswert, wenn der Liebhaber jünger als sein Freund war. In jedem Fall war Päderastie in Athen eine alternative Form der Sexualität, die sehr geschätzt wurde. Es gab keine Gesetze gegen Päderastie und es soll nicht ungebräuchlich gewesen sein, dass viele Männer neben der Ehe noch einen Freund hatten. Es kam sogar vor, dass dieser Freund in den Kreis der Familie aufgenommen wurde. In einer solchen Beziehung drehte es sich in erster Linie um die Erotik und den Lustgewinn durch die Sexualität. Promiskuität war deshalb sehr verbreitet. Dauerte die Freundschaft länger an, konnte der ältere Freund dem jüngeren in verschiedener Hinsicht bei seiner Entwicklung helfen. Von einer pädagogischen Funktion dieser Art von Freundschaft zu sprechen, scheint jedoch übertrieben.

Homosexuelle Prostitution kam in verschiedenen Formen vor und war gesetzlich nicht verboten. Es gab nur eine gesetzliche Bestimmung, dass athenische Bürgerjungen, die sich prostituiert hatten, später nicht mehr politisch aktiv werden durften. Hatten sie sich einmal daran gewöhnt, ihren Körper zu verkaufen, so argumentierte das Gesetz, dann würde diese Art von Menschen mit Leichtigkeit auch politische Interessen verkaufen.

Päderastie war aber nicht die einzige Form von homosexuellem Verhalten. So zeigen Vasenbilder erwachsene Männer, die einander den Hof machen. Erwachsene Männer konnten beieinander einziehen und zusammenwohnen. Auch kam es vor, dass Jungen desselben Alters in eine erotische Beziehung miteinander verstrickt waren.

Die Art, in der sexuelle Handlungen zwischen Männern und Jungen in Wort und Bild wiedergegeben wurden, war anders als die zwischen Mann und Frau. Die Maler fühlten eine gewisse Scheu, sexuelle Handlungen zwischen einem Mann und einem Knaben genau und unumwunden darzustellen. Der Mann, öfter als der Geliebte mit einer Erektion dargestellt, fasst auf Darstellungen meistens mit einer Hand den Hodensack des Jungen an, um seine Absichten kundzutun. Manchmal steckt der Mann seinen Penis zwischen die Schenkel des Jungen, die sogenannte intercrurale Penetration. Diese Haltung nimmt analen Sex vorweg oder muss als Euphemismus (verhüllende Ausdrucksweise) dafür aufgefasst werden. Es gibt einige Beispiele für anale Penetration, für Masturbation, den Gebrauch von Dildos, fellatio und Anilingus. Dichter und Maler waren Meister darin, Euphemismen einzusetzen, um auf Sex anzuspielen. Wörter wie Kabeltau, Lanze, Gerste waren Euphemismen für den Phallus; Kranz und Gurgel für Anus; Fohlen sowie Schiff für eine Hure. Maler verwenden andere Zeichen: Ein aus Daumen und einem oder mehreren Fingern gebildeter Kreis ist das Zeichen für Anus; ein Hund, der auf Darstellungen oft am Hodensack oder am Gesäß eines Jungen oder eines Mannes schnüffelt, verweist auf Anilingus. Das altgriechische Wort für Hund *skulax* war nämlich doppeldeutig. Ein Hase war ein häufiges Geschenk mit einem wirtschaftlichen Wert, da Fleisch teuer war. Das Tier trug aber noch eine andere Botschaft: Es galt als androgynes Tier mit männlichen wie weiblichen Eigenschaften. Man glaubte, dass der Verzehr von Hasenfleisch bei einem Mann oder einem Jungen das Verlangen nach Penetration anregte.

Es gibt ein Genre, in dem gerade keine Euphemismen für sexuelle Handlungen eingesetzt wurden, und zwar das der Komödie. Der athenische Komödiendichter Aristophanes war ein Meister des obszönen Sprachgebrauchs. Wissenschaftler zählen 75 verschieden Worte für das männliche Glied und 66 für das weibliche Geschlechtsorgan. Für den Akt verwendet Aristophanes nicht weniger als 100 verschiedene Ausdrücke, die oft von einer aggressiven Haltung zeugen: Auf den Spieß stecken, stoßen, zusammenstoßen, durchbohren, reiben und sogar verwunden. Obszöner Sprachgebrauch war eine Waffe, mit der man andere lächerlich machen konnte – eine der Funktionen der Komödie –, aber auch das Publikum unterhalten konnte. Aristophanes ist auch derjenige, der heftig mit Männern ins Gericht ging, die als Erwachsene die passive Rolle übernahmen. Ein Mann, der sich penetrieren ließ, erniedrigte sich zum Verhalten einer Frau. Der passive Homosexuelle wird in den Komödien als verächtliches Wesen stigmatisiert, als Prototyp von Promiskuität, Nutzlosigkeit, Dekadenz, Minderwertigkeit, Schamlosigkeit und einem Hang zur Korruption. Aber ungeachtet dieser Anwürfe erweist sich – und zwar auch aus anderen Quellen, dass der erwachsene feminine, sexuell passive Mann in Athen ein bekanntes und geduldetes Phänomen war.

Eros war ein mächtiger und überwältigender Gott. Als Begierde war er in den Menschen allgegenwärtig. Er zeigte sich in vielen verschiedenen Manifestationen der griechischen Kultur. Dennoch wollten manche diesen Gott an die Kette legen. Aber das ließ er sich nicht gefallen.

Der Krater, Weingefäß und Mittelpunkt des Symposions, verziert mit einer erotischen Szene. Um 500 v. Chr. (Staatliche Museen Preußischer Kulturbesitz, Antikenmuseum, Berlin).

Kontrazeption ohne Gewähr

Als der Uterus einer Löwin die Empfängnis verhütete

Angelika Dierichs

Frauen des griechischen und römischen Altertums hofften, Schwangerschaft durch Arzneimittel, Koituspositionen, Amulette und Beischlaftermin zu verhindern. Selbstverständlich gab es keine Gewissheit, welches der gewählten Verhütungsmittel einzeln oder kombiniert mit einem anderen wirkte. Folgten Frauen der falschen Empfehlung antiker Ärzte und mieden Geschlechtsverkehr während der angeblich fruchtbaren Tage unmittelbar vor und nach der Blutung am Ende des Monatszyklus, war diese Maßnahme höchst ineffizient, denn die fruchtbarste Zeit liegt um den 14. Tag, also mittig im Monatszyklus, wenn der Eisprung am wahrscheinlichsten ist. Nur Abtreibung blieb, um eine Schwangerschaft abzubrechen, wenn für wirksam gehaltene Verhütungsmittel (Kontrazeptiva) versagten. An welche glaubte man? Eisenvitriolhaltiges Misy (Kupfererz), in Wasser gelöst und getrunken, wirkt für ein Jahr empfängnisverhütend, ein aus dem Sadebaum (Stinkwacholder) gewonnenes Konzentrat ebenfalls. Neben solchen oral verabreichten Verhütungsmitteln existierten manuell eingeführte Suppositorien (Arzneizäpfchen). Sie enthielten einerseits Substanzen mit kühlender Wirkung, die den Spermien das Eindringen in die Gebärmutter verwehrten. Andererseits beinhalteten sie Substanzen mit erwärmender oder reizauslösender Wirkung, die in den Uterus gelangten und Spermien wieder ausstießen. Zu den verwendeten Substanzen gehörten Granatapfelhaut, Ingwer und andere Pflanzenwurzeln, Fruchtfleisch getrockneter Feigen, Olivenöl, Honig, Essig, Salzlake, diverse Harze (etwa das von Zedern), weißes Blei, Alaun (Kalium-Aluminium-Sulfat). Sie konnten die Säuren-Basen-Ausgewogenheit in Scheide und Gebärmutter dahingehend beeinflussen, dass die Spermien ungünstige Aufnahmebedingungen antrafen. Einige Stunden vor dem Geschlechtsverkehr wurde ein Verhütungsmittel enthaltender Tampon direkt in Vagina und Uterus gegeben und vor dem Beischlaf wieder entfernt. Außerdem benutzte man Pessare, die den äußeren Muttermund, also den unteren Teil des Gebärmutterhalses (Ostium uteri) ringförmig umschlossen. Es waren Schwämme oder Wollmaterialien, durchtränkt mit den angeführten kontrazeptiven Substanzen. Letztere ließen sich zusätzlich auf den Penis streichen.

Empfängnisverhütend war der Analverkehr, bei dem das Ejakulat nicht in den Uterus gelangte. Auch Coitus interruptus und Samenverhaltung begünstigen Kontrazeption. Ferner halfen Bewegungen der Frau – heftiges Auf- und Abspringen, so dass die Fersen das Gesäß berührten – direkt nach dem Geschlechtsverkehr, den Samen wieder aus dem Uterus herauszubefördern. Das wurde auch durch Duschen erreicht. Außerdem hielt die Frau in dem Augenblick, wo der Mann sein Ejakulat freigab, den Atem an, hockte sich umgehend nieder, versuchte zu niesen, reinigte die Vagina und trank etwas Kaltes.

Schutz vor Schwangerschaft boten Glücksbringer und Beschwörungsformeln. Amulette – an Kopf, Hals, Arm oder Bein getragen – wehrten Empfängnis ab. Man befestigte beispielsweise Katzenleber in einem Behältnis am linken Fuß oder ein Stück Löwenuterus in

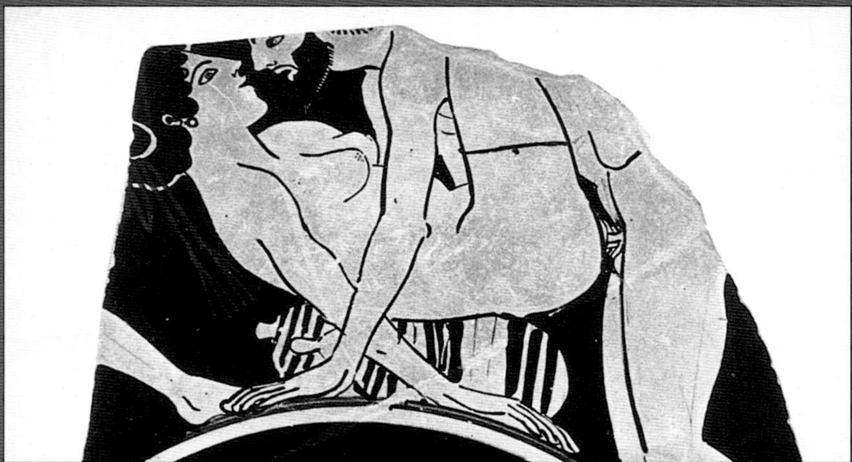

Frauen trugen oft als Verhütungsmittel kleine Amulette an einer dünnen Schnur um den Hals oder, wie in diesen beiden Fällen, um den Oberschenkel. (S. 28: Schalenfragment, um 500 v. Chr. (John Paul Getty Museum, Los Angeles); S. 29: Trinkschale, 470 v. Chr. (Museo Nazionale, Neapel)).

einem Gefäß aus Elfenbein an anderer Stelle des Körpers. Als kontrazeptiv wurde desgleichen folgendes Procedere angesehen: Die Frau verabreichte einem Frosch in Menstrualblut eingeweichte Wickensaat. Jedes vom Frosch geschluckte Samenkörnchen garantierte ein Jahr keine Empfängnis.

Welche Frauen versuchten sich vor Schwangerschaft zu schützen? Insbesondere taten es jene, die im Bereich der käuflichen Liebe arbeiteten, denn ein Kind zu bekommen, bedeutete Verdienstausfall für mehrere Monate und barg zudem die Gefahr, körperliche Reize zu verlieren. Schwangerschaftsstreifen oder erschlaffte Brüste infolge Stillens machten den weiblichen Körper weniger begehrenswert für die Kunden.

Auch Ehefrauen nutzten Kontrazeptiva, wenn sie außerehelichen Geschlechtsverkehr hatten, empfängnisfreie Zeiten zwischen den Schwangerschaften wünschten oder ihr Gesundheitszustand eine Niederkunft verbot.

Frauen aus armen Bevölkerungsschichten waren an Verhütungsmitteln interessiert, weil die Versorgung des Nachwuchses ihre Armut vergrößerte. Sklavinnen schätzten empfängnisverhütende Mittel, um ihre harten Lebensbedingungen ohne die zusätzliche Sorge um ein Kind zu meistern.

Es war schwierig die Verhütung einer Empfängnis klar von der Herbeiführung einer Fehlgeburt zu unterscheiden, weil es Stoffe gab, die verspätete Periodenblutung verursachten und dabei die entwicklungsfähige Frucht im frühen Stadium der Schwangerschaft aus der Gebärmutter unbemerkt oder leicht blutend ausstießen. Derartige Fehlgeburten bewirkende Substanzen hießen Ekbolia (Austreibungsmittel), die in Form von Einläufen – gekocht aus Weinrebenblüten, Zyperngras und Rosinen in Honigwasser oder gekocht aus einer Honigwabe, Butter, Harz, Gänsefett – genutzt wurden. Viele solcher Rezepturen sind überliefert. Ekbolia verwandte man als gefährliche, auf eine Totgeburt abzielende Phthoria (Vernichtungsmittel). Dass erfahrene ältere Prostituierte ihre Verhütungsmethoden jüngeren Kolleginnen, darunter ihren eigenen Töchtern, weitergaben, ist selbstverständlich. Grundsätzlich darf gelten: Frauen, die verhüteten oder abtreiben wollten, suchten selten ärztlichen Rat, sondern befragten weibliche Verwandte, Freundinnen, Nachbarinnen oder Geburtshelferinnen. Höchstwahrscheinlich brachten viele Frauen Geschenke in ein Heiligtum der Aphrodite/Venus, damit die Liebesgöttin helfend eingreife.

Zwischen Matronen und Huren

Sexualität bei den Römern

Charles Hupperts

Wie die Griechen sahen auch die Römer Frauen als Wesen mit einer gefährlichen Seite an, da sie nicht imstande sind, sich zu beherrschen. Sie müssen von Natur aus im Zaum gehalten werden. Die römischen Männer unterschieden sich hierin von den Griechen. Sie schlossen ihre Frauen nicht in ihren Häusern ein, sondern ließen sie stattdessen an ihrem Leben teilhaben. Frauen erhielten eine Erziehung, nahmen an sozialen Zusammenkünften und an Gesprächen von Männern teil. Sie genossen eine relativ große Freiheit und durften ohne Begleitung Freundinnen besuchen und einkaufen gehen. Sogar an Festen nahmen sie teil, sowohl an häuslichen wie auch an auswärtigen. Bis zum ersten Jahrhundert v. Chr. durften Frauen dabei aber nicht zu Tische liegen wie die Männer, sondern mussten sitzen. Wein war ihnen ebenfalls untersagt, und sobald er ausgeschenkt wurde, hatten Frauen das Fest zu verlassen. Wein galt nämlich als Mittel par excellence, die Selbstbeherrschung zu verlieren, und das kam Frauen nicht zu – schon gar nicht verheirateten.

Die Mutter der *familia* war die *matrona*. Ihre wichtigste Aufgabe bestand darin, die Betreuung und Erziehung der Kinder zu beaufsichtigen und die Haussklaven anzuleiten. Viele römische Familien, mehr noch als die Athener, verfügten über Sklaven. Folglich hatten Frauen im Allgemeinen Zeit für sich selbst, für Handarbeit und soziale Kontakte. In ärmeren Familien hingegen arbeiteten die Frauen im Geschäft mit, standen auf dem Markt oder schneiderten.

Es hat den Anschein, dass die meisten römischen Frauen sich weder frustriert, nutzlos oder minderwertig noch benutzt vorkamen. Die Römer sahen im Gegensatz zu den Griechen ihre Frauen nicht als Objekte, die ihnen zu Diensten standen. Die familiären Aufgaben der römischen *matrona* beschränkten sich nicht auf das Gebären von Kindern. Sie kümmerte sich auch um deren Erziehung und leistete so einen Beitrag zur Bildung des römischen Bürgers. Ihre Aufgabe war es, männliche Werte und männliche Ideale an ihre Kinder weiterzugeben.

Wandgemälde (vorige Seite) mit Polyphem und Galatea in der Casa dei Capitelli colorati in Pompeji.

EHE UND SEXUALITÄT

Im Mittelpunkt des Lebens eines römischen Bürgers stand der Begriff der *virtus*, den wir gewöhnlich mit Tugend wiedergeben, der aber wörtlich Männlichkeit bedeutet. Die *virtus* umfasste die Eigenschaften, die einen echten Mann ausmachen. Die Römer waren ein Volk mit einer stark militärischen Natur und Stärke. Tapferkeit, Entschlossenheit und Durchsetzungsvermögen waren die Grundlagen ihres Handelns. Ein Römer war durch und durch Eroberer und

Merkur (Hermes) mit Heroldstab (Kerykeion) und geflügelten Schuhen war der Gott des Handels und des Reichtums. Wandmalerei aus Pompeji, 1.Jahrhundert n.Chr.

Aggressor. Er musste auf jedem Gebiet dominieren und beherrschen, ob es nun um seine Waffen, seine Worte, seine Gesetze oder seinen Phallus ging. Der Gott Priapus, ein Fruchtbarkeitsgott, der Wege und Zugänge beschützte, war von großer Bedeutung für einen Römer. Sein großer Phallus schützte die Menschen gegen böse Dämonen, Diebe und andere Übel. So ließen Römer im Bereich des Vorhofs ihres Hauses gern eine Abbildung dieses Gottes als Zeichen anbringen, dass in diesem Haus ein echter Mann wohnte, der seine Familie in jeder Hinsicht beschützte. Besonders die Sexualität war das Gebiet, auf dem der Mann seine *virtus* unter Beweis stellte. Für einen richtigen Römer war Sex gleichbedeutend mit Penetration und er lehnte jede sexuelle Handlung ab, bei der er nicht dominierte. Aus diesem Grund wird deutlich, dass er Fellatio und Cunnilingus voller Widerwillen von sich wies.

Auch wenn Frauen eine recht große Bewegungsfreiheit genossen, waren sie letztendlich doch der Macht der Männer unterworfen. Als Mädchen/Töchter waren sie völlig abhängig von der Verfügungsgewalt ihres Vaters, des *pater familias*. Diese väterliche Gewalt ging sogar so weit, dass er seine Kinder jederzeit als Sklaven verkaufen und über Leben und Tod der Familienmitglieder bestimmte konnte. Diese Macht hatte keine Parallele bei den Griechen. Der römische Vater bestimmte, wann und mit wem seine Tochter die Ehe eingehen würde. Es gab bei den Römern zwei Formen der Ehe. Eine Möglichkeit war, dass das Mädchen ganz in die Familie ihres Ehegatten überging und seiner Autorität (*manus*) unterworfen wurde. Sie war damit hinsichtlich des Erb- und Familienrechts in derselben Lage wie eine Tochter. Ihr Ehemann konnte sie bestrafen, sie verbannen und sich von ihr scheiden lassen. Diese Form der Ehe war die älteste und galt als dauerhaft. Bei der anderen Form blieb die Frau der Macht (*manus*) ihres Vaters unterworfen, wodurch sie auch das Recht auf den Familienbesitz behielt. Diese Verbindung war nicht formell, sondern gründete im anhaltenden Wunsch von Ehemann und Ehefrau, als Ehepaar verbunden zu bleiben. Diese Form wurde immer populärer und war seit dem ersten Jahrhundert v. Chr. die Übliche. Ihre Popularität lag sicher in der Tatsache begründet, dass die Römer im zweiten Jahrhundert v. Chr. immer wohlhabender wurden. Denn bei dieser Form der Ehe blieb der Familienbesitz innerhalb der Familie und eine Frau aus einer reichen Familie konnte durch Erbschaft zu Reichtum gelangen. Somit eröffnete eine solche Eheschließung der Frau mehr Freiheiten. Sie fiel unter die Verfügungsgewalt ihres Vaters oder eines Vormunds (zumeist eines anderen Familienangehörigen), die anderswo wohnten, während ihr Gatte, der täglich mit ihr verkehrte, formal keine Macht über sie hatte. Eine Scheidung war einfach, auch für die Frau. Sobald einer der beiden die Verbindung auflösen wollte, geschah das auch.

Frauen wählten nicht mit aus, wen und wann sie heiraten sollten, doch war eine Heirat standesgemäß und zwingend. Unverheiratete Frauen gab es unter den römischen Bürgern nicht viele. Es war gesetzlich geregelt, dass das Mindestheiratsalter für ein Mädchen zwölf Jahre betrug, das für Jungen vierzehn. Mediziner im Altertum gingen davon aus, dass Mädchen um das vierzehnte Lebensjahr geschlechtsreif waren. Ehen mit Mädchen, die noch nicht erwachsen waren, waren infolgedessen nichts Ungewöhnliches. So gibt es Grabinschriften von Eheleuten, die zehn und elf

Jahre alt waren. Ob diese Ehen vollzogen wurden, ist schwer zu sagen. Manchmal kam es vor, dass die zukünftige Braut schon bei ihrem Verlobten, der oft deutlich älter war, einzog, bevor sie das Mindestheiratsalter erreicht hatte. Ein Argument für die Annahme, dass eine solche Ehe auch vollzogen wurde, wird von Ärzten vorgebracht: Vorzeitiger Geschlechtsverkehr würde den Fluss der ersten Menstruation erleichtern. Der Arzt Soranus (2. Jahrhundert n. Chr.) war davon überzeugt, dass junge Mädchen eine blockierte Vagina hatten. Und so führten Hebammen manchmal im Auftrag der Gatten Fruchtbarkeitsuntersuchungen bei zukünftigen Bräuten durch. Die Risiken der Niederkunft waren groß und ebenso die Sterblichkeitsrate: Fünf bis zehn Prozent der Frauen starben während der Niederkunft oder an deren Folgen.

Das römische Recht definierte die Ehe als Institution zur Zeugung von Kindern. Kaiser Augustus hatte ein Gesetz erlassen, welches bestimmte, dass eine römische *matrona* mindestens drei Kinder gebären musste, die länger als drei Tage gelebt hatten. Wenn keine Kinder geboren, wurden Frauen für die unfruchtbare Ehe verantwortlich gemacht. Ehepaare ohne Kinder wandten sich an die Götter, wie z.B. an Aesculapius. Ferner nahmen die Frauen allerlei Medikamente gegen Unfruchtbarkeit ein, die nicht ungefährlich waren. So starb Kaiserin Eusebia, die Gattin von Constantius II., an einem Kraut gegen Unfruchtbarkeit. Diktator Sulla (1. Jahrhundert v. Chr.) ließ sich von seiner dritten Frau Cloelia wegen Unfruchtbarkeit scheiden.

Doch nicht immer war Kindersegen wünschenswert. Römische Frauen wandten verschiedene Mittel an, um einer Vergrößerung der Familie entgegen zu steuern oder die Geburt illegitimer Kinder zu verhindern. Verhütung erhielt in höheren Kreisen den Vorzug vor der Abtreibung. Die vielleicht wichtigste Art, zu verhindern, dass zu viele oder illegitime Kinder geboren wurden, war, dass sich vor allem Frauen aus besseren Kreisen des sexuellen Kontakts mit ihren Männern enthielten, sobald sie sich gegen weitere Kinder entschlossen hatten. Frauen, die die Risiken von Schwangerschaft und Geburt überlebt hatten und von da an enthaltsam lebten, wurden wegen ihrer Keuschheit sehr geschätzt. Ehefrauen, die zu oft mit ihrem Mann ins Bett wollten, galten wegen ihrer Lust als mögliche Ehebrecherinnen. Deshalb riet der Moralist Plutarch im zweiten Jahrhundert n. Chr., die Gattin nicht in der Liebe zu unterweisen. Männer, die mehr als die geforderte Zahl von Kindern mit ihren Frauen gezeugt hatten, wurden als *uxorius* (seiner Frau zu sehr zugetan) bezeichnet – ein Begriff mit negativem Beiklang.

Geschichtsschreiber wie Livius (augusteische Zeit) verherrlichten tugendsame Frauen. Die bekannteste Geschichte ist die von Lucretia, einer römischen *matrona*, die von einem Freund ihres Mannes vergewaltigt wurde und sich daraufhin das Leben nahm, weil ihre Ehre verletzt war.

GRIECHISCHER EINFLUSS UND DIE SEXUALMORAL

Aufgrund seiner Eroberungen war Rom unter anderem in Kontakt mit der griechischen Kultur gekommen, die einen bedeutenden Einfluss auf die Lebensführung der Römer ausübte. Dieser Einfluss betraf die Einfuhr von Luxusartikeln und Kunstgegenständen, aber auch die Einführung neuer Rituale und fremder Gebräuche, auch auf erotischem Gebiet. Dies blieb nicht ohne Auswirkung auf die römische Moral. Immer wieder aber erhoben sich Römer des alten Schlages, wie z.B. Cato, der diese Verlotterung als einen verderblichen Aspekt des griechischen Einflusses anprangerte. Livius überliefert in diesem Zusammenhang eine interessante Geschichte, was 186 v. Chr. in Rom geschehen war, als ans Licht kam, welche Formen der von Griechenland nach Italien gebrachte Bacchuskult in Rom angenommen hatte. Durch Zufall kam einer der Konsuln dahinter, was sich während dieser Feiern abspielte. Eine Prostituierte, die als Sklavin von ihrer Herrin mitgenommen und damals in den Bacchuskult eingeweiht worden war, wurde gezwungen zu berichten, was sie darüber wusste. Sie fürchtete sich vor Repressalien ihrer früheren Kultgenossen. Nachdem man aber für ihre Sicherheit garantiert hatte, begann sie zu erzählen. Der Kult war anfänglich reine Frauensache. Sobald Männer zugelassen wurden, wurden die Feiern nachts organisiert. Es wurde Unzucht getrieben zwischen Männern und Frauen und Männern untereinander. Einige Menschen wurden wie Opfertiere getötet. Menschen, die sich nicht einweihen lassen wollten, wurden vergewaltigt oder ermordet. Viele Römer hatten sich diesem Kult im Geheimen angeschlossen, darunter auch Menschen aus hochstehenden Familien. Die Konsuln erhielten vom Senat den Auftrag, den Kult aus Rom zu verbannen. Livius weiß zu berichten, dass Tausende von Römern hingerichtet oder ins Gefängnis geworfen wurden. Die Frauen, die eingeweiht waren, wurden ihren Familien übergeben, um in deren Kreis getötet zu werden. Die Bacchusfeiern wurden auf unbestimmte Zeit verboten.

In großer Regelmäßigkeit wurden Phalli aus Terrakotta in der Hoffnung auf Genesung, Fruchtbarkeit oder Potenz geopfert (Museo Archeologico Nazionale di Napoli, Neapel).

SEXUALMORAL UND POLITIK

Die aufgrund der Kriege stark verminderte Anzahl der römischen Männer und die Verlotterung der Moral nötigten Kaiser Augustus zu Beginn des ersten Jahrhunderts n. Chr., Maßnahmen zu ergreifen, die die Ehre der Familie wiederherstellten und dafür sorgen sollten, dass die *familia* wieder der Eckpfeiler der Gesellschaft wurde. So erließ er ein Gesetz, welches bestimmte, dass es einem Römer nicht mehr freistand, unverheiratet zu bleiben. Jeder Römer unter 60 und jede Römerin unter 50 Jahren musste heiraten. Ferner hatten Frauen, die in jungem Alter Witwe geworden waren, die Pflicht, sich so schnell wie möglich wieder zu verheiraten. Kinderlose Paare wurden bestraft, Eltern von drei oder mehr Kindern hingegen wurden privilegiert. Augustus grenzte auch die Freiheit der Frau ein. Sie musste fortan wieder mehr Zeit im Haus verbringen. Ehebruch wurde strenger bestraft. Wenn der Ehemann seine Frau mit einem Nebenbuhler auf frischer Tat ertappte, durfte er sie beide töten (lassen). War der Ehemann auf eine andere Weise hinter das Verhältnis seiner Frau gekommen, war er verpflichtet, sich von ihr scheiden zu lassen; danach wurde sie unter Zurücklassung der Hälfte der Mitgift und eines Drittels des Vermögens, das ihr zustand, verbannt. Der Ehebruch eines Mannes wurde hingegen nicht unter Strafe gestellt. Eine betrogene Frau durfte sich von ihrem Mann scheiden lassen, war jedoch nicht dazu verpflichtet. Gegen ihren Ehemann wurde nicht weiter vorgegangen.

Große Wirkung hatte diese Ehe- und Moralpolitik des Augustus nicht. Es war unmöglich, die ganze Bevölkerung zu beaufsichtigen, jedenfalls was das Familienleben betraf. Nur die kleine Gruppe der Adligen wurde streng überwacht. So ging Augustus mit gutem Beispiel voran und verbannte seine einzige Tochter und seine Enkelin wegen Ehebruchs.

Das Flackern des Flämmchens der Öllampe erweckte die erotische Abbildung zum Leben (Museo Archeologico Nazionale di Napoli, Neapel).

PROSTITUTION

Ebenso wie die Griechen räumten die Römer der Prostitution einen wichtigen Platz in ihrem täglichen Leben ein. Männer wurden nicht in dem Gedanken erzogen, dass sie sexuell enthaltsam zu sein hatten. Für die Jünglinge und die Männer der Familie waren Sklavinnen mögliche Objekte ihrer Triebe. Zur Abwechslung bei ihren amourösen Vergnügungen besuchten sie Prostituierte. Sogar Moralisten wie Cato, Cicero und Seneca hielten es für selbstverständlich und natürlich, dass ein Römer zu bestimmten Zeiten ein Bordell besuchte. Bekannt ist die Geschichte von Cato dem Älteren, der einen Jüngling lobte, als er ihn eines der Bordelle auf dem Forum verlassen sah: Es sei gut, dass er seine Lust den Professionellen überließe. Als er den Jungen aber mehrere Tage später wieder dort vorfand, fuhr er ihn an: *„Ich lobte dich, weil du herkamst, nicht weil du hier wohntest.“*

Eine Prostituierte hatte im Lateinischen den Beinamen *lupa* (Wölfin), sehr wahrscheinlich ein Verweis auf die große Libido einer Wölfin. Die früheste Geschichte Roms war mit einer *lupa* verbunden: Romulus und Remus wurden von einer Wölfin genährt und die Hirtenfrau Larentia, die sie danach bei sich aufnahm, wurde von den Hirten *lupa* genannt. Es scheint in keiner Sprache so viele Worte für Prostituierte zu geben wie im lateinischen. Von den gut fünfzig Begriffen war *meretrix* (die Verdienerin) der gebräuchlichste. Aber auch Worte wie *scortum* (Fell) oder *spurca* (die Schmutzige) liefen um. Eine Prostituierte konnte Sklavin, Freigelassene oder sogar Freigeborene sein. Die billigsten Huren boten sich in kleinen, stinkenden Kämmerchen in einem Bordell (*lupanar*) oder im Hinterzimmerchen eines Straßengasthauses an. Jede römische Stadt hatte Bordelle. Die Preise lagen bei durchschnittlich zwei bis sechzehn Assen (zwei Asse betrug ungefähr der Preis für ein Glas Wein). Wie ein solches Bordell aussah, wissen wir aufgrund der Ausgrabungen in Pompeji: Kleine Kammern mit schmalen Betten waren der Arbeitsplatz. Über den Türen im Gang waren Stellungen abgebildet, durch die die Wartenden einstweilen in der Stimmung blieben. Dergleichen Darstellungen wurden auch in anderen öffentlichen Gebäuden aufgefunden, wie z.B. den Umkleideräumen von Bädern, die auch als Bordelle fungieren konnten. Straßenprostituierte waren an vielen Stellen der Stadt zu finden, an Straßenecken, in Bädern und an Ausfallstraßen. Sie wurden im Lateinischen auf verschiedene Weise bezeichnet, wie z.B. *noctilucae* (Nachtlichter), *ambulatrices* (Herumgeherinnen), *bustuariae* (die zur Leichenbrandstätte Gehörigen), die die Begräbnisstätten außerhalb der Stadtmauern als Arbeitsplätze nutzten, und die *diobolariae* (Zweigroschenhuren), die zur untersten Kategorie gehörten.

In Rom war es ganz normal, eine Prostituierte für einen längeren Zeitraum zu mieten. Es wurden Miet- oder Kaufverträge aufgesetzt, in denen der Preis angegeben wurde, die Dauer der Vereinbarung und allerlei Bestimmungen, an die sich das Mädchen halten musste. Sie durfte sich sexuell nur mit ihrem Eigentümer einlassen und musste ihn oft auch in der Öffentlichkeit begleiten. Die Ehefrauen der Oberschicht hatten in der Regel nicht allzu große Probleme mit den Beziehungen ihrer Ehemänner zu Sklavinnen oder Konkubinen. Manchmal wählten sie selbst die Frauen für sie aus. Die Frau des Konsuls Scipio Africanus z.B. kannte die Freundin ihres Mannes; sie ließ sie nach dessen Tod (183 v. Chr.) frei und verheiratete sie mit einem ihrer freigelassenen Sklaven. Bei Sueton liest man, dass Livia ihren Mann, Kaiser Augustus, mit kleinen Mädchen versorgte, die er gerne entjungferte.

Die Obrigkeit schrieb vor, dass Prostituierte eine andere Kleidung als verheiratete Frauen tragen mussten, damit sie auf der Straße gut zu unterscheiden waren. Nach der Gesetzgebung des Augustus, der die Freiheit der Frauen einschränkte, kam es vor, dass Frauen sich nach einer kurzen Ehe, mit der sie die gesetzlichen Vorschriften erfüllt hatte, von ihrem Mann scheiden ließen, um sich danach als Prostituierte registrieren zu lassen. So erlangten sie die Freiheiten zurück, die sie vor der Einmischung des Kaisers genossen hatten. Auch in allerhöchsten Kreisen lockerten sich die Sitten. Sehr berüchtigt ist der Lebenswandel von Messalina, der Frau des Kaisers Claudius im ersten Jahrhundert n. Chr. Diese Frau warf jedes sexuelle Tabu über Bord und organisierte ausschweifende Orgien, bei denen sie sich ohne Skrupel anderen Männern hingab. Tatsächlich hatte sie als Prostituierte in einem Bordell gearbeitet, um – so das Gerücht – ihre Ausschweifungen bezahlen zu können.

Der Beruf des Zuhälters wurde bei den Römern sehr geringgeschätzt. Er war in ihren Augen nicht mehr als ein Sklavenhändler, der zur untersten Gesellschaftsschicht gehörte. Meistens war er ausländischer Herkunft und ein Sinnbild der Korruption. Diese Reputation hinderte bestimmte Kaiser nicht daran, selbst die Rolle eines Zuhälters zu spielen. So soll Caligula, wenn wir Sueton Glauben schenken dürfen, verfügt haben, dass in seinem Palast Zellen eingebaut und wie ein Bordell eingerichtet wurden. Dann zwang er die Ehefrauen und Töchter prominenter Römer sich darin zu prostituieren. Nero ließ während eines Festes am Ufer eines Teichs auf dem Marsfeld in Rom Bordelle einrichten, in denen Frauen von hohem Stand verpflichtet waren, jedem, der vorstellig wurde, zu Willen zu sein.

Einmal im Jahr, bei Frühlingsbeginn, gab es ein besonderes Fest, die so genannten Floralia. Sie waren von einer sehr reichen Prostituierten namens Flora gestiftet worden, wurden aber auch in Verbindung mit dem Fest der Göttin Flora gebracht. Dabei spielten Prostituierte eine besondere Rolle. Flora war die Göttin der Blüte, der Fruchtbarkeit, aber auch des Genusses. Das Fest fand nachts statt. Die Bevölkerung – das Fest war allen Schichten und Ständen zugänglich – kleidete sich speziell dafür in farbenfrohe Gewänder, und es fanden Jagden auf Hasen und Rehe statt. Die Prostituierten hielten eine Parade vor dem Volk ab und entkleideten sich auf Wunsch der Zuschauer. Die Nacktheit der Frauen war ein Opfer an die Göttin, um Fruchtbarkeit bei Menschen, Tieren und Pflanzen zu

In Pompeji zeigten Wandmalereien die vielen möglichen Stellungen des Liebesspiels.

Dieses Öllämpchen zeigt deutlich, dass oraler Sex den Römern nicht unbekannt war (Museo Archeologico Nazionale di Napoli, Neapel).

erbitten. Vor den Mauern Roms stand ein Tempel der Venus Erycina, der Schutzgöttin der Prostituierten. Ihre Priesterinnen hatten zugleich die Funktion von Prostituierten. Der Tempel war vor den Mauern errichtet, damit, wie Vitruv schreibt, die Jünglinge und verheirateten Frauen in der Stadt nicht mit den von Venus erweckten Leidenschaften konfrontiert würden. Auf ihren Festen wurden Schönheitswettbewerbe abgehalten und es wurde viel verhandelt und gefreit.

HOMOSEXUALITÄT

Die römische Haltung gegenüber der Homosexualität unterschied sich von der der Griechen. Verschiedene römische Intellektuelle, die sich selbst mit dieser Form der Liebe schwer taten, sahen die Knabenliebe bei den Römern als verderblichen Einfluss der griechischen Kultur an, die eigentlich nicht zu einem Römer passte. Das erscheint nicht korrekt. So enthielten die Komödien des Plautus viele Anspielungen auf Homosexualität, die römisch anmuten. In jedem Fall wehrte sich niemand gegen sexuellen Umgang mit Sklaven, bei dem ein Römer seiner Macht als Bürger frönen konnte. Auch männliche Prostitution war eine Möglichkeit und entwickelte sich in einem Maß, dass sie zum Luxusartikel wurde. Der römische Kalender hatte einen besonderen Tag, der den männlichen Prostituierten geweiht war. Sex mit einem *puer*, einem freigeborenen Knaben, war anfangs von Übel. Erst als die Römer mit der griechischen Kultur – für sie die Wiege der Päderastie – in Kontakt kamen und es in bestimmten Kreisen chic war, sich griechisch zu geben, wurde auch die Liebe mit freien Jungen populärer, zumindest in höheren Kreisen. Dennoch reagierte die öffentliche Meinung heftig auf diese Form der Liebe. Wahrscheinlich aufgrund der Bedrohung durch den schlechten griechischen Einfluss wurde ein Gesetz erlassen, das die Liebe mit freien Jungen verbot.

Diese gesetzlich verankerte Moral konnte jedoch nicht verhindern, dass Päderastie mit freien Knaben öffentlich getrieben wurde. Das Gesetz wurde nicht oder kaum angewandt und Päderastie wurde auf die Dauer in allen Bevölkerungsschichten getrieben. Eine der wichtigsten Quellen für die Art, wie in Rom die Knabenliebe erfahren wurde, sind die Dichter aus dem ersten Jahrhundert vor wie nach Christus, wie z.B. Catull, Tibull, Properz und Horaz. Nehmen wir zum Beispiel Catull. Er hegte eine leidenschaftliche Liebe für Lesbia, wahrscheinlich ein Pseudonym für Clodia, eine femme fatale mit einer gehörigen Reputation in Liebesdingen. Seinen Gefühlen für diese Frau widmete Catull zahlreiche Gedichte, die zu einem Höhepunkt der lateinischen Literatur gehören. Männer, die in Liebesdingen seine Konkurrenten oder sonst seine Gegner waren, machte er in seiner Poesie lächerlich, indem er sie als sexuell abartig darstellte. Normal ist, dass der Mann aktiv ist und penetriert. Wer penetriert wird, ist passiv und das können eigentlich nur Frauen sein. Männer, die diese Form sexueller Lust verfolgen, sind also sehr verächtlich. Gedicht 16, gegen Aurelius und Furus gerichtet, beginnt aggressiv: „*Pedicabo ego vos et irrumabo*“ (ich werde euch anal und oral penetrieren). Die Römer hatten ein eigenes Verb für das orale Penetrieren, *irrumare*, etwas, das zu einem echten Mann passte. Blasen, *fellare*, wurde besonders als passive und damit verächtliche Handlung gesehen. Aurelius nennt der Dichter einen *pathicus* und Furus einen *cinaedus*, beides Worte, die einen passiven Homose-

Dieser nur 3,5 cm große Priapus hat einen fast ebenso großen Phallus. Römischer Bronzeanhänger, in Nunspeet gefunden (Stadtmuseum, Zwolle).

xuellen bezeichnen. Einige Gedichte Catulls sind recht grob und enthalten viele sexuellen Unflätigkeiten, um dem Ärger des Dichters über jeden Mann, der ihm nicht passt, Luft zu machen. Daneben schrieb Catull auch eine Folge von acht Gedichten über seine Liebe zu dem Jungen Juventus. Die Gedichte zeigen die gleiche gefühlsmäßige Verbundenheit wie die über seine Liebe zu Lesbia und offenbaren, dass der Dichter auch homosexuelle Erlebnisse gehabt haben muss. Hier tritt ein ganz andere Catull in Erscheinung, nicht der Macho-Römer, der sich das Objekt seiner Begierde zu unterwerfen versucht und einen aggressiven Tonfall anschlägt, sondern eher der unsichere Liebhaber, der sich von seinem jungen Freund schikanieren lässt. Die Rollen scheinen vertauscht zu sein. Dieses romantischere Bild der Liebe mutet griechisch an, und es finden sich bei Catull, genau wie bei anderen römischen Dichtern, beide Formen des homosexuellen Eros wieder.

Die Gesetzgebung des Augustus ließ die homosexuelle Moral unangetastet. Solange man aktiv war und penetrierte, war homosexuelles Verhalten gesellschaftlich akzeptabel, auch wenn man einen römischen Jungen begehrte. Es entstand sogar eine gewisse Toleranz gegenüber Männern, die sich penetrieren ließen und sich weibisch verhielten. Gerüchte über einige prominente Politiker oder Generäle besagten, dass sie sich in homosexuellen Beziehungen passiv verhielten. So soll Caesar in seiner Liebesbeziehung zu Nikomedes, dem König von Bithynien, die weibliche Rolle gespielt haben. Die Soldaten sangen „*Gallias Caesar subegit, Nicomedes Caesarem*“ (Caesar bezwang Gallien, Nikomedes den Caesar). Catull nannte den General einen *cinaedus* und schimpfte ihn *mollis* (verweichlicht). Caesar machte sich nicht viel aus diesen Verunglimpfungen, wahrscheinlich nicht, weil kein Kern Wahrheit darin war, sondern weil er genügend Respekt einflößte, da er die für einen Römer höchste Form von Männlichkeit an den Tag gelegt hatte: Er hatte den Ruf eines Verführers von Frauen und seine Fähigkeiten als General und Soldat machten ihn über alle Zweifel erhaben. Er war ein Sieger im Bett und ein Sieger auf dem Schlachtfeld. Auch Augustus hatte diese doppelten sexuellen Eigenschaften. Einerseits war er als Ehebrecher und Eroberer bekannt, andererseits soll ihm seine *pudicitia* von seinem Adoptivvater Caesar genommen worden sein. Andere Anekdoten stempelten ihn als *mollis* ab. Auch von anderen Kaisern, mit Ausnahme von Claudius, wurden diese Art von Geschichten erzählt. Nero übertraf alles, indem er Ehen mit Männern einging, bei denen er einmal die Rolle des Bräutigams und ein anderes mal die der Braut spielte. Aber eine Offensive gegen diese Lockerung der Moral blieb nicht aus, und es war der passive Homosexuelle, gegen den zuerst vorgegangen wurde. Im Jahre 342 erließen die Kaiser Constantinus und Constans ein Gesetz, das die passive Homosexualität verbot. Die Strafe für eine Zuwiderhandlung war wahrscheinlich die Kastration. Theodosius I. entschied 390, dass alle passiven Homosexuellen, die sich in Bordellen prostituierten, lebendigen Leibes zu verbrennen wären. Im Jahre 438 wurde diese Strafe allen Männern, die sich sexuell passiv verhielten, auferlegt. Dieser aufkommende Hass gegen Homosexualität ging einher mit der Ausbreitung und dem Erstarken des Christentums. Die Führer dieser Religion hatten eine andere Sichtweise hinsichtlich der Sexualität. Ihr Urteil darüber, was erlaubt war, gründeten sie nicht auf der sexuellen Rolle, die man einnahm, sondern auf Begriffen wie natürlich und unnatürlich. Ausschließlich Sexualität, die auf Fortpflanzung zielte, war in Übereinstimmung mit der Natur, wie Gott sie dem Menschen geschenkt hatte. Daher ging ihnen die bestehende Gesetzgebung nicht weit genug. Alle Formen der Homosexualität waren anstößig und wurden verboten. Kaiser Justinian (527-565) verfügte schließlich, dass alle Formen homosexuellen Verhaltens mit dem Tode zu bestrafen waren.

Die Liebe unter Männern, abgebildet auf einem silbernen Kantharos, einem Weinpokal (British Museum, London).

Vom Strichjungen zur Hurenmünze

Wolfgang Szaivert

Spintria ist ein Ausdruck, der in der römischen Literatur von Sueton in der Vita des Kaisers Otho verwendet wird, und meint dort einen Strichjungen. Dieser Begriff hat sich auf die aus dem ersten Jahrhundert nach Christus bekannten münzähnlichen Kupferstücke mit erotischen Szenen übertragen. Diese Stücke zeigen auf der Vorderseite 14 verschiedene Darstellungen des Geschlechtsverkehrs zwischen Mann und Frau. Der Akt wird dabei immer auf einem Bett ausgeführt. Zehn der Darstellungen zeigen die Frau liegend oder kauernd, nur einmal sitzt die Frau auf dem Mann und in zwei Fällen stimuliert die Frau das Glied des Mannes, einmal mit der Hand, das andere Mal mit dem Mund. In einem Fall kauert eine dritte, kleine Gestalt unter oder vor der Bettstatt, wie ein diensteifriger Sklave. Der Hintergrund ist ebenso wie das Bett selbst mit drapierten Stoffen belegt bzw. verhängt. Als einziges Ausstattungsstück erkennt man auf einigen Stücken einen Krug, wohl als Weinkrug zu verstehen. Homoerotische oder besonders außergewöhnliche Darstellungen fehlen in diesem Repertoire.

Die Spintriae sind eine Sondergruppe der so genannten *Tesserae,* das sind münzähnliche Bronzeobjekte ohne konkreten Nominalwert. Sie entsprechen in Größe und Machart den Kleinmünzen des ersten Jahrhunderts n. Chr. Es lassen sich drei Gruppen unterscheiden:

- *Tesserae* mit Köpfen von Personen des julisch-claudischen Kaiserhauses
- *Spintriae* mit erotischen Darstellungen
- *Tesserae* mit Sport-, Spielszenen oder ähnlichen Darstellungen

Die Rückseite dieser Tesserae zeigt jeweils Zahlen von I bis XVI in einem Kranz. Die

Was genau die Funktion der spintriae war, weiß man nicht sicher. In jedem Fall ist eine Vielzahl erotischer Darstellungen darauf abgebildet (S. 38 und 39 rechts oben: Kunsthistorisches Museum, Wien).

Stempel der Rückseiten werden völlig beliebig für die Produkte der drei Gruppen verwendet. Die Zahlzeichen der Rückseiten lassen sich nicht mit den Darstellungen der Vorderseite in Verbindung bringen. Die Verwendung identischer Rückseitenstempel für Spintriae und für Tesserae der anderen Gruppen zeigt, dass man die Spintriae nicht als eigenständiges Phänomen betrachten darf.

Geht man bei den Tesserae davon aus, dass es sich um Anweisungs- oder Verteilungsmarken gehandelt hat, etwa Berechtigungsmarken zum Empfang einer Getreide oder Ölspende, so gehören auch die Spintriae in diesen offiziellen und öffentlichen Bereich. Die Zahlzeichen sind noch ungedeutet – sie könnten eine Wertangabe im Sinne einer Vervielfachung der beziehbaren Einheiten (Öl, Getreide etc.) sein oder ein Element der

Steuerung des Bezugs (etwa Ort oder Zeit der Verteilung). Diese Vorschläge lassen sich aber auf die Spintriae nicht anwenden. Man müsste fragen, welche Gegenleistung mag mit der Hingabe einer Spintria verbunden gewesen sein. Spintriae werden gern als antike Bordellmarken angesprochen; ihre enge Verbindung mit anderen Tesserae erlaubt diese Deutung aber eher nicht.
Die zweite Frage betrifft die Datierung dieser Stücke. Im Wesentlichen liegen zwei Vorschläge vor:
Aufgrund der Verbindung (über die Rückseiten) mit den Portraits aus dem julisch-claudischen Kaiserhaus kommt eine Datierung in diese Zeit in Frage, am ehesten in die Zeit des Tiberius (14-37 n. Chr.).
Oder eine Datierung nach der berühmten Stelle aus dem Epigramm des Dichters Martial (8, 78, 9) aus der Zeit des Domitian 81-96 n. Chr., der die Festspiele zum Sarmatensieg im Jahr 93 n. Chr. beschreibt. Die Zeile *„nunc veniunt subitis lasciva nomismata nimbis"* bezieht sich offenbar auf diese Spintriae.

Eine Entscheidung lässt sich nach derzeitigem Wissensstand nicht treffen. Man kann das ganze Problemfeld vermutlich nur in Zusammenhang mit dem Münz- und Geldwesen des ersten Jahrhunderts nach Christus klären und vor dem Hintergrund der relativ intensiven Kleingeldprägung.
Es mag also durchaus sein, dass es sich bei den Spintriae gar nicht um Objekte handelt, die ihre Verwendung im sexuell-erotischen Umfeld haben – es kann sich durchaus um Marken für Belustigungen anderer Art gehandelt haben. Ihre Bilder mögen dann nur als Chiffren für Lebenslust und ausschweifende Fröhlichkeit verstanden worden sein. Als interessante Objekte der erotischen Kunst wurden und werden sie gerne gesammelt. Gerade die großen altehrwürdigen Sammlungen verfügen über viele solch reizender Objekte. Auf dem heutigen Markt kommen sie allerdings nur mehr selten vor – sie haben eben bereits zum Großteil ihre Liebhaber gefunden.

Wenige Spintriae zeigen das Porträt eines Kaisers. Waren diese so genannten Tesserae als Berechtigungsmarken für Brot und Spiele gedacht? (Rijksmuseum Het Koninklijk Penningkabinet, Leiden).

Graffiti: Worte statt Taten

Benoît Mater

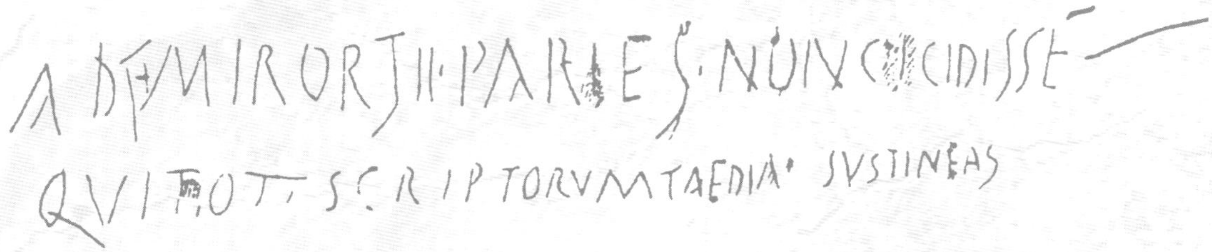

Herzen mit Namen in Bäume geritzt, Schulbänke voll mit geheimen Botschaften an unbekannte Lieben, ein Schrei nach Liebe als Graffito auf Wänden oder Toilettentüren. Solche Gefühlsäußerungen sind nicht nur von heute, sondern schon so alt wie der Weg nach Rom. Vergleichbare intime, persönliche Mitteilungen aus der italienischen Stadt Pompeji sind uns aufgrund des Vulkanausbruchs von 79 n. Chr. überliefert. Auf den gekalkten Mauern von privaten Gebäuden wie auch öffentlichen Räumen gibt es zahllose eingekratzte Wandinschriften zu lesen, die vor Jahrhunderten von gewöhnlichen Männern und Frauen bewusst hinterlassen wurden.

Admiror tii paries non cecidisse
Qui tot scriptorum taedia sustineas.
Es ist ein Wunder, Mauer, dass du noch nicht umgefallen bist von all den dummen Graffiti, die sie in dich eingeritzt haben!

Aus einer Zeit, als Bildung noch lange kein Gemeingut war, gewähren diese Nachrichten uns Einblick in die Menschen und ihre Wünsche, die sie in dieser Weise öffentlich machen. Alle möglichen Themen passieren Revue: inständige Bitten, Eifersucht, Voyeurismus, Prostitution, Homosexualität, Liebeskummer, Pädophilie und Liebesgeplänkel. Die Graffiti sind farbige Herzensergüsse, manchmal poetischer Ausdruck von Leidenschaft, ein andermal sind es ganz konkrete, banale und vulgäre Parolen. Die dichterischen Auslassungen sind oft Liebesäußerungen von Träumern mit einer platonischen Liebe. Der Liebende schreibt, dass er zu einem Gegenstand werden will, den die Geliebte trägt; sodass er in dem Moment, geliebt wird, in dem sie den Gegenstand trägt:

Primigeniae Nucer(inae) sal(utem)
Vellem essem gemma ora non amplius una ut tibi signanti oscula pressa darem.
Hallo, Primigenia aus Nocera. Wie gern würde ich für ein Stündchen dein Siegelring sein. Dann kann ich dir selbst die Küsse geben, die ich darauf gedrückt habe.

Die vulgären Sprüche teilen ohne weiteres mit, dass im täglichen Leben intimer Verkehr stattgefunden hatte oder gewünscht wurde. Manchmal wird doch sehr detailliert mitgeteilt, wie der Hase läuft:

Veneria Maximo mentla exmuccavt per vindemia[[m]] tota et relinquet utr(umque) ventre inane e[t] os plenu C.S(–).
Während der Weinlese hat Veneria Maximus geblasen. Ihre Löcher blieben leer, nur ihr Mund war voll. C.S.

M[en]tula tua iubet, amatur.
Dein Penis sagt: Und jetzt eine Nummer.

Welches Wortspiel die Graffiti auch bilden, sie gewähren uns alle einen Blick hinter die Kulissen von Lust und Liebe. Wegen der Lüsternheit vieler dieser Texte scheint Pompeji ein riesiges Bordell gewesen zu sein, wo alles und jeder benutzt wurde.

Quoi scripsi semel et legit, mea iure puellast. Quae pretium dixit, non mea sed populi est.
Das Mädchen, dem ich schrieb und das meine Nachricht annahm, ist rechtmäßig die Meine. Das Mädchen, das seinen Preis nannte, ist nicht mein, sondern jedem.

[Hic] ego cum domina resoluto clune [p]er[e]gi [tales se]d versu[s] scribere [turp]e fuit.
Ich verbrachte die ganze Nacht mit der Wirtin, aber ich gestehe, dass ich dies mit einiger Schüchternheit schreibe.

Die Kritzeleien zeigen uns die Namen der Akteure, die von ihnen besuchten Orte, die angebotenen Dienste und manchmal, wieviel sie für den Liebesakt forderten. Sex und Liebe fanden nicht nur zu Hause statt, sondern auch in Bordellen; Huren boten sich an der Straße, auf Friedhöfen und an den Stadttoren an. An den Eingängen von Herbergen listete eine Inschrift alle den Kunden geleisteten Dienste auf:

Apelles cubicularius Caesar(is) cum Dextro pranderunt hic iucundissime et futuere simul.
Die Zimmergenossen Apelles, Dextrus und Caesar hatten hier eine herrliche Mahlzeit und herrlichen Sex.

Die Graffiti zeigen, dass in der Liebe alles erlaubt und eine Frage von Angebot und Nachfrage war.

Eutychis «Graec»a a(ssibus) II moribus bellis.
Griechin Eutychis ist sehr freundlich für zwei As.
[ein As ist eine römische Münze]

Menander bellis moribus aeris ass(ibus) II.
Für zwei As gibt sich Menander sehr freundlich.

Auch in den Bordellen wurden Eindrücke auf den Mauern hinterlassen, vielleicht während der langen Wartezeiten, bis man an der Reihe war, oder vor dem Verlassen des Bordells, vor allem um zu zeigen, dass man da war. Spitze Bemerkungen scheinen auf enttäuschte Kunden hinzudeuten, andere lassen ihre Perversität erkennen. Einige Graffiti berichten von den Taten anderer:

Filius salax qud tu mulierorum difutuisti.
Du geiler Kerl: Wieviele Frauen hast du verwöhnt?

Letztere kommen in Pompeji am häufigsten vor und sind immer recht giftig. Wie wir diesen Klatsch interpretieren müssen, wird nicht immer klar, da wir nicht wissen, was die wirklichen Gründe dahinter waren. Eifersucht, Rivalität oder Groll? Auf jeden Fall durften sie oft eine Antwort desjenigen erwarten, der sich angesprochen fühlte:

Successus textor amat coponiaes ancilla nomine Hiredem, quae quidem illum non curat, sed ille rogat, illa comiseretur. Scribit rivalis, vale.
Der Weber Successus liebt die Magd der Wirtin, Iris genannt, die ehrlich nichts für ihn übrig hat; er fleht sie an, aber sie fühlt nur Mitleid.

Invidiose, quia rumperes, sectare noli formonsiorem et qui est homo pravessimus et bellus.
He, eifersüchtiger Trottel; was für ein Gewäsch? Fordere niemand heraus, der hübscher und ein echter Mann ist, und ein guter noch dazu.

Dixi, scripsi. Amas Hiredem, qua [t]e non curat. SIX Successo ut su[.]r[.] [–]s[–] Severus.
Ich habe gesagt und geschrieben, dass du derjenige bist, der Iris liebt und der sie nicht interessiert: Severus an Successus, genau wie oben.

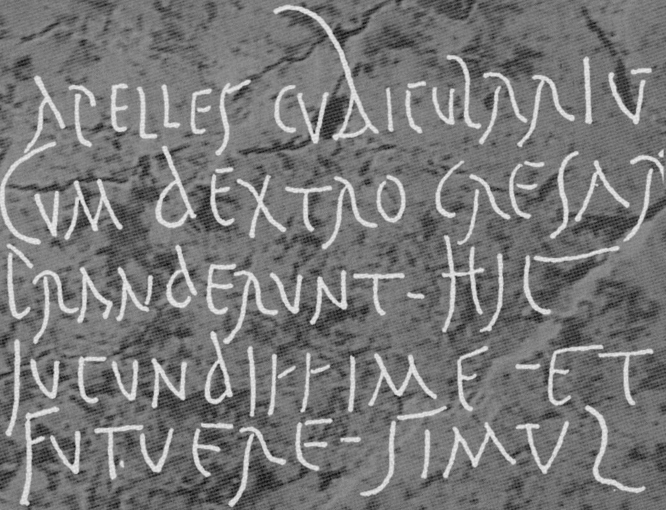

In Pompeji gab es nicht nur erotische Graffiti, aber sie scheinen doch ein Bild hervorzurufen, als ob Pompeji in unseren Augen ein Ort der Verderbnis war. Das wird verstärkt durch die vielen sinnlichen Wandmalereien, Mosaiken und Skulpturen, die wiederaufgefunden wurden. All diese Elemente müssen aber vor dem Hintergrund der damaligen Gesellschaft gesehen werden, mit ihren von unseren ganz verschiedenen Normen hinsichtlich Sexualität. Vielleicht stand im Hintergrund die Bedrohung durch einen möglichen Vulkanausbruch, die das Leben verdüstert hätte. Jedenfalls konnte das Spiel und die Sprache der Liebe in Pompeji das Tageslicht durchaus vertragen.

Hic ego cum veni futui Deinde redei domi.
Ich kam, bumste und ging danach nach Hause.

Die Gesichtsurne mit Phallusausguss

Wolfgang Schmidt

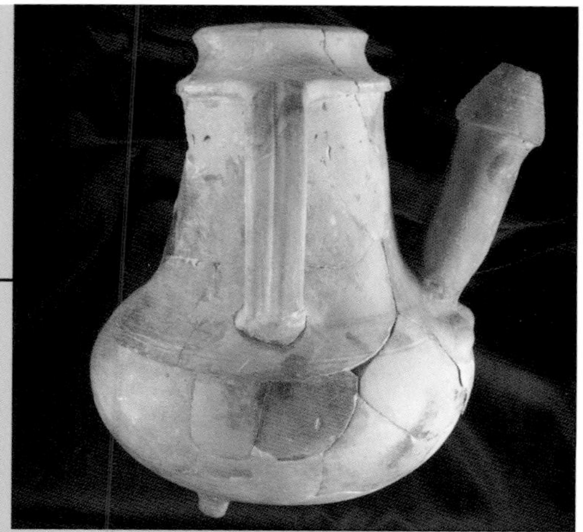

Gesichtsurne mit Phallusausguss, 2. Jahrhundert n. Chr. (Saalburgmuseum, Bad Homburg v. d. H.). Das Ausschenken oder das Trinken aus der Tülle wird die Festfreude des Trinkgelages wohl erhöht haben.

Nicht jeder Gegenstand erfüllt unbedingt den Zweck, dem er auf den ersten Blick dienen mag. Darstellungen des männlichen Gliedes, insbesondere im erigierten Zustand, werden bei dem heutigen Betrachter vor allem sexuell-erotische Assoziationen auslösen, eine Betrachtungsweise, die auch – aber eben nicht nur – für die Antike Gültigkeit besitzt. Im Zusammenhang mit den an Eindeutigkeit nicht zu steigernden erotischen Darstellungen, insbesondere des Liebesaktes auf Wandmalereien, Reliefs und Gefäßkeramik, wird man kaum Interpretationsschwierigkeiten haben. Sie bezeugen für die Antike – ähnlich wie heute – den Animationswert sexueller Darstellungen.
Neben diesen sexuellen Freuden hatte der Penis (griech. *phallos,* lat. *phallus*) in der griechischen wie in der römischen Antike aber auch *apotropäische,* also unheilabwehrende Wirkung. In dieser Funktion, ausgehend von den positiven Wirkungskräften des Phallus als Inbegriff der Fruchtbarkeit, des Überflusses und der Zeugungskraft, findet er sich als Amulett von Mensch und Tier getragen und diente als wirksamer Schutz gegen negative menschliche und dämonische Einwirkungen. Darstellungen des Phallus als Hilfe gegen solche schädlichen Einflüsse, insbesondere des bösen Blickes, finden sich in Form von Anhängern und Ringen vielfach in römerzeitlichem Fundmaterial und wurden insbesondere von Kindern getragen, die als schutzbedürftig galten.
Bei dieser über das rein Sexuelle hinausgehenden Bedeutung des männlichen Geschlechtsorgans, ist es nicht weiter verwunderlich, dass der Phallus oft in geradezu grotesker Überbetonung auch auf Gebrauchsgegenständen des täglichen Lebens auftaucht. In einer primär apotropäischen Funktion sind vermutlich auch die Gesichtsurnen mit Phallusausguss sowie die ebenfalls wohl diesem Gefäßtyp zugehörigen Einzelphalli einzuordnen, die sich gelegentlich in der römerzeitlichen Gefäßkeramik finden. Bei dem Fundstück aus dem Zugmantel Kastell sind deutlich an der dem Phallus gegenüberliegenden Seite der Gefäßwandung noch die Augenbrauen des Gesichtes zu erkennen.
Menschlich, allzu menschlich sind neben dieser apotropäischen Funktion die sexuellen Assoziationen, die sich beim Anblick solch eines Gefäßes zwangsläufig ergaben. Bereits in der griechischen Antike finden sich Trinkgefäße in Form eines männlichen Gliedes oder mit ausmodelliertem Phallus, aus denen vermutlich beim Gelage *(Symposium)* getrunken wurde. Gelegentlich finden sich solche Darstellungen auf griechischen Gefäßmalereien, bei denen eine meist nackte Hetäre aus dem als erigiertem Penis gestalteten Ausguss trinkt. Viele Details des griechischen Symposiums wurden von den Römern für ihre Trinkgelage übernommen. Da zweifellos auch das Phallusgefäß aus dem *vicus* des Zugmantel Kastells dem praktischen Gebrauch beim Einschenken von Getränken diente, wird man sich unschwer die sinnlich-erotische Wirkung und manch schlüpfrigen Kommentar bei den Festteilnehmern vorstellen können.
Die Originale der ausgestellten Kopien befinden sich im Saalburgmuseum bei Bad Homburg v. d. H. (Deutschland) und wurden im Jahr 1912 bei Ausgrabungen in zwei Kellern des *vicus* beim Zugmantel Kastell am obergermanischen Limes gefunden.
Pikanterweise wurde, wie aus dem Grabungstagebuch des Ausgräbers Heinrich Jacobi hervorgeht, die Gesichtsurne mit Phallusausguss von Kaiser Wilhelm II. am 20. Mai 1912 im Steinkeller 284, östlich des Kastells, persönlich geborgen. Der entsprechende Eintrag im Grabungstagebuch lautet: *„Gegraben durch Seine Majestät den Kaiser, welcher eine zweihenklige Gesichtsurne nebst Phallus-Ausguss in der Ecke ausgrub".*
Bereits als junger Prinz besaß Wilhelm ein starkes Interesse an den archäologischen Ausgrabungen des Limeskastells Saalburg und stellte ab 1897 die finanziellen Mittel zum Wiederaufbau der Saalburg zur Verfügung. Häufiger Gast war der Kaiser auch während der Grabungstätigkeit im Zugmantel Kastell und es versteht sich von selbst, dass bei den kaiserlichen Besuchen, in deren Verlauf der Kaiser oftmals selbst den Spaten zur Hand nahm, attraktives Fundmaterial so deponiert wurde, dass es vom Kaiser persönlich geborgen werden konnte. Falls dieser Verdacht auch für die Peniskanne zutrifft, spricht es für den Humor des Ausgräbers Heinrich Jacobi, der dem Kaiser die Auffindung eines für die damalige Zeit frivolen Gefäßes überließ.

In der römischen Zivilsiedlung beim Kastell Zugmantel wurden ebenfalls einzelne Tüllen von Gesichtsurnen gefunden, einige davon sehr naturgetreu (Saalburgmuseum, Bad Homburg v. d. H.).

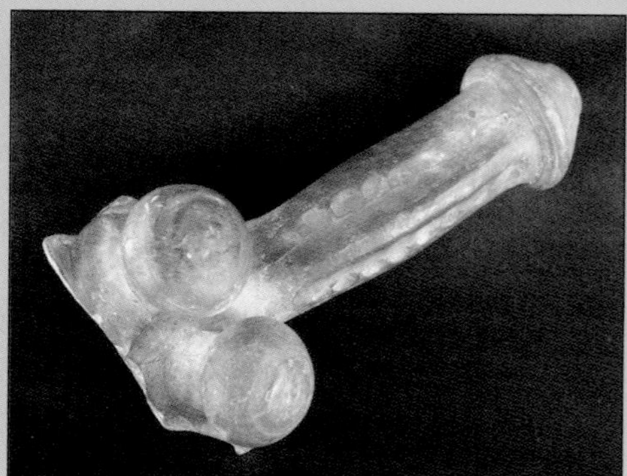

Die Macht des Phallus

Clasina Isings

Phallusamulette aus Hirschhorn, wie das aus Velsen (oben) und das aus Vechten (unten), konnten Unheil abwehren, während Frauenbrustamulette die Fruchtbarkeit anregen konnten (Archäologische Arbeitsgruppe Velsen (links oben) und Archäologische Dienste Gemeinde Utrecht (rechts oben und unten)).

Die Furcht vor allerlei bösen Mächten, z.B. dem bösen Blick, war im Altertum weit verbreitet und kommt auch heute noch oft vor. Man wappnete sich gegen diese Übel durch das Tragen von Amuletten, um den Hals oder an der Kleidung oder z.B. am Pferdegeschirr befestigt.
Die Amulette sollten eine Gegenkraft darstellen. Diese konnte schon dem verwendeten Material innewohnen und durch die Abbildung eines Übel abwehrenden Symbols noch verstärkt werden. Dies ist bei den scheibenförmigen Phallusamuletten der Fall. Manchmal wurden sie aus Bronze oder Blei hergestellt. Die meisten wurden aber in Hirschhorn ausgeführt. Das Hirschhorn an sich galt schon als Übel abwehrend, was der Phallus noch einmal verstärkte. Es fällt auf, dass die verwendete Scheibe Hirschhorn immer aus dem Geweih eines erlegten Rothirsches geschnitten wurde und dass man nie gefundenes, also abgeworfenes Geweih verwendet hat. Wohnte vielleicht noch die Kraft des mächtigen Tieres darin? Man nahm eine Scheibe aus dem untersten Teil des Geweihs, der so genannten Rose, womit das Amulett gleichzeitig einen hübschen perlförmigen Rand hatte. Aus dem flachen Teil wurde dann der Phallus herausgeschnitzt. Die Amulette werden oft in oder bei römischen Militärlagern gefunden und waren offenbar in verschiedenen Ausführungen erhältlich. Vielleicht gab es in den Werkstätten der römischen Militärlager auch Männer, die Hirschhorn schnitzen konnten. Der Phallus war im Altertum ein allgemein bekanntes Fruchtbarkeitssymbol. Man sieht ihn z.B. an Darstellungen des Naturgottes Priapus. Dieser wurde mit einem außergewöhnlich großen Phallus abgebildet. Auch der Phallus selbst wurde in Fruchtbarkeitsritualen verehrt und gehörte zum Bacchuskult. Als Fruchtbarkeits- und Leben spendendes Symbol war er also besonders kraftvoll, eine starke positive Macht gegen die negative Macht des Bösen. Als solche wurde er dann auch auf den Amuletten angebracht. Die in den Niederlanden gefundenen Amulette haben ein Loch oder mehrere Löcher, damit sie auf der Kleidung oder am Pferdegeschirr befestigt werden konnten. Ein einziges Mal kommt anstelle des Phallus auch eine Frauenbrust als Abbildung vor. Auch dabei dürfte eine fruchtbarkeitsfördernde Symbolik gemeint sein.

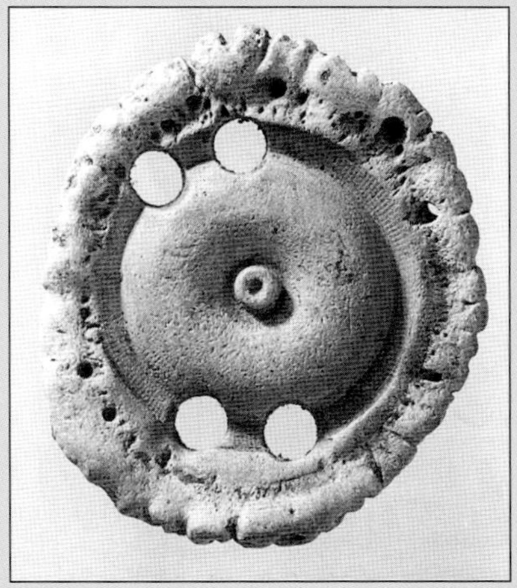

Glänzend im Mondenschein

Arco Willeboordse

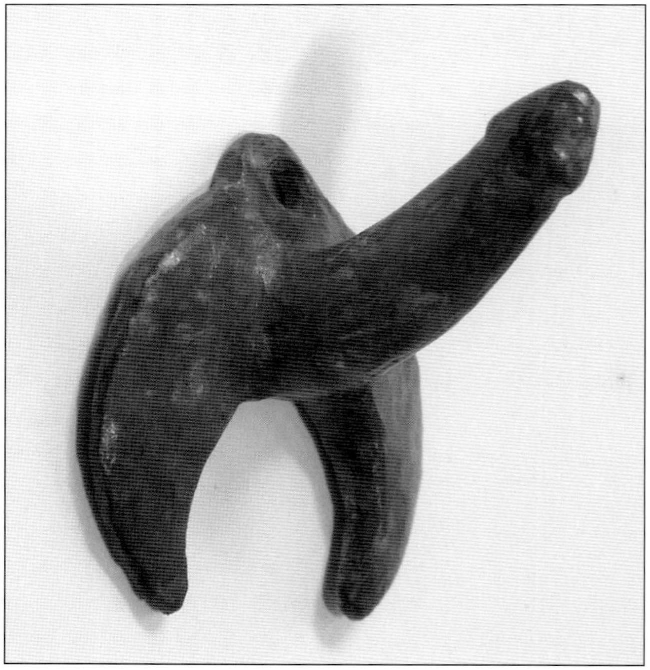

Der zunehmende Mond in Verbindung mit einem Phallus wird wohl doppelt und dreifach bei der Erfüllung eines Wunsches geholfen haben, ca. 3. Jh. n. Chr., (Kommunales Archäologiemuseum, Aardenburg).

Unmittelbar neben dem Hauptgebäude *principia* des römischen Kastells von Aardenburg wurde 1974 ein für die Niederlande außergewöhnliches römisches Amulett ausgegraben. Auf den ersten Blick wird das Auge durch den Phallus angezogen, den wir – konditioniert durch moderne Betrachtungsweisen – sofort mit einem sexuellen und erotischen Symbol assoziieren. Im Altertum jedoch hatte der Phallus eine viel umfassendere Bedeutung: Außer für die männliche Fruchtbarkeit stand der Phallus auch für die Abwehr von Übel, für aggressive Bedrohung, Dominanz und Spott, und es sind gerade diese Funktionen, die in diesem Amulett auf plastische Weise zum Ausdruck kommen. Vor allem gegen den bösen Blick scheinen phallische Amulette besonders effektiv gewesen zu sein, wenn es sich um glänzende, blinkende Metallexemplare handelte.

Der Phallus ist in diesem Amulett mit einer *lunula,* einem zunehmenden Mond kombiniert, der mit Monatszyklus, Mutterschaft und Schwangerschaft, also mit weiblicher Fruchtbarkeit und Regeneration assoziiert wurde. Darüber hinaus nahm man an, dass die Veränderung des Mondes am Firmament Einfluss auf Entwicklung, Wachstum und Vergehen bestimmter Elemente der Erde habe. Die *lunula* hatte nicht nur eine stimulierende, sondern auch eine schützende Wirkung, z. B. gegen Behexung, Epilepsie und Hysterie.

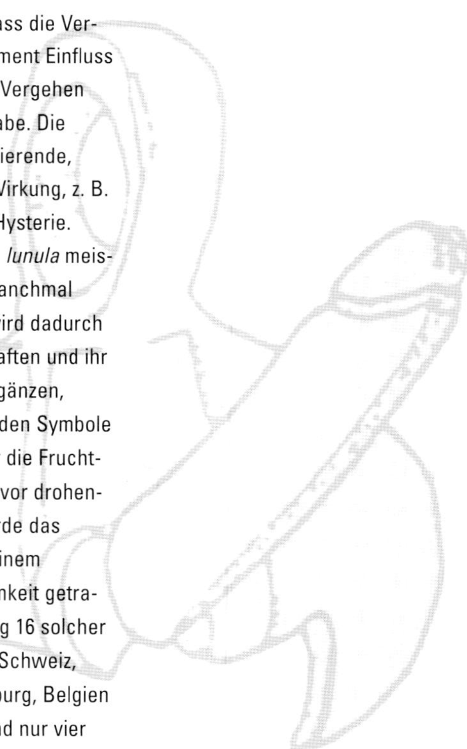

Als Amulett kommen Phallus und *lunula* meistens unabhängig voneinander, manchmal aber auch zusammen vor. Dies wird dadurch verständlich, dass ihre Eigenschaften und ihr Gebrauch einander einerseits ergänzen, andererseits überlappen. Die beiden Symbole wirken als doppelter Stimulus für die Fruchtbarkeit und als doppelter Schutz vor drohendem Unheil. Möglicherweise wurde das Amulett im Zusammenhang mit einem Wunsch nach Liebe und Zweisamkeit getragen. Insgesamt kennt man bislang 16 solcher Phallus/*lunula*-Amulette aus der Schweiz, Deutschland, Frankreich, Luxemburg, Belgien und den Niederlanden. Davon sind nur vier Exemplare wage in die Zeit zwischen 175 und 325 n. Chr. zu datieren. Das Stück aus Aardenburg ist nicht nur das nördlichste, sondern auch das größte und unterscheidet sich von den anderen durch die quer gestellte Hängeöse.

Außer vom Inhalt passen der Phallus und die *lunula* des Amuletts aus Aardenburg auch vom Material her gut zusammen. Was am stärksten ins Auge fällt, ist die räumliche Wirkung des Amuletts: Der Phallus steht von der Mondsichel gerade weg und schützt den Träger so gegen Gefahr. Glänzend im Mondenschein.

Ein Riesending in Farbe

Rudolf Asskamp

In Haltern/Westfalen bestanden zur Zeit der Germanienfeldzüge unter Kaiser Augustus umfangreiche Militäranlagen. Mehrere Befestigungen, Hafenanlagen, eine Marinebasis sowie eine Gräberstraße sind bisher ausgegraben worden und haben Haltern zu dem am besten erforschten Militärstützpunkt dieser Zeit in Deutschland gemacht.
Bis 1991 waren aus dem Innenbereich des Hauptlagers mindestens sieben Töpferöfen bekannt, in denen ganz unterschiedliches keramisches Material gebrannt worden war.
Beim Bau des Parkplatzes zum Westfälischen Römermuseum Haltern wurde im Vorgelände des ehemaligen Hauptlagers ein Töpfereibezirk mit weiteren zehn Töpferöfen entdeckt. Bei einem der Töpferöfen des Hauptlagers wurden Gegenstände gefunden, die nicht hinsichtlich ihrer Form, wohl aber ihrer Funktion bis heute Rätsel aufgeben.
Es sind Reste von groß dimensionierten Phalli in grau-beigem Ton, die alle aus demselben Model stammen könnten. Der am besten erhaltene Phallus hat noch eine Länge von 21,7 cm und eine größte Breite von 5,7 cm. Von ihm ist nur die Oberseite erhalten; Ober- und Unterseite wurden in verschiedenen Modelhälften hergestellt. Der Phallus war innen hohl und hat an der Spitze ein Loch, das möglicherweise mit dem Brennvorgang zu erklären ist.

Dienten diese Terrakotta Phalli aus dem 1. Jh. n. Chr. als Griffe von Schalen oder waren sie Bestandteile von Öllampen oder Priapus-Statuetten? (Westfälisches Römermuseum, Haltern).

Wozu hat er nun gedient? Man könnte das erwähnte Loch auch als Ausguss deuten: Dann hätte man es mit dem Rest eines Gefäßes zu tun.
Wahrscheinlicher ist aber, dass der Phallus Teil einer Statuette war, vielleicht einer Priapusfigur oder einer Statuettenlampe.
Der zweite Phallus, aus grün glasiertem Ton, ist wesentlich kleiner (L. 12,5 cm; Br. 2,8 cm). Das konkave Ende der einen Seite sowie zwei kleine Zapfen an der Unterseite lassen eine andere als die oben beschriebene Verwendung zu, nämlich als Griff einer Schale.

Man kann davon ausgehen, dass zumindest die unglasierten Phalli in Haltern selbst hergestellt worden sind. Hier sind sie an mehreren Stellen im Hauptlager sowie im Töpfereibezirk vor der *porta praetoria* gefunden worden. Ein Rätsel bleibt, warum solche Phalli nicht von anderen Fundorten bekannt geworden sind und warum es in Haltern gleich so viele von ihnen gibt.

Römische Lederbikinis

Carol van Driel-Murray

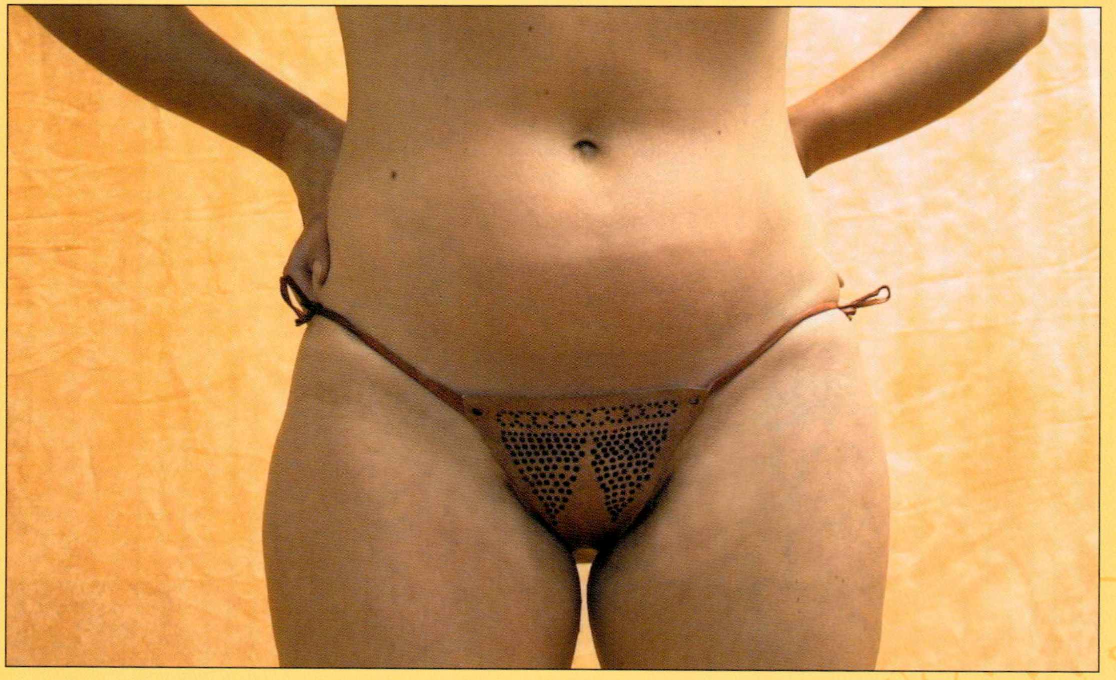

Ein römisches Lederhöschen, ausgegraben in Coptall Court, London. Reizwäsche oder luftige Sportunterwäsche? (Stadtmuseum London; Nachbildung von O. Gonbitz, Hilversum).

Die bekannten Mosaike der Piazza Armerina bilden aristokratische Damen ab, die sich bei gymnastischen Übungen vergnügen. Bekleidet sind sie dabei mit zweiteiligen Kleidungsstücken aus locker geschlungenem gefärbtem Stoff. Als 1953 in einem römischen Brunnen in London Slips aus Leder gefunden wurden, bezeichnete man sie sofort als *Bikinis*. Dieser Terminus blieb haften, obwohl nie ein passender BH gefunden wurde. Ein Ensemble aus lederner Unterwäsche scheint somit nicht in Mode gewesen zu sein. Es ist ziemlich wahrscheinlich, dass Stoffbikinis häufiger, lederne Slips jedoch nur unter besonderen Umständen getragen wurden, aber leider sind in Nordeuropa vollständige Textilien nur selten in archäologischen Kontexten erhalten.

Als ein zweites Exemplar im Graben einer Struktur, die man für einen militärischen Wachtturm hielt, im Osten der Stadt auftauchte, schien die erotische Natur der Kleidungsstücke bestätigt zu sein. Seriöse Archäologen wurden lyrisch hinsichtlich der Huren, Tanzmädchen und Akrobatinnen, die, so dachte man, die gutbezahlten, aber gelangweilten römischen Soldaten umschwärmen würden. Aber seitdem hat sich der Wachtturm als nichts dergleichen erwiesen und es kamen mindestens fünf weitere Slips ans Licht, alle zwischen dem Hausmüll gewöhnlicher Bürgerhäuser.

Alle Slips haben verstellbare Bänder an den Hüften und variieren im Stil vom knappsten String zu zwei korsettähnlichen Gewändern für erwachsene Frauen, die direkt über den Hüften bis fast zur Taille verschnürt sind.

Die meisten sind reich verziert mit gepunzter und eingeschnittener Durchbrucharbeit.

Diese Löcher mögen der Lüftung gedient haben. Weil sie das Leder schwächen, wurde manchmal eine Stoffunterfütterung gebraucht, deren kontrastierende Farben zum dekorativen Effekt beigetragen haben werden.

Das Leder der erhaltenen Slips ist abgenutzt und gedehnt; zweifellos wurden sie nur von Frauen oder Mädchen benutzt.

Sechs der uns bekannten Bikinihöschen wurden in London gefunden und es entsteht der Eindruck, dass es sich um seltene, aber regelmäßig auftretende Kleidungsstücke handelt – stark mit ziviler, insbesondere weiblicher Präsenz assoziiert – die während der ganzen Römerzeit, vom 1. bis zur Mitte des 4. Jahrhunderts in Gebrauch waren. Sehr aufschlussreich ist, dass es keine aus militärischen Niederlassungen gibt, wo leichtbekleidete Tanzmädchen zu erwarten wären, und der Schluss ist unumgänglich, dass es in Wirklichkeit ganz normale Kleidungsstücke sind. Es stimmt, dass Abbildungen von bikiniartigen Kleidungsstücken einen Zusammenhang mit sportlichen Aktivitäten oder Akrobaten suggerieren, aber da dies die einzigen

Situationen im wirklichen Leben sind, in denen Frauen ohne ihre Oberbekleidung gezeigt werden, spiegeln solche Kleidungsstücke vielleicht üblicherweise getragene Unterbekleidung oder sogar spezielle Badebekleidung wider, die wohl gewöhnlich aus Stoff hergestellt worden wäre.

Es ist bekannt, dass römische Frauen Brustbinden aus Stoff getragen haben – tatsächlich werden Prostituierte mit Brustbinde und sonst weitgehend unbekleidet abgebildet. Warme Unterhosen für Legionäre aus dem Kastell von Vindolanda am Hadrianswall in Britannien werden auf Holztäfelchen erwähnt. Auch Kaiser Augustus, der unter der Kälte litt, habe sie angeblich getragen, bedauerlicherweise liefern die antiken schriftlichen Quellen hinsichtlich der Unterwäsche seiner wilden Ehefrau Livia keine Informationen.

Obwohl wir Unterwäsche aus Leder sofort mit Sex und Pornographie assoziieren, stützen die Fundumstände der römischen Bikinihöschen diese Annahme nicht. Wahrscheinlicher ist irgendein medizinischer oder hygienischer Gebrauch. Ein sehr reich verzierter Bikini aus Mainz hätte niemals ordentlich über Hüften und Bauch verschnürt werden können; es sei denn, er wäre mit irgendeinem Futter vernäht gewesen, das ihn zu einem festen, stützenden Kleidungsstück gemacht hätte. Dieses könnte durchaus nach einer Entbindung oder als Bruchband verwandt worden sein, um Beschwerden wie bei einem Leistenbruch zu erleichtern. Wie sich Frauen während der Menstruation schützten, ist ein sowohl von antiken Autoren wie auch modernen Archäologen peinlich vermiedenes Thema, aber in einem kürzlichen prähistorischen Survival-Experiment fanden die Teilnehmerinnen, dass in Tuchfetzen gewickeltes und mit einem Lederband gesichertes Moos effektiven Schutz gewährte. Könnten die kleineren römischen Slips einem solchen Zweck gedient haben? Vielleicht würden DNA-Tests eine Lösung bringen.

Diese Höschen gewähren uns einen einzigartigen Überblick über die Körpergröße einiger Römerinnen. Auf heutige Kleidergrößen übertragen würden alle Unterhosen bis auf zwei von ihrer Größe auf Kinder hindeuten, was Spekulationen über unnatürliche Praktiken geben könnte.

Aus anderen erhaltenen historischen Gewändern wird jedoch deutlich, dass moderne Körpergrößen mit den Maßen von Menschen aus der Vergangenheit nicht besonders gut übereinstimmen. Die Menschen waren gewöhnlich viel dünner und drahtiger als wir heute. Unsere Körperfülle und unsere schwerere Knochenstruktur sind wahrscheinlich Resultat einer verbesserten Diät, besonders hinsichtlich Milch- und Fleischprodukten, und das bedeutet, dass wir modernen Kleidergrößen nicht trauen können. Messungen vom Beginn des 20. Jahrhunderts sind eine genauere Richtschnur und lassen darauf schließen, dass drei der Slips von erwachsenen Frauen getragen wurden, einer würde einem Mädchen von 14 Jahren und älter und einer einem Mädchen von zehn bis zwölf Jahren passen.

Römische Bikinis auf einem Mosaik im Sportkomplex der Villa Romana del Casale, 4. Jh. n. Chr. (Piazza Armerina, Sizilien).

Neben der Verwendung als Sportwäsche ist also eine medizinische oder sanitäre durchaus möglich.

Lederslips waren möglicherweise Teil jeder anständigen Damengarderobe, als Schutz- und Stützbekleidung, aber auch als Sportkleidung, wenn die Trägerin zu Übungen in die öffentlichen Bäder ging. Und warum sollte man diese Intimbekleidung nicht verziert haben? Klassische Autoren berichten viel über Männer, die sich in den Badehäusern erholen, erwähnen aber kaum das Treiben der Frauen, außer in Verbindung mit Männern. Hier gewährt uns die Archäologie einen intimen Blick auf Frauen beim Spiel, in Anbetracht der Tatsache, dass die meisten Archäologen Männer sind, wurde dieser Blick zwangsläufig aus der männlichen Sicht des erotischen Negligé interpretiert. In der Archäologie bleibt immer Raum für verschiedene Interpretationen.

Der geflügelte Phallus

Ruud Borman

Im 19. Jahrhundert wurden an der IJssel-Fähre östlich von Arnheim einige römische Gegenstände gefunden. Die Fundumstände sind unbekannt, aber die Objekte landeten eines Tages im Museum von Arnheim und wurden von Dr. W. Pleyte, Direktor des Rijksmuseums van Oudheden in Leiden beschrieben. Der auffallendste Gegenstand in diesem Ensemble ist ein geflügelter Phallus, von dem schon Pleyte feststellte: *„Der Phallus als Amulett, früher mit dem Geschlecht in Verbindung gebracht, hat mitunter wenig oder nichts damit zu tun. Er war ein Mittel gegen den bösen Blick und wurde als Abwehrmittel betrachtet“*. Pleyte hat es ganz richtig gesehen. Ein Amulett, und somit auch dieser geflügelte Phallus, diente dazu, böse Kräfte zu bannen, sich zu feien gegen Geister, Krankheit, Diebstahl, Unglück und Behexung, war aber auch dazu geeignet, gute Geister anzulocken.

Der Phallus galt im Altertum als Symbol der Fruchtbarkeit, aber auch der schöpferischen Kraft der Natur. Als Symbol der Manneskraft konnte der Phallus eine übelabwehrende Funktion haben. Nicht selten wurde dieses Symbol dann auf Gräbern, über Toren und selbst an Streitwagen von siegreichen Heerführern angebracht.
In diesem Sinne wurde er auch verwandt, um Territorien abzustecken: Phallisches Imponiergehabe zum Schutz vor Eindringlingen und Dämonen. Im späten Mittelalter verwandte man ihn auf diese Weise an

Ein geflügelter Bronzephallus. Die Flügel dieses Phallus verweisen auf das Wort Vogel, das in vielen Sprachen ein Äquivalent von Penis ist (Historisch Museum Arnhem, Arnheim).

Kirchen und an Pilgerstäben.
Ein geflügelter Phallus wurde auch als *tintinnabulum* bezeichnet, ein Verweis auf das Geräusch der Glöckchen, die mit dünnen Ketten am Phallus, an menschlichen oder tierähnlichen Figuren befestigt waren. Die Flügel hatten unter anderem damit zu tun, dass der Vogel in vielen Sprachen ein Äquivalent für Penis und Vögeln oft synonym mit Geschlechtsverkehr war. Bei anderen *tintinnabula* wurden Tiere Bestandteil des Objekts oder der Phallus wurde durch Hinzufügen von Pfoten, Schwänzen, Flügeln usw. zu einer Tierform verändert. So kennt man ein *tintinnabulum*, bei dem Merkur auf einem Widder sitzt, unter dem sich Glöckchen befinden.
Ein anderes Exemplar zeigt Merkur mit einem enormen Penis, unter dem ebenfalls Glöckchen hängen. Merkur war der römische Gott des Handels und des Gewinns; er wurde mit dem griechischen Hermes gleichgesetzt. Sein Kult war in der Kaiserzeit vor allem im keltischen und germanischen Kulturgebiet verbreitet. Merkur war oft mit phallischen Symbolen umgeben. Geflügelte Phalli wurden in spärlicher Verbreitung im westlichen Teil des Römischen Reiches gefunden. Das nächste und am besten vergleichbare Exemplar kommt aus Trier. In Pompeji wurden ebenfalls *tintinnabula* vorgefunden. Auffällig ist dabei ein Exemplar, bei dem ein Gladiator ein Tier angreift, das zugleich sein eigener Phallus ist. Die *tintinnabula* dienten wahrscheinlich einerseits als Abwehrsymbole, andererseits als Zeichen des Willkommens an Eingängen von Läden, Gaststätten und Privathäusern. Eine scheinbar auf der Hand liegende Funktion als Sexsymbol oder -amulett, als Provokation gedacht, ist hier also nicht zutreffend.

Der Fund von Arnheim umfasste außer dem geflügelten Phallus auch ein bronzenes Satyrköpfchen, einen bronzenen Widderkopf, einen bronzenen Schlüsselring, eine Bronzefibel mit Einlagen aus roter und weißer Glaspaste und einen Silberlöffel. Äußerlich scheint es ein merkwürdig zusammengestellter Fund zu sein. Der Phallus datiert in das erste Jahrhundert n. Chr.; der Löffel stammt aus dem dritten Jahrhundert n. Chr. Bei näherem Hinsehen sind besonders der Satyr- und der Widderkopf in diesem Zusammenhang interessant. Der Satyr der griechischen Mythologie war halb Mensch, halb Tier und verkörperte die gröberen sinnlichen Instinkte. Bei den Satyrn hatten die Griechen ein Gefühl der Angst vor deren kraftvoller Sexualität. Der Gott Pan wurde später ebenfalls zu den Satyrn gerechnet. Der Widder war eines der Tiere, die gewöhnlich Merkur begleiteten.

Der geflügelte Phallus, der Satyrkopf und der Widderkopf scheinen in einem Zusammenhang zu stehen. Merkur als Gott des Handels schützte Läden und Herbergen mit Hilfe von *tintinnabula*. Möglicherweise hatten die Köpfe von Satyrn und Widdern eine gleichartige oder sogar verstärkende Funktion. Vielleicht spielten die übrigen Objekte dieses merkwürdigen Fundes auch noch eine Rolle in dem Ganzen: Der Schlüssel als Schutz von Heim und Herd, aber auch als Objekt, das der Gastfreundschaft die Tür öffnet? Der Löffel als Werkzeug für den Verzehr einer gastfreien Mahlzeit? Vielleicht aber gab es keinen Grund dafür, dass die Objekte zusammen in die Erde gelangten: Es handelte sich einfach um einen Zufall.
Irgendwann einmal wurden die Objekte in diesem entlegenen Winkel des Römischen Reiches der Erde anvertraut. Der ursprüngliche Besitzer ist nicht mehr zu ermitteln. Wir werden niemals erfahren, warum er seine Kostbarkeiten dort begrub.

Ein tintinnabulum aus dem römischen Trier. Das Objekt hing wahrscheinlich am Eingang eines Gebäudes, um das Böse abzuwehren und andere zu begrüßen (Rheinisches Landesmuseum, Trier).

Some like it hot

Nina Willburger

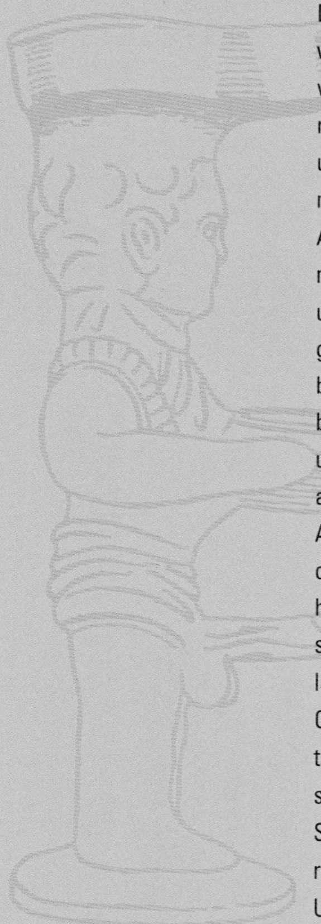

Die ca. 20 cm hohe Figur aus Buchsbaumholz wurde in einem Brunnen des Kastelldorfes von Rainau-Buch in Baden-Württemberg am raetischen Limes gefunden. Es handelt sich um die Darstellung eines Mannes mit stämmigen Beinen, das linke Bein wurde nach der Auffindung teilweise ergänzt. Bekleidet ist er mit einem Falten werfenden Untergewand und einem ponchoartigen Mantel aus grob gewebtem Textil. Das Gesicht ist zum Teil beschädigt, gut zu erkennen sind der Spitzbart und die kurzen Haare. Die Augen waren ursprünglich, der besseren Wirkung wegen, als Einlegearbeit ausgeführt.

Auf dem Rücken trägt der Mann ein Woll- oder Stoffpaket, das er mit beiden Händen hält. Ein um den Nacken gelegtes Fell, dessen Enden auf der Brust als Tierpfoten auslaufen, dient zum Abstützen der Last. Auf der Oberseite des Paketes sind eine abgearbeitete Fläche und zwei abgebrochene Metallstifte zu erkennen. Auf der linken und rechten Seite finden sich ebenfalls Abarbeitungsspuren und je ein tiefes Loch.

Unter dem Untergewand ragt ein überdimensionaler Phallus hervor. Auf der Oberseite des Phallus befindet sich ein tiefes Loch, um das eine leicht abgeflachte Stelle zu erkennen ist, deren Form auf die Befestigung eines runden Gegenstandes schließen lässt.

Die Figur steht auf einer runden Basis, in der in regelmäßigen Abständen Ziernägel angebracht waren. Einer der Ziernägel ist noch erhalten, ansonsten zeugen davon lediglich Löcher und abgebrochene Metallstifte.

Die Figur zählt zu der Gruppe der Karikaturen und Grotesken, deren phallische Exemplare sich in hellenistischer und römischer Zeit großer Beliebtheit erfreuten. Das Hauptverbreitungsgebiet der meist tönernen Figuren lag um die großen Koroplastikzentren Ägyptens und Kleinasiens. Über den Hintergrund der Grotesken wurde viel spekuliert. Dass sie der bloßen Belustigung und Verspottung dienten, scheint ausgeschlossen. Der Phallus kennzeichnete zwar allgemein Menschen von niedrigem sozialen Status, galt darüber hinaus aber auch als apotropäisches Symbol.

In den Nordwestprovinzen des Römischen Reiches hatten Grotesken keine Tradition, entsprechend wenige Exemplare sind aus Obergermanien oder Raetien bekannt; in Trier, der Hauptstadt der *Gallia Belgica*, konnte allerdings die Produktion solcher Figuren nachgewiesen werden.

Auffallend sind die Brandspuren an der Figur: Auf dem Paket sind nur in der Senkrechten über dem Phallus Schmauchspuren infolge von Hitze zu erkennen. Gleiches gilt für das Gesicht. Der Kopf ist nicht frontal gehalten, sondern leicht auf die linke Seite gedreht, so dass sich die rechte Gesichtshälfte in der Senkrechten über dem Phallus befindet. Eben dieser Teil des Gesichts weist starke Zerstörungen auf, zudem sind verkohlte Reste zu erkennen.

Da Brand- bzw. Zerstörungsspuren nur in der senkrechten Achse vom Phallus aus festzustellen sind, ist nur ein Schluss möglich: Der Phallus muss als Träger einer Kerze gedient haben, die in einer nicht mehr erhaltenen Tülle Halt fand. Diese wiederum muss mit einem Dorn oder Dübel in dem Loch verankert gewesen sein. Der Stabilität wegen wurde der Phallus um das Loch herum etwas abgeflacht.

Der Abstand zwischen der Kerze und den hervorstehenden Partien war zu gering, zumindest im Falle eines Luftzuges, so dass die Flamme Schmauchspuren auf dem Paket hervorrief und die rechte Gesichtshälfte, die einen noch geringeren Abstand zur Flamme hatte, weitgehend zerstörte.

Lampen in Form von Grotesken mit überdimensionalem Phallus waren in römischer Zeit sehr beliebt und wurden auch in den Nordwestprovinzen gefertigt. Eine Produktionsstätte von solchen Figurenlampen aus Ton konnte in Trier lokalisiert werden. Die Herkunft von bronzenen Phalluslampen in Gestalt eines Mannes im gallischen Mantel ist zwar unbekannt, ihre Verbreitung aber beschränkt sich im Wesentlichen auf Gallien und Obergermanien.

Möglicherweise war auf dem Paket der Figur zusätzlich eine Öl- oder Talglampe mit Hilfe einer eigens dafür angebrachten Konstruktion befestigt, die durch die Metallzapfen Halt fand und die im Zusammenhang mit den seitlichen Löchern stand. Figuren, die Lampen auf dem Kopf trugen, sind in den Nordwestprovinzen, etwa in Trier, belegt.

Wenn allerdings die Anbringung einer Lampe auf dem Paket bereits bei der Herstellung der Groteske geplant war, muss davon ausgegangen werden, dass eine geeignete Standfläche von Beginn an zugeschnitzt worden wäre. Die Abarbeitungsspuren auf dem Paket scheinen dagegen sekundär. Es ist nicht auszuschließen, dass die Funktion als Kerzenhalter erst angesichts der Zerstörungsspuren im Gesicht aufgegeben wurde, die Figur aber mit einer neu angebrachten Konstruktion weiterhin als Lampe benutzt wurde.

Der kurze Mantel lässt eine Herstellung der Figur in Gallien vermuten. Mäntel dieser Art – unterschiedlich lang und häufig mit Kapuze – galten dort als typisches Kleidungsstück von Männern aller Bevölkerungsschichten. Ein weiteres Indiz weist auf die Herstellung im gallischen/keltischen Raum: Hölzerne Figuren sind hier zahlreich belegt, im Römischen Reich außerhalb der keltisch besiedelten Gebiete jedoch nicht.

Der Herstellungsort der Figur ist nicht gesichert, jedoch könnte Trier in Frage kommen: Dort ist nicht nur die Produktion von Phalluslampen belegt, sondern auch die Herstellung von Grotesken gesichert, die ansonsten in den nordwestlichen Provinzen selten zu finden sind.

Der außergewöhnlich große Phallus dieses Mannes aus Holz diente als Kerzenhalter. Durch die Flamme der Kerze wurde das Gesicht stark beschädigt. 3. Jahrhundert n. Chr. (Württembergisches Landesmuseum, Stuttgart).

Sexualität und gallo-römische Religion

Das Quellheiligtum der Seine

Christian Vernou

Bei den Ausgrabungen an den Seinequellen wurden viele Arme und Beine aus Holz gefunden. Sie waren im Heiligtum geopfert worden, um die Göttin Sequana um Heilung von Krankheiten zu bitten. Ganz links in situ die Männerfigur, die auf S. 53 abgebildet ist.

Wer weiß schon, dass die Seine in der der Nähe des Dorfes Saint-Germain-sur-Seine im Departement Côte-d'Or, in Burgund, entspringt? Tatsächlich sind es mehrere Quellen, die am Fuß eines Kalksteinplateaus zu Tage treten. Im Altertum wurde dieser mythische Ort von der örtlichen Bevölkerung verehrt, die dem Quellwasser Heilkräfte zuschrieben.

Romantische Stiche des 19. Jahrhunderts geben den Ort im bukolischen Stil wieder, bilden zugleich aber auch verschiedene Überreste antiker Ruinen ab. Behauene Steine und Fragmente von Inschriften erregten die Neugier örtlicher Gelehrter, die mehr oder weniger methodische Ausgrabungen durchführten: Henri Baudot, bedeutendes Mitglied der *Commission des Antiquités de la Côte-d'Or*, leitete die Kampagnen von 1836 bis 1843; Henry Corot legte nach 1930 am Fuße des Felsabsatzes für das Verständnis der Fundstätte wichtige Funde frei: Die beiden berühmten Bronzestatuen der Sequana (Quellgöttin) in einem Boot und des Faun auf einem Sockel; Roland Martin und Gabriel Grémaud konnten zwischen 1948 und 1953 die Fundamente eines *fanum* nachweisen. Schließlich konnte Simone Deyts zwischen 1963 und 1967 die berühmten Holzskulpturen freilegen.

Das Heiligtum umfasste mehrere Terrassen mit zeitlich aufeinander folgenden Bauwerken. Drei bis vier Quellen waren kanalisiert und ihr Wasser wurde in Bassins geleitet, wo Waschungen vorgenommen werden konnten. Außer dem *fanum* förderten die Ausgräber einen monumentalen Portikus und ein aus einem Steinblock gehauenes zugehöriges Becken, einen Baldachin über dem Raum, in dem die große Steinstatue der Sequana verehrt wurde und verschiedene Gebäude für Kulthandlungen, für die Dienerschaft sowie für die Kranken zu Tage. Das archäologische Material lässt auf eine Nutzungsdauer des Ortes schließen, die sich vom ersten Jahrhundert v. Chr. bis zum Ende des vierten Jahrhunderts n. Chr. erstreckt.

Die Gallo-Römer personifizierten die Flussquelle in einer weiblichen Gottheit namens Sequana. Zwölf Inschriften belegen diesen außergewöhnlichen Kult und mehr als 1.000 verschiedene, der Göttin aus Dankbarkeit dargebrachte Gegenstände werden heute im Musée Archéologique von Dijon aufbewahrt.

Natürlich erinnern die Holzskulpturen eher an die gallische Kultpraxis aus keltischer Tradition, die noch mehrere Jahrzehnte nach der Eroberung Galliens andauerte. Dieses ganz und gar außergewöhnliche Ensemble der oft sehr unbeholfenen Darstellungen besteht aus einer beträchtlichen Vielfalt menschlicher oder tierischer Körperteile. Diese Opfergaben für die Göttin Sequana bildeten realistische Körperteile ab, an denen die Pilger erkrankt waren: Köpfe oder Oberkörper, Beine, Füße, Arme oder Hände. Eine große Anzahl von Bronzen gab Augenkrankheiten mit einem Paar punktierter Augen wieder. Die Stücke aus Holz hoben eine Besonderheit des Heiligtums hervor: Die Darstellung von inneren Organen des menschlichen Körpers.

Dieses verschiedenartige Inventar zeugte von der Beliebtheit des Heiligtums, das wohl Tausende Gläubige besucht haben. Die Danksagung bei positivem Ausgang wurde durch die Formel *„ex voto"* oder auf bestimmten Inschriften durch die Abkürzung V.S.L.M (*„Votum Solvit Libens Merito"*) mit der Bedeutung *„hat sein Gelübde erfüllt, bereitwillig, verdientermaßen"* ausgedrückt.

Unter den genannten anatomischen Abbildungen verdient eine Gruppe unsere besondere Aufmerksamkeit: Die sexuell konnotierten Fundobjekte. Bei insgesamt mehr als 1100 Opfergaben knüpfen fast 16% an diese Thematik an, davon 10% für das männliche Geschlecht. Es ist die zweitgrößte Gruppe nach den Plastiken von Oberkörpern und

Köpfen (19%), jedoch vor den Augen (10%) oder anderen Gliedmaßen (Beine und Füße: 13,5%; Arme und Hände: 5,6%).

Die wichtige Rolle des Geschlechts und dessen Hervorhebung wird in diesen Opfergaben als Ausdruck von Frömmigkeit in ergreifender Weise sichtbar. Die Fruchtbarkeit und die Fülle spielten in der Antike eine bedeutende Rolle in einer Gesellschaft, in der die Lebenserwartung etwa 30 Jahre betrug und eine hohe Kindersterblichkeit zum Alltag gehörte. Mehrere Gottheiten wurden angefleht, jene zu gewähren: Muttergottheiten, Fruchtbarkeitsgöttinnen, Unterweltsgötter, deren Manneskraft monströsen Charakter annehmen konnte, wie bei *Cernunnos,* dem einheimischen Merkur.

An den Quellen der Seine wurde Sequana von den Menschen angefleht, indem sie ihr Geschlecht durch das Heben ihrer Tuniken enthüllten, wie bei der Holzfigur. Dieser Gestentyp ist bei einem Dutzend der Steinskulpturen aus dem Heiligtum des Waldes von Halatte im Departement Oise zu sehen.

Bestimmte Männerdarstellungen weisen Missbildungen auf, die es Spezialisten erlaubt haben, medizinische Diagnosen zu stellen: Geschwulst der Prostata, Verengung des Harnleiters, Blasengeschwulst, Steinleiden; bei anderen, wie bei der Holzskulptur von den Seinequellen, erkennt man sofort einen Leistenbruch; bei weiteren schließlich denkt man an Fälle eines Hodenbruchs, Krampfaderbruchs, Wasserbruchs oder ganz einfach eines Kindes mit Phimose.

Wie bekannt, gibt es nicht allzu viele Zeugnisse für das Alltagsleben der Frauen im Altertum, ihr Platz in der Gesellschaft ist, ganz unumwunden gesagt, zweitrangig. Im Heiligtum der Seinequellen jedoch wurden eine beträchtliche Anzahl von Frauenzeugnissen gefunden und der Sequana Weihegeschenke gemacht, um ein normales Frauenleben wiederzuerlangen, d.h. vor allem, ein harmonisches Geschlechtsleben zu genießen und Kinder zu bekommen.

Dafür brachten einige Gläubige steinerne Büsten dar, auf welchen das Geschlecht und die Brüste sehr betont abgebildet waren. Andere zogen die schematischere Form von Bronzetäfelchen vor, auf denen der Körper vom Hals bis zum Ende der Schenkel unter besonderer Beachtung der Brüste, des Nabels und des Schamdreiecks wiedergegeben wurde. Mitunter wurde die Darstellung auf die einfachste Form reduziert: Ein Geschlechtsteil in Dreiecksform, die Schamlippen und einige Haare summarisch mit Punktierung graviert.

Die Brüste, typisch weibliche Organe, nahmen einen herausragenden Platz ein. Es gab sie aus Holz, Stein oder Bronze; einzeln, paarweise oder vierfach am selben Stück, wie um das Schicksal zu beschwören und eine schnellere Genesung herbeizuführen. Auf einem dieser Bronzetäfelchen hat *„Sienulla, Tochter des Victius, ihr Gelübde erfüllt, bereitwillig, verdientermaßen"*.

Das Heiligtum der Seinequellen ist nicht das einzige seiner Art. Das aus dem Wald von Halatte im Departement Oise, das von Chamalières im Departement Puy de Dôme oder die von Essarois bei Châtillon sur Seine oder von Mont-Auxois bei Alise-Sainte-Reine haben gleichermaßen Opfergaben in Form von Plastiken oder Ritzzeichnungen erbracht, welche Krankheiten an Genitalien wiedergeben, an denen die Frommen litten, die zur Anrufung der lokalen Gottheiten gekommen waren. Diese religiöse Praxis betrifft nicht nur die Völker Galliens. Es wird eine zugrunde liegende indoeuropäische Tradition in dieser heidnischen Praxis sichtbar: Zuflucht zu Gottheiten des Wassers zu nehmen, um Heilung zu erbitten – in der Hoffnung auf den Wiedererhalt eines natürlichen und vitalen Geschlechtslebens und um Nachkommenschaft und Wohlstand zu sichern.

Zahllose Wallfahrer hofften, dass ihnen die Göttin Sequana Genesung und Wohlstand bringen würde. Der Mann, der diese 70 cm hohe Statuette opferte, bat vielleicht um ein gesundes Geschlechtsleben oder um Nachkommenschaft (Musée Archéologique, Dijon).

Außer einzelnen Armen und Beinen wurden an den Quellen der Seine auch Augen, Brüste und Geschlechtsorgane sowohl aus Holz als auch aus Stein oder Bronze geopfert. Auch in römischer Zeit stellte der stilisierte weibliche Unterleib die weibliche Sexualität dar (Musée Archéologique, Dijon).

IV

Anstößige Körper?

Sexualität in der Eisenzeit Nordeuropas

Neil Price

Die Erforschung historischer Einstellungen und Verhaltensweisen zur Sexualität ist von bleibender Faszination, jedoch nicht unproblematisch. Und die Erforschung von Zeiträumen, für die schriftliche Quellen fehlen – eine Situation, die für den größten Teil der Eisenzeit in Nordeuropa zutrifft – ist noch schwieriger.

Da sind einmal die essentiellen Bestandteile: Die grundlegenden Mechanismen der menschlichen Fortpflanzung und die zahlreichen wechselnden Stellungen des Geschlechtsaktes. Letztere können natürlich verschiedener Art sein, unbegrenzt sind sie aber nicht. Dies sind Konstanten menschlicher Erfahrung in allen Kulturen und zu allen Zeiten und mit einem höheren oder niedrigeren Grad sozialer Sanktion. Was aber die Haltung einzelner Gesellschaften zur Sexualität unterscheidet, sind die Kontexte, innerhalb derer sie operieren. Allzu oft wird das moderne westliche Verständnis von Sexualität auf die Vergangenheit projiziert und gerechtfertigt, weil die sexuelle Bildersprache des Altertums ihrem heutigen Äquivalent oberflächlich ähnelt. Der Geschlechtsakt, den prähistorische Künstler mit Ritzzeichnungen, Malereien und anderen Medien abgebildet oder durch die Funktionsweise von Gebrauchsgeräten impliziert haben, ist normalerweise leicht zu erkennen – was auf der Hand liegt, denn so weiß man wiederum, dass es dabei überhaupt um Sex geht. Und dennoch: Die historischen Bedeutungen, die diesen Handlungen zugeschrieben werden könnten, sind ohne Zahl.

Dadurch, dass man gewissermaßen eine irreführend zweidimensionale Sicht auf die antike Sexualität gelten lässt, wertet man bloß einen Prozess der Verlagerung aus, der sich auch in unserer Zeit abspielt, und zwar im schalen Abbild der Pornographie. Ob sie nun als rohe, aber harmlose Phantasievorstellung oder in verfeinerter Form als aufreizendes erotisches Zelebrieren eines Grundinstinkts der Menschheit dargeboten wird; es ist eine Fassade, welche immer die gleiche frauenfeindliche Wirklichkeit von erniedrigender Ausbeutung zu Profitzwecken verbirgt.

Einiges in der prähistorischen sexuellen Bildersprache mag tatsächlich für den Kitzel gemacht worden sein, das meiste jedoch wahrscheinlich nicht. Außerdem muss man besonders vorsichtig sein, wenn dabei in Begriffen der Kunst gedacht wird, die ein relativ junges Phänomen der letzten Jahrhunderte ist. Die Menschen der Vergangenheit hatten Sex in ziemlich derselben Weise wie heute; wie sie darüber dachten, ist jedoch eine ganz andere Sache.

Im Moor bei Broddenbjerg auf Jütland stand diese 88 cm hohe Figur mit großem Phallus. Zu ihren Füßen fand man verschiedene Töpfe, vermutlich Opfergaben an eine Gottheit. Spätbronzezeit/Frühe Eisenzeit (Nationalmuseum, Kopenhagen).

BILDHAFTE FIGUREN

Wie alle solche Begriffe, ist die Eisenzeit ein Konstrukt der Forschung. Sie ist in verschiedenen Teilen Europas unterschiedlich definiert, abhängig vom Grad des römischen Einflusses mit der Schriftkultur in seinem Gepäck, aber in den nördlichen Regionen, die uns hier beschäftigen, umfasst sie im Allgemeinen die Periode von ca. 500 v. Chr. bis ca. 1050 n. Chr. (in Großbritannien und Westeuropa geht sie um Christi Geburt in die ebenso künstlich definierte Römerzeit über).

Es ist nur sehr wenig über die Einstellung der früheisenzeitlichen germanischen und keltischen Stämme zur Sexualität bekannt. Die einzigen Quellen sind das mehrdeutige archäologische Material und, etwas später, die indirekten Beschreibungen der klassischen Autoren.

Zu den frühesten Belegen aus dieser Zeit gehört eine Auswahl von Funden aus den Mooren und Sümpfen Nordwesteuropas. Sie bieten hervorragende Erhaltungsbedingungen für organische Objekte, die sonst zerfallen würden. In Feuchtgebieten Dänemarks, Großbritanniens, der Niederlande und Deutschlands wurden bemerkenswerte Holzfiguren der frühen Eisenzeit entdeckt, oft einfach als menschliche Gestalten beider Geschlechter geschnitzt. In der Größe reichen sie von wenigen Zentimetern bis zu erstaunlichen vier Metern Höhe und werden üblicherweise als eine Art kultischer Darstellungen interpretiert – vielleicht Götter oder andere übernatürliche Wesen wiedergebend. Geschlechtsmerkmale sind an einigen, jedoch nicht allen Figuren betont.

Die 7 cm große Bronzestatuette (vorige Seite) eines nackten Mannes mit aufgerichtetem Phallus stellt möglicherweise den Wikingergott Freyr dar. Fundplatz Rällinge, Schweden, 9. - 10. Jahrhundert (Statens Historiska Museum, Stockholm).

Es gibt Hinweise, dass für diese Schnitzereien besondere Bäume ausgewählt worden sind um ihre natürlichen Krümmungen und die jeweilige Lage ihrer Äste optimal zu nutzen. Ein Beispiel dafür ist die männliche Figur von Broddenbjerg auf Jütland. Sie ist ungefähr 88 cm hoch und steht auf zwei kräftigen Beinen (deren eines fast ganz verloren ist), hat keine Arme, und der eher plumpe Körper bildet einen scharfen Gegensatz zum detailliert ausgeführten Kopf mit seiner langen Nase, den tief liegenden Brauen und dem Spitzbart. Zwischen ihren Schenkeln ist ein erigierter Penis, fast so lang wie die Beine. Es scheint offensichtlich, dass das Holz, aus dem sie geschnitzt wurde, mit Blick auf dieses anatomische Detail ausgewählt wurde. Sie wurde am Übergang von der Bronze- zur Eisenzeit um 500 v. Chr. angefertigt.

Aus dem gleichen Zeitraum stammt auch eine kleine Gruppe rätselhafter Figuren, 1836 bei Roos Carr an der Humbermündung in England gefunden, von nicht weniger als fünf in einem Boot stehenden Männchen aus Holz. Die Schnitzerei ist heute beschädigt, jedoch haben die Männchen fein ausgearbeitete Züge mit eingelegten, starrenden Augen, und alle scheinen Schilde und Waffen gehabt zu haben. Ihre Körper sind einfach geschnitzt, mit Ausnahme der Genitalien: Jedes der Männchen hat einen deutlichen Hodensack mit einer Lochung darüber, um einen abnehmbaren Penis einsetzen zu können. Diese haben bei einigen der Figuren überlebt und scheinen nicht erigiert gewesen zu sein, was darauf hinweist, dass die Männlichkeit, aber nicht notwendigerweise die sexuelle Potenz im Mittelpunkt des Interesses stand. Andere Figuren mit ähnlichen Löchern, offenbar mit demselben Zweck, wurden z.B. bei Ralaghan in Irland gefunden, obwohl sie bis in die Bronzezeit zurückreichen. In einigen Fällen wurden nur einige Holzphalli einzeln in Sümpfen gefunden, wie die beiden dänischen Beispiele von Spangerholm und Hedeliskær, die wieder in die frühe Eisenzeit datieren.

EIN LIEBESWETTKAMPF

Die Interpretation dieser Figuren ist nicht einfach; man kann aber zumindest sagen, dass Sexualität in Ritualen dieser Zeit eine Rolle spielte, besonders hinsichtlich der Männer. Versuchsweise kann ein Zusammenhang zwischen Sex und männlicher Kampfestüchtigkeit postuliert werden.

In den südlicheren Gefilden Europas findet diese Idee einigen Rückhalt in italischen und slowenischen Metallarbeiten aus genau derselben Phase der frühen Eisenzeit, dem fünften Jahrhundert v. Chr. Ein gemeinsames Motiv dieser Objekte ist die Darstellung einer Art Wettkampf zwischen Männern, oft um ein Gefäß mit Wein als Preis. Der Wettkampf kann z.B. in sportlicher Betätigung bestehen, aber es gibt einen deutlichen Unterton von Sexualität und Manneskraft, insofern, als die Männer oft im Zustand sexueller Erregung dargestellt sind. Am anschaulichsten ist das bei einer Bildszene auf einer fragmentarischen bronzenen Gürtelplatte aus Brezje, die einen Wettkampf, der tatsächlich sexueller Natur ist, darzustellen scheint. In symmetrischer Anordnung, wie bei all diesen Abbildungen, zeigt die Zeichnung zwei kopulierende Paare, die spiegelbildlich zu beiden Seiten eines zentralen Sockels angeordnet sind, auf dem die Siegerschale mit Wein steht. Die Frauen sitzen mit entblößten Unterkörpern, ihre Beine auf den Schultern der vor ihnen knieenden Männer. Die Männer sind unterhalb der Gürtellinie ebenfalls nackt, aber anstatt ihre weiblichen Partner anzusehen, schauen sie über ihre Schultern, offenbar um ihren männlichen Rivalen anzustarren, der sich gegenüber abmüht. Die Regeln ihres Wettstreits sind uns nicht bekannt - man kann sich vorstellen, dass es entweder um Schnelligkeit oder Stehvermögen gegangen sein wird – jedoch ist nur zu deutlich, dass der Akzent ausschließlich auf den Männern liegt.

Jeder Anschein von Vergnügen scheint diesen Szenen zu fehlen, es sei denn, man rechnet die Vorstellung des Sieges über einen Gegner mit ein, aber es gibt auch vertrauter anmutende Darstellungen von Sexualität auf anderen Metallarbeiten dieses Zeitraumes. Ein interessantes Beispiel ist auf einem ebenfalls ins fünfte Jahrhundert datierten Bronzeeimer für Wein aus Sanzeno in Italien dargestellt. Abgebildet sind ein Mann und eine Frau beim Geschlechtsakt auf einem Bett in einer lebendigen Darstellung, die sogar zeigt, wie sich die Matratze unter ihnen auf und ab bewegt. Allerdings sollten wir daran denken, dass uns auch hierbei die gefühlsmäßige Bedeutung solcher Szenen verborgen bleibt.

DAS GRAUEN IM MOOR

In der römischen Eisenzeit und den Jahrhunderten um Christi Geburt kommen uns die Schriftquellen zu Hilfe. Der Geschichtsschreiber Tacitus verfasste seine *Germania* 98 n. Chr. als Übersicht über die Barbaren des Nordens für eine Leserschaft aus gebildeten Römern. Darin erscheinen die eisenzeitlichen Stämme mit einer konventionellen Sexualmoral, mit Kernfamilien und einem Kodex strenger ehelicher Treue und schwerer Strafen für Ehebruch. *"Niemand lacht über das Laster"*, schreibt er, *"und nennt Verführen und Verführt werden auch nicht Zeitgeist"*. In manchen Gebieten war es nur Jungfrauen erlaubt zu heiraten, und sexuelle Beziehungen nach der Verwitwung wurden missbilligt. Homosexualität wurde als schweres Verbrechen angesehen und Handlungen dieser Art wurden bestraft, indem die Übeltäter im Moor ertränkt wurden – ein Schicksal, das sie angeblich mit *„Feiglingen und Drückebergern"* teilten.

Allerdings sind diese Informationen mit Vorsicht zu genießen, da Tacitus mehr oder weniger verborgene Absichten hat. In seinem ganzen Werk kontrastiert er die *„unverdorbene Moralität"* der Germanen mit der römischen Dekadenz und verwendet solcherart die eher keusche Sexualität des Nordens als Zuchtrute für seine Landsleute. Es zeigt sich aber, dass Tacitus die Wahrheit vielleicht etwas verbrämt hat, denn in den Beschreibungen keltischer Krieger bei Strabon, Diodoros und Athenaios, wird berichtet, dass eng geschlossenen Kriegerbünde erotische Beziehungen unter Waffenbrüdern pflegten, und zwar mit der uneingeschränkten Billigung ihrer jeweiligen Gesellschaft. Ein großer Unterschied zur Homophobie der *Germania*!

Zwei von ursprünglich acht Holzfigürchen aus dem Moor bei Roos Carr. Sie standen in einem Holzboot, trugen Schilde und hatten abnehmbare Phalli, 8. - 5. Jahrhundert v. Chr. (Hull and East Riding Museum, Kingston upon Hull).

Parallel zu den Schriftquellen erhält man jedoch ein nuancierteres – oder manchmal auch verwirrenderes – Bild durch die archäologischen Funde; in diesem Fall einmal mehr aus den Feuchtgebieten Nordeuropas. Dort wurden über hundert menschliche Leichen aus genau dieser Periode, der römischen Kaiserzeit geborgen; es gibt Berichte von über tausend gleichartigen Funden, die früher gemacht worden waren und heute verloren sind. Unter den Leichen sind beide Geschlechter repräsentiert und es scheint sich um Individuen zu handeln, die intentionell und gewöhnlich unter Anwendung grober Gewalt getötet oder geopfert wurden. Typisch sind Leichen mit durchschnittener Kehle, schweren Kopfverletzungen und manchmal sogar mit einer Würgeschlinge noch um den Hals; manche wurden tatsächlich von Weidenbündeln niedergehalten, genau wie Tacitus es beschreibt. Manchmal wurden sogar Paare nackter Männer zusam-

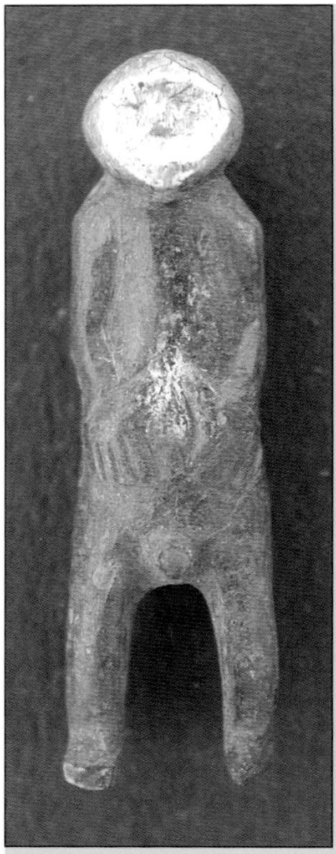

Ein goldener Kopf und eine deutliche Erektion: Eines der drei kleinen Bronzefigürchen von Lunda, Schweden, die möglicherweise eine Rolle bei Kulthandlungen spielten, 5. Jahrhundert n. Chr. (National Heritage Board, Stockholm).

men gefunden, wie bei Weerdinge in den Niederlanden und bei Hunteberg nahe Osnabrück in Deutschland, und auch dies passt wieder gut zu den schriftlichen Quellen. Spiegelt die Nacktheit von vielen dieser im Moor ertränkten Menschen auch einen sexuellen Unterton wider? Wir wissen es nicht, jedoch schreibt Tacitus, dass Männer, deren Ehefrauen untreu waren, diese vor der versammelten Gemeinschaft auszuziehen und zu bestrafen pflegten. Andere Einzelheiten, z.B. die rasierten Schädel einiger weiblicher Moorleichen, bekräftigen die Vorstellung, dass zumindest manche von ihnen für etwas hingerichtet wurden, das man als sexuelle Verfehlung ansah. Diese Verbrechen schlossen vielleicht auch Opfer von Vergewaltigungen ein, da eine Reihe von Texten aus römischer Zeit bis hin zur Wikingerzeit andeuten, dass eine Frau, die Opfer sexueller Gewalt wurde, nicht mit Mitgefühl, sondern mit Verachtung behandelt wurde, da man glaubte, sie habe Schande über ihren Ehemann und ihre Familie gebracht.

Dem heutigen Betrachter bietet sich ein eher schwer verdauliches Bild von der Sexualmoral in der Eisenzeit: Ein Bild frauenfeindlichen sexuellen Wettstreits im Süden, brutale Bestrafungen für ehebrecherische oder homosexuelle Handlungen im Norden sowie ein Kult in trügerischen Marschen und Mooren verherrlichter männlicher Potenz. Dass nicht alles so trübe war, zeigt wahrscheinlich u. a. das Paar auf dem Eimer aus Sanzeno und tatsächlich muss man – wie oben gesehen – ebenso den einfachen, alltäglichen Dramen der menschlichen Fortpflanzung Rechnung tragen.

MIT EINEM GROSSEN PHALLUS

Ab dem fünften bis sechsten Jahrhundert n. Chr. fängt das Bild an, sich aufzuhellen, und die religiösen Untertöne, mit denen Sexualität verschlüsselt wurde, werden noch offensichtlicher. Bei Lunda, einer schwedischen Siedlung des fünften Jahrhunderts in Södermanland, möglicherweise in Verbindung mit dortigen Kulthandlungen stehend, wurden z.B. zwei 3 cm hohe männliche Bronzefigürchen gefunden. Eines ist vollständig vergoldet, das andere hat einen goldenen Kopf. Die Figürchen unterscheiden sich in Details, zeigen aber die gleichen allgemeinen Charakteristika: Beide Männer sind nackt bis auf den breiten Gürtel des einen, den er mit beiden Händen festhält, und beide sind ithyphallisch, also mit erigiertem Penis dargestellt. Ein drittes, etwas kleineres nacktes Männerfigürchen aus purem Gold wurde in der Nähe gefunden. Man hat sie versuchsweise mit Fruchtbarkeits- und Wachstumsgöttern in Verbindung gebracht; vielleicht frühen Versionen der aus späteren, wikingerzeitlichen Quellen bekannten, wie Freyr oder vielleicht sogar Odin, dem obersten der nordischen Götter. Dies sind natürlich Vermutungen. Möglicherweise war der Mann mit dem goldenen Kopf ein bekannter Held oder ein mythischer Ahnherr, berühmt für seine sexuellen Fähigkeiten.

Abbildungen von Liebesbeziehungen finden sich auch auf einer weiteren Gruppe von Objekten: Kleinen Goldblechen von der Größe und der Stärke moderner Briefmarken, von denen mehrere Tausend gefunden wurden, offenbar rituell an Fundplätzen niedergelegt, die wohl Zentren religiöser und weltlicher Macht gewesen sind. Zwischen den vielen Motiven findet sich auf den Blechen eine Reihe von Paaren in Umarmung, vollständig bekleidet, aber offenbar beim Küssen. Man nimmt an, dass sie vielleicht eine Art Heiliger Hochzeit oder sexueller Verbindung zwischen Individuen darstellen, die verschiedene für das Gedeihen und die Fruchtbarkeit der Gemeinschaft wichtige Kräfte repräsentieren.

Ähnliche Funde gibt es aus der Wikingerzeit, wobei der berühmteste zweifellos eine einzigartige Bronzestatuette von Rällinge in Södermanland, Schweden, ist. Annähernd 10 cm hoch, stellt diese Statuette einen Mann mit Bart und Schnurrbart im Schneidersitz dar, nackt bis auf Armbänder und einen kegelförmigen Helm. Sein rechter Arm umklammert seinen Bart, während sein linker auf seinem Bein ruht. Der Mann hat eine Erektion und seine Genitalien sind bis ins Detail ausgebildet. In fast jedem Werk über nordische Religion wird aufgrund der unübersehbaren Konnotationen von Manneskraft vermutet, dass die Figur den Gott Freyr wiedergibt. Obwohl diese Möglichkeit besteht, muss dennoch betont werden, dass es sich nur um eine Vermutung handelt. Die Figur kann genau so gut einen anderen Gott, ein anderes notorisch triebhaftes, übernatürliches Wesen, z.B. einen Zwerg oder irgendeine andere Art von Geisterwesen, wiedergeben. Es mag sogar einen Menschen, z.B. einen König oder Häuptling, wiedergeben, der eine Rolle bei der Erhaltung der gemeinschaftlichen Fruchtbarkeit zu spielen hatte. Es ist offenbar ein Gegenstand besonderer Bedeutung und eignet sich wiederum, das starke Interesse an der Sexualität in der nordischen Gedankenwelt zu unterstreichen.

Dass solche Figuren im wikingerzeitlichen Skandinavien tatsächlich verehrt wurden, zeigt die Beschreibung eines heidnischen Rituals aus dem Tempel von Alt Uppsala in Schweden, aus zweiter Hand vom deutschen Kleriker Adam von Bremen aufgezeichnet. Er berichtet, wie das Idol des Gottes Fricco (wahrscheinlich Freyr) neben den Bildern von Odin und Thor saß, „*cum ingenti priapo*", „*mit gewaltigem Phallus*", geschnitzt und fügt hinzu, dass „*schamlose*" Lieder und Aufführungen die dortigen Festlichkeiten kennzeichneten. Die Existenz solcher Idole ist kaum zu bezweifeln, aber es gibt darüber hinaus noch substantiellere Hinweise auf die mögliche Form solcher Figuren.

1972 wurde bei Ausgrabungen am Hauptwall des Danewerks, der südlichen Verteidigungslinie des dänischen Königreiches, ein schön geschnitzter Holzphallus freigelegt, ein in seiner Art einzigartiger Fund aus dieser Periode. Der Gegenstand wird an den Anfang des neunten Jahrhunderts datiert, war bei der Auffindung 23 cm lang, jedoch an der Basis zerbrochen und ursprünglich länger. Seiner Form nach scheint der Phallus in erigiertem Zustand dargestellt gewesen zu sein. Die Schnitzerei war möglicherweise einmal Teil eines Bildnisses, vielleicht der Darstellung einer Fruchtbarkeitsgottheit, oder an sich vollständig – entweder als eine Art persönlicher Talisman oder sogar für den praktischen Gebrauch als Dildo bestimmt. Der Fundzusammenhang ist interessant, vergraben in der Erdmasse der Hauptbefestigung des dänischen Königreichs. Der Phallus kann als Teil der Aufschüttung dorthin geraten sein, obwohl er zu seltsam zu sein scheint, um einfach weggeworfen zu werden. Alternativ könnte es eine symbolische Bedeutung gegeben haben, vielleicht in Bezug auf Schutz, verschlüsselt durch seine Platzierung im Wall. Behauene Steine aus Grabzusammenhängen in Norwegen sind ebenfalls als Phallussymbole interpretiert worden.

VON SEXUALITÄT DURCHDRUNGEN

Ein interessanter Punkt ist, dass es im archäologischen Material aus Nordeuropa, wenn überhaupt, nur sehr wenige eisenzeitliche Abbildungen von tatsächlichem Geschlechtsverkehr gibt. Die küssenden Paare auf den skandinavischen Goldblechen sind das Äußerste. Diese Gegenstände sind wohl primär nicht als Erotica gedacht und auch nicht wirklich als solche verstanden worden. Doch muss man sich vor spekulativen Deutungsversuchen stets hüten, da man damit bloß die heutigen eigenen Vorstellungen über Sexualität in die Vergangenheit projiziert. Auch wenn Funde dieser Art besondere Aufmerksamkeit erregen, entweder als Reiz des Neuen oder, für manche Menschen, als etwas Schockierendes, mögen sie für ihre Hersteller dennoch ganz profan gewesen sein. Es gibt keinen Grund dafür, dass z.B. die Statuette von Rällinge ein Gegenstand allgemeiner Betrachtung gewesen sein muss. Sie kann gänzlich persönlich, vollends öffentlich oder irgendwo dazwischen gewesen sein.

Die Wikinger hatten keine Liebesgötter oder -göttinnen in dem klassischen Sinne, den wir mit Venus oder Aphrodite assoziieren. Stattdessen waren Gottheiten wie Freyr, Freyja, Frigg und andere

In Schweden wurden tausende dieser kleinen Goldplättchen aus dem Frühen Mittelalter gefunden, wie diese aus dem Pfarrbezirk Ekerö, Uppland mit einem sich umarmenden und küssenden Paar: Rituelle Opfergaben zum Zeichen einer Verbindung? (Nationalmuseum, Stockholm).

Verkörperungen von etwas viel Derberem, Götter der Lust, des Vergnügens und der sexuellen Erregung. Bemerkenswert ist auch, dass viele nordische Götter und andere übernatürliche Wesen sich diese Eigenschaften neben ihren anderen Funktionen teilten. Es ist klar, dass Sexualität die ganze Religion der Wikinger in beträchtlichem Maße durchdrang.

Besonders Odin kann man als Geschlechtswesen sehen. Er

Verzierung eines bronzenen Gürtelblechs aus Brezje, Slowenien. Das Fragment zeigt offenbar einen Liebeswettstreit zweier Paare, wobei die Männer einander anblicken.

begeht viele Taten von Verführung und Vergewaltigung in den Geschichten über ihn und mehrere seiner Kräfte sind tatsächlich mit Hilfe verschiedener Arten erotischer Täuschung erlangt. Er prahlt mit seinem Wissen über eine Anzahl verschiedener *manvélar*, Liebeszauber, die er in seinen reihenweisen sexuellen Eroberungen verwendet – manchmal mit ganzen Gruppen von Zauberinnen schlafend, um sein Ziel zu erreichen. Einer dieser Zaubersprüche lautet wie folgt:

Wenn ich von einer klugen Maid
Wünsch' all ihren Sinn und Liebesfreuden,
Wende ich die Gedanken
Der weißarmigen Frau
Und wandle ihren Sinn vollkommen.

Tatsächlich gab es eine beträchtliche Menge erotischer Bilderwerke in Verbindung mit Magie und deren Ausübung bei den Wikingern, obwohl in Anbetracht des allgemeinen Klimas sexueller Anarchie, das vielen nordischen Gottheiten zugeschrieben wurde, nichts davon überraschen kann. Das beste Beispiel dafür ist natürlich Freyja, die Göttin der Sexualität, die sogar unter den Göttern für ihre inzestuösen Verhältnisse und Liebesbeziehungen mit einer Reihe von Lebewesen verrufen war. Einmal wird sie gar beschuldigt, mit jedem Elfen in Asgard geschlafen zu haben.

SEXUELLE RITUALE

Die anschaulichste überlieferte Beschreibung eines Sexualrituals stammt aus einem altnordischen Text namens *Völsa Tháttr*. Er datiert in das 13. Jahrhundert, stellt jedoch eine religiöse Zeremonie der Wikingerzeit dar. Auf einem entlegenen Bauernhof in Norwegen wird ein merkwürdiges Fruchtbarkeitsritual aufgeführt, in dem die Hausherrin den Phallus eines geschlachteten Arbeitspferdes sorgfältig aufbewahrt und jede Nacht hervorzieht. Er wird herumgereicht und es werden Verse an ihn gerichtet. Man spricht vom Phallus als einer Gottheit und glaubt, dass er unabhängig zu handeln und sich zu bewegen vermag; er kann wachsen und sich von selbst aufrichten. Dem phallischen Gott wird eine Art von Opfer dargebracht und die ihm gesungenen Verse haben einen sehr stark erotischen Gehalt, der andeutet, dass die Frauen den Gegenstand tatsächlich für sexuelle Handlungen verwenden werden. Wenn der Sohn des Bauern ihn einer Sklavin reicht, erklärt er:

Hier kannst du sehen
Einen dicken Schwanz
Abgehackt von
Des Pferdes Vater.
Für dich, Dienerin,
Wird der Phallus sein
Lebendig genug
Zwischen den Schenkeln.

Sie nimmt ihn und sagt:

Ich könnte mich sicher
Nicht enthalten ihn
Mir hinein zu schieben
Läge ich bei ihm
In gegenseitiger Lust.

Dass dieses Bild wörtlich zu nehmen ist, beweist die anschauliche Bemerkung, wenn der Pferdephallus an die Tochter des Hauses weitergegeben wird: *„Sie werden benetzen / den Phallus heut' nacht"*. Obwohl durch den Filter des mittelalterlichen Saga-Verfassers verdeckt, besteht wenig Zweifel, dass der *Völsa Tháttr* frühe Bestandteile enthält und uns seltene Einblicke in die offenen sexuellen Gepflogenheiten der wikingerzeitlichen Alltagsreligion bietet.

Die sexuellen Themen im altnordischen Glauben beschränken sich nicht auf die Durchführung von Ritualen, sondern erstrecken sich auch auf die Magie und deren Ziele, die oft erotischer Natur waren. Es gibt Zaubersprüche, um geschlechtliche Vereinigung zu befördern oder zu verhindern, Nymphomanie oder Frigidität herbeizuführen und erfolgreiche Verführung zu erreichen. Unter bestimmten Umständen werden diese Zauberformeln fast wie Waffen eingesetzt. Zauberer selbst wurden als sexuell gefährlich oder räuberisch angesehen und als Angehörige eines Sonderbereichs geschlechtlicher Identität. Das richtige Praktizieren der Magie sah man als Domäne der Frauen an, wohingegen es anstößig und abartig war, wenn Männer es versuchten. Eine unerwiesene Behauptung, dass ein Mann etwas Derartiges begangen haben könnte, wurde als so schwerwiegend angesehen, dass es rechtlich mit Mord und Vergewaltigung gleichgesetzt wurde und gleichermaßen mit Ächtung und Blutrache zu bestrafen war.

In der ganzen Eisenzeit scheinen die nordeuropäischen Gesellschaften Homosexualität relativ harsch beurteilt zu haben. Lesbisches Verhalten wird selten in den Schriftquellen erwähnt, aber es gibt Hinweise darauf unter manchen Scheidungsgründen im wikingerzeitlichen Island. Ein Mann durfte seine Frau verlassen, falls sie in der Öffentlichkeit mit Männerkleidern, wie einer Hose oder einem Hemd, gesehen wurde. Dennoch ist nach der Denkweise der Wikinger deutlich, dass dieses von ihnen verachtete Verhalten auch eine seltsame Art von übernatürlicher Macht mit sich brachte, etwas Schreckliches und Gefährliches, das man auf keine andere Weise erlangen konnte. Dies spiegeln manche der altnordischen Bezeichnungen für männliche Zauberer wider, die Vorstellungen von Macht und Obszönität vereinen.

Dieses Thema der Grenzlinie zwischen den Geschlechtern findet sich tatsächlich auch früher in der Eisenzeit, besonders im religiösen Kontext. Wirklich erwähnt Tacitus das Vorhandensein von Frauenkleider tragenden Priestern unter den germanischen Stämmen, und Archäologen finden hin und wieder die Gräber von Männern,

Detail eines bronzenen Weineimers, einer sog. Situla aus Sanzeno, Italien, mit einer Liebesszene zwischen Mann und Frau auf einem Bett, 5. Jahrhundert v. Chr. (Landesmuseum Tirol, Innsbruck).

die in Frauentracht und -schmuck begraben worden waren. Auch gibt es eine einzelne Abbildung auf einem Gedenkstein in Gotland, die eine Gruppe bärtiger Gestalten in Frauenkleidern zu zeigen scheint.

Angesichts dessen scheint es sinnvoll zu fragen, was genau beim Praktizieren von Magie ein solch extremes System von Tabus und Assoziationen erzeugte. Tatsächlich gibt es zahlreiche Hinweise, die darauf hindeuten, dass die Rituale entweder wirkliche oder nachgeahmte sexuelle Handlungen umfassten, besonders hinsichtlich des wichtigsten Ausrüstungsgegenstandes von Zauberern – einer Art Stab. Die verschiedenen Wörter für diese Objekte haben sehr starke phallische Anklänge, und manche davon sind sogar Synonyme von Phallus. Weil Magie meistens von Frauen praktiziert wurde, hat man vermutet, dass die Zeremonien heterosexuellen Verkehr nachahmten, wobei die Zauberin ihre Geschlechterrolle spielte, indem sie nicht das männliche Glied, sondern dessen Ersatz in Gestalt des Stabes empfing. Man stellt sich vor, dass dieser Gegenstand als Teil des Rituals verwendet wurde, um einen Orgasmus durch Masturbation herbeizuführen, was auch den homosexuellen Nebenaspekt erklären würde, den diese Art der Zauberei für Männer hatte.

Das gleiche Prinzip wird in den Versen des *Völsa Tháttr* sichtbar. Für eine Erörterung des Vorhandenseins realer Sexualpraktiken in

Ein Holzphallus, gefunden im Danewerk, dem Erdwall, der das dänische Königreich nach Süden verteidigen sollte. Anfang 9. Jahrhundert n. Chr. (Archäologisches Landesmuseum Schloß Gottorf, Schleswig).

der nordischen Magie stehen uns Schriftquellen zur Verfügung, die bestätigen, dass solche Praktiken sicherlich Teil zumindest einiger wikingerzeitlicher Rituale bildeten. Eine solche ist ein arabischer Augenzeugenbericht von einer wikingerzeitlichen Bootsbestattung, die 922 an der Wolga stattfand. Während der zehn Tage dauernden Bestattungsvorbereitungen vollführt eine Sklavin, die sich freiwillig als Opfer angeboten hat, eine Reihe von Geschlechtsakten, damit beginnend, allen Männern des Lagers beizuliegen. Später, unmittelbar nachdem der Körper des Toten ins Bestattungsboot gelegt und eine Anzahl Tiere geopfert wurde, geht sie von einem Zelt zum anderen, und der Mann eines jeden Zeltes hatte Verkehr mit ihr und sagte: *„Sage deinem Meister, dass ich dies aus Liebe für ihn getan habe“*. Nachdem sie anscheinend ein Rausch- oder Schlafmittel getrunken hatte und an Bord in das Zelt, in dem der Tote liegt, gebracht worden ist, folgen ihr sechs Männer und haben erneut jeder Sex mit ihr. Dieselben Männer sind auch ihre Henker. Sie töten sie rituell, damit sie ihren ehemaligen Herrn begleitet, in dieser tief verstörenden Verbindung von Sex und Tod.

ALLTAGSSEX

Nachdem nun die späteisenzeitliche Sexualität in ihrem rituellen Kontext und die außergewöhnliche Weise, in der sie diese Bereiche der Gesellschaft durchdrang, erläutert wurde, stellt sich ebenso die Frage wie gewöhnlicher häuslicher Sex gelebt wurde. In diesem Zusammenhang existieren aussagekräftige Quellen, nicht zuletzt, weil die altnordische Prosa reich an sexuellen Themen ist.

Die Grundlage der Sexualmoral in der Wikingerzeit war die Kernfamilie, obwohl außereheliche Beziehungen bis zu einem gewissen Grad toleriert wurden. Es gab verschiedene formale Klassen von Konkubinen, die Männer sich zusätzlich zu ihren Ehefrauen nehmen durften. Nachdem das Christentum in Island eingeführt worden war, setzte sich diese Praxis zur Bestürzung des Klerus fort, der sich nichtsdestotrotz bald den örtlichen Gebräuchen anpasste und sie sogar mit Begeisterung übernahm. Ein bemerkenswertes Beispiel war ein Fall, bei welchem der Gesetzessprecher sowohl eine Mutter als auch ihre Tochter heiratete, und zwei Bischöfe scheinen einzig deshalb heilig gesprochen worden zu sein, weil sie es als einzige Kirchenmänner im ganzen Land schafften, zölibatär zu leben. Dieser sexuelle Spielraum beschränkte sich üblicherweise auf die Männer, aber es gibt auch den einzigartigen Fall einer Frau, die sich offen mehrere Liebhaber nahm, ohne dass dies gesellschaftliche Sanktionen nach sich gezogen hätte. In scharfem Kontrast zur Germania Libra der frühen Eisenzeit war Ehebruch im wikingerzeitlichen Island kein Scheidungsgrund, auch wenn er nicht gebilligt wurde.

Oftmals scheinen die möglichen sozialen Folgen sexueller Unregelmäßigkeiten etwaige moralische Bedenken überwogen zu haben. Vergewaltigung war ein schweres Verbrechen in der Wikingerzeit, beinahe vergleichbar mit Mord, aber wie in früheren Zeiten brachte sie auch große Schande über ihr Opfer, genug, um den Ruf einer Frau für den Rest ihres Lebens zu zerstören.

Die Sagas sind auch voll zwangloser sexueller Abenteuer, normalerweise auf Veranlassung der Männer, jedoch wurde Sex vor der Ehe nicht aktiv gefördert. Wie in vielen Gesellschaften scheinen diese sozialen Regeln je nach Status variiert zu haben. Die versuchte Verführung einer Frau von vornehmer Herkunft konnte schlimme Konsequenzen für alle Beteiligten haben, aber ärmere Menschen hatten nur wenige Rechte. Weiter unten auf der sozialen Stufenleiter waren Sklavinnen regelmäßig den sexuellen Annäherungsversuchen ihrer Besitzer unterworfen und wurden wohl auch zu diesem Zweck verkauft. Ein arabischer Diplomat des zehnten Jahrhunderts, der skandinavischen Händlern in der RUS begegnet ist, gibt einen recht schockierten Bericht darüber ab, wie er sie regelmäßig beim Sex mit ihren Sklavinnen sah, oft in der Öffentlichkeit und sogar in Gruppen.

Sexualität konnte in der Wikingerzeit auch Anlass für sowohl mitfühlenden als auch grausamen Humor sein. Die späteren Sagas enthalten einige ziemlich rohe und witzige Neckereien zwischen Paaren, die kurz davor sind, den Liebesakt zu vollziehen, und darüber hinaus Verweise auf Männer, deren Genitalien so gewaltig sind, dass sie nur unter Schwierigkeiten Geschlechtsverkehr haben können. Ebenso werden entsprechende Geschichten auch über Wikinger mit dem entgegen gesetzten Problem erzählt. Sogar Helden entgingen nicht dem Spott, wie im Fall des berühmten isländischen Geächteten Grettir, der – obwohl von kräftiger Statur – in anderer Hinsicht nicht so gut ausgestattet war. Als eine Frau heimlich Grettirs Körper betrachtete, während dieser schlief, begegnete er ihrem Hohn mit einem improvisierten Vers:

Das Weibsbild beschwert' sich
Dass mein Penis klein ist,
Und das überhebliche Luder mag durchaus Recht haben.
Aber ein Kleiner kann wachsen,
Und noch bin ich ein Jüngling,
Warte denn, bis ich zur
Tat schreite, mein Mädchen.

Danach trat er den Beweis an, und das glückliche Paar verbrachte unterhaltsame Stunden miteinander.

SCHLUSS

Wenn man die eisenzeitliche Sexualität in Nordeuropa über mehr als 1.000 Jahre hinweg betrachtet, könnte man sich leicht bei amüsanten Beispielen für Verhalten aufhalten, das uns bekannt vorkommt, wie den o.g. Wikingerwitzen. Dennoch dürfen wir niemals die größere Struktur, wie Sexualität in der Gesellschaft wirklich wahrgenommen wurde, aus den Augen verlieren. Zweifellos war dieses Verständnis in der Eisenzeit größtenteils mit Vorstellungen von Fruchtbarkeit, der Götterwelt und der Auffassung von einer im Übernatürlichen wohnenden Macht verbunden.

Man muss also davon ausgehen, dass man – verglichen mit unserer heutigen Sicht – in der Vorgeschichte ganz anders über Sexualität gedacht haben wird. Auf der anderen Seite gibt es dabei grundsätzlichere Aspekte und man sollte kontextualisierte Sexualität in der Vergangenheit nicht zu streng beurteilen. Dass Sex eine ganze Bandbreite von Anklängen an Heiligem und Geheimnisvollem haben konnte, heißt noch lange nicht, dass ihn die eisenzeitlichen Menschen nicht genossen haben.

Mann und Frau im Bett. Diese Szene schmückt den Buchstaben C im Buch „Li livres dou Santé" von Aldobrandino da Siena aus dem späten 13. Jahrhundert (British Library, London).

Die Bändigung der Lust

Rob Meens

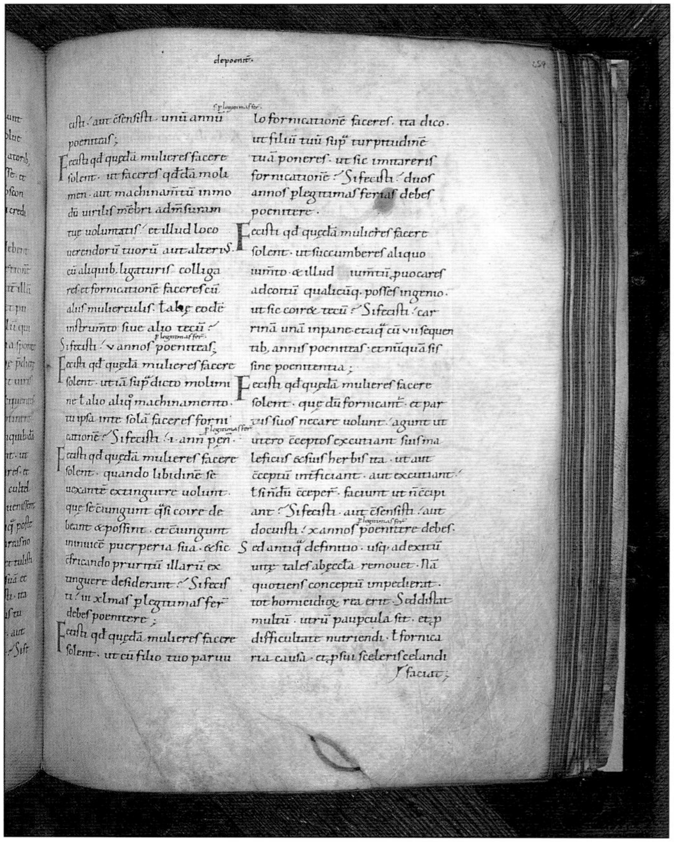

Die älteste Erwähnung eines Vorbindedildos in der westlichen Literatur findet sich im Bußbuch des Burchard von Worms, um 1.000 n. Chr. (Stadt- und Universitätsbibliothek, Frankfurt am Main).

Um das Jahr 1.000 schrieb der damalige Bischof Burchard von Worms ein Handbuch zur Unterweisung Beichte hörender Priester. In diesem Werk nahm er eine Liste von Fragen auf, die ein Beichtvater stellen konnte, wenn jemand bei ihm seine Sünden bekennen wollte. Dort lesen wir z.B.:

„Hast du getan, was manche Frauen zu tun pflegen, nämlich irgendein Werkzeug oder Gerät gemacht, das einem männlichen Glied gleicht, nach dem Maß deines Verlangens, und hast du dies mit Bändern festgemacht an der Stelle deiner Schamteile oder an einer anderen und hast du Unzucht getrieben mit anderen Frauen? Oder haben andere Frauen mit demselben oder einem anderen Instrument Unzucht getrieben mit dir? Wenn du dies getan hast, musst du fünf Jahre lang an den festgesetzten Tagen fasten."

Es ist die älteste Beschreibung eines Dildos in der westlichen Literatur, bemerkenswerterweise von der Hand eines Bischofs. Auch aus dem Rest seines Beichthandbuches wird deutlich, dass der Bischof von Worms außerordentlich gut über die sexuellen Verhaltensweisen der Gläubigen informiert war. Seine Kenntnisse wird der zölibatär lebende Geistliche vor allem aus zweiter Hand erworben haben, aus den Berichten der Gläubigen, die zu ihm kamen, ihre Sünden zu beichten, und aus den von Vorgängern in gleichartigen Büchern aufgezeichneten Erfahrungen. Was aber brachte die Gläubigen dazu, ihre intimen sexuellen Verhaltensweisen einem Geistlichen zur Beurteilung vorzulegen?

Für einfache Laien reichten in der Spätantike die allgemeinen Richtlinien aus, wie sie von den Kirchenvätern entwickelt und in Predigten verkündet worden waren. Sex hatte ausschließlich innerhalb der Ehe stattzufinden, auf die Fortpflanzung und nicht Lust abzuzielen und war zu bestimmten Zeiten, etwa wenn man zur Kommunion gehen wollte, tabu. Seit dem sechsten Jahrhundert wurden diese allgemeinen Richtlinien zu genau beschriebenen Regeln und wurden sie nicht eingehalten, mit einer entsprechenden Buße versehen. Dies hing mit der Einführung eines neuen Beichtsystems zusammen, das sich in den Kirchen von Irland, Cornwall und Wales entwickelt hatte. Dabei konnten auch Laien ihre vielen Alltagssünden beichten und durch Bußübungen Vergebung ihrer Sünden erlangen. Als Hilfsmittel für die Beichtväter wurden Beichthandbücher zusammengestellt, die eine breite Skala möglicher Formen sündigen Betragens beschrieben und Richtlinien für die aufzuerlegenden Bußen boten. Es waren dies die so genannten Bußbücher. Solche Texte verbreiteten sich in der Folge im achten und neunten Jahrhundert zusammen mit der neuen Form von Beichte und Bußübung über das übrige Europa.
Wenn wir diesen Bußbüchern Glauben schenken dürfen, stellte die Sexualität zu dieser Zeit das wichtigste Thema der Beichte dar. Zwar schenken die Texte der Gewalt, übermäßigem Genuss von Alkohol, übermäßigem Essen und unerlaubten religiösen Ritualen, die als Magie und Aberglauben bezeichnet wurden, viel Aufmerksamkeit. Der größte Teil ihrer Bestimmungen aber handelt von Sex. Die allgemeinen Richtlinien der Kirchenväter werden in diesen Texten zu einem detaillierten Kodex des Sexualverhaltens umgeformt. Dabei beschreiben sie sehr präzise allerlei sexuelle Handlungen, die als unerlaubt betrachtet werden, um danach ein Strafmaß festzulegen. Viele Formen der Sexualität außerhalb der Ehe kommen zur Sprache, z.B. Ehebruch, Geschlechtsverkehr mit Geistlichen, homosexueller Verkehr und

Bußbuch des Burchard von Worms, Buch 19, cc. 156-159:

Hast du getan, was manche Frauen gewohnt sind zu tun, wenn sie von quälender Lust geplagt werden und diese lindern wollen? Sie verbinden sich, als ob sie Sex miteinander haben dürfen und können und verbinden ihre Geschlechtsteile miteinander und wollen dann, durch sich so aneinander zu reiben, ihrer beider Lust lindern. Wenn du das getan hast, musst du drei Fastenzeiten lang an den festgesetzten Tagen Buße tun.

Hast du getan, was manche Frauen gewohnt sind zu tun; hast du nämlich mit deinem kleinen Sohn Unzucht getrieben, so dass du deinen Sohn auf deinen Schambereich legst und so den Geschlechtsverkehr imitierst? Wenn du das getan hast, musst du zwei Jahre lang an den festgesetzten Tagen Buße tun.

Hast du getan, was manche Frauen gewohnt sind zu tun; hast du dich nämlich unter ein Lasttier gelegt und hast du das Tier zum Geschlechtsverkehr gebracht auf welche Art auch immer und hat es so Sex mit dir gehabt? Wenn du dies getan hast, musst du eine Fastenzeit lang auf Wasser und Brot büßen und die nächsten sieben Jahre lang Buße tun und du wirst niemals völlig ohne Buße sein.

Hast du getan, was manche Frauen gewohnt sind zu tun, die, wenn sie Unzucht getrieben haben und die Frucht hiervon töten wollen, mit Zauberei und Kräutern das ungeborene Kind versuchen zu töten oder abzutreiben? Oder die, wenn sie nicht schwanger sind, mit solchen Mitteln versuchen zu verhindern, dass sie schwanger werden? Wenn du das getan hast, oder dem zugestimmt hast, oder dies andere gelehrt hast, musst du zehn Jahre lang während der festgesetzten Tage Buße tun. Der alte Beschluss (des Konzils von Ankyra) entfernt solche Personen bis zum Ende ihres Lebens aus der Kirche, denn genauso oft, wie sie eine Empfängnis verhindern, sind sie des Mordes schuldig. Aber es macht einen großen Unterschied, ob es um ein armes Weib geht, das sich schwer tut, dem Kind zu essen zu geben, oder um einen Fall von Unzucht, bei dem man versucht, seine Missetat zu verbergen.

Sodomie. Bei der Beurteilung des Ernstes derartiger Vergehen wird diversen Umständen Rechnung getragen: Ist der Missetäter verheiratet, wie alt ist er, ist es ein einmaliges Vorkommnis oder versündigt er sich regelmäßig mit solchen Formen des Sex?

Diese Regeln können als Schutz der Ehe interpretiert werden, aber auch innerhalb der Ehe war der Sexualtrieb zu bändigen. So waren bestimmte Formen des Verkehrs tabu: Oral- und Analsex oder auch einfach nur *coitus a tergo* (Geschlechtsverkehr von hinten). Die Verurteilung bestimmter Praktiken scheint nicht so sehr von der Angst bestimmt zu sein, dass auf diese Weise die Empfängnis verhütet wird, sondern eher von der Absicht, Lustgefühle zu zügeln. Dabei scheint auch der widernatürliche Charakter dieser Stellungen eine Rolle zu spielen. Der christliche Gläubige hatte sich von den Tieren durch einen rationalen Umgang mit seiner Sexualität zu unterscheiden, einer Rationalität, die sich unter anderem in der gewählten Form äußerte. Neben bestimmten Formen waren auch bestimmte Zeiten tabu. Der Zeitpunkt, zu dem sich ein Ehepaar den fleischlichen Genüssen überlassen durfte, wurde durch zwei Kalender geregelt. An erster Stelle beschränkte der liturgische Kalender die Tage, an denen man Geschlechtsverkehr haben durfte. Sonntage, Fastentage, Feiertage waren Tage, an denen man sich des ehelichen Verkehrs zu enthalten hatte. Dasselbe galt für Zeiträume, die durch den biologischen Kalender des weiblichen Körpers bestimmt werden. Während der Menstruation, der Schwangerschaft und während eines Zeitraumes nach der Geburt war Geschlechtsverkehr tabu. Das Motiv hinter dem liturgischen Kalender war die Unvereinbarkeit von Sexualität mit dem Sakralen, während das hinter dem biologischen Kalender eher in der Ansicht zu suchen ist, dass der weibliche Körper zu diesen Zeiten unrein war.

Die Frage, inwieweit diese Vorschriften befolgt wurden, ist unmöglich genau zu beantworten. Die Tatsache, dass es viele dieser für die Praxis gedachten Texte gab, weist in jedem Fall darauf hin, dass derartige Vorschriften ein großes Publikum erreicht haben. In einigen Werken, z.B. dem Bußbuch des Burchard von Worms, sind die Vorschriften als Frage formuliert. Zusammen mit der manchmal sehr detaillierten Beschreibung sexueller Verhaltensweisen deutet dies an, dass diese Dinge während der Beichte tatsächlich ausführlich zur Sprache kamen. Der Wissensdrang des Beichtvaters führte dazu, dass neben Mönchen und Geistlichen sich auch einfache Gläubige Fragen zu ihrem Sexualverhalten stellten. Dieses Nachdenken über nicht erlaubte Formen und Zeitpunkte sexuellen Verhaltens hat unzweifelhaft einen Einfluss auf tatsächliche Verhaltensweisen ausgeübt, auch wenn es unmöglich bleibt, dahinter zu kommen, was sich nun genau zwischen den Laken oder im Heuhaufen abgespielt hat.

Diese Szene im Stuttgarter Psalter zeigt links einen König und einen Propheten (evtl. David und Nathan) und rechts eine Vergewaltigungsszene (David und Bathseba?), ca. 820/830 n. Chr. (Württembergische Landesbibliothek, Stuttgart).

„Den ein Mann so wenig kann missen…"

Sexualität im 16. und 17. Jahrhundert

Theo van der Meer

„Den ein Mann so wenig kann missen,
wie nicht jeden Tag zu pissen…"

So schrieb der Niederländer Mathijs van der Merwede, Herr von Clootwijck, aus Dordrecht in der Mitte des 17. Jahrhunderts in einem Band frivoler Gedichte. So wie ein Mann nicht ohne einen täglichen Gang zur Toilette leben konnte, brauchte er auch den täglichen Sex.

Von 1648 bis einschließlich 1650 bereiste besagter Mathijs Italien wie so viele junge Europäer von besserem Stand. Das hieß im Fachjargon *grand tour*, eine Reise, welche die Bildung und Erziehung eines Jünglings vollenden sollte. Mathijs war damals Mitte zwanzig.

Teils von seinen Erlebnissen, teils vielleicht Erfundenes berichtend, dichtete er unterwegs seinen *Uytheemsen oorlog, ofte Roomsche mintriomfen* (Fremdländischer Sieg, oder Römische Liebestriumphe), seine Eroberungen italienischer Schönheiten. Die Zeilen im Titel dieses Beitrags sind diesem Band entnommen. Im Kontext des Gedichtbandes bleibt wenig Raum für Missverständnisse darüber, wovon sie handeln. Nach unbestätigten Berichten wurde das Werk wegen seines frivolen Inhalts verboten. Van der Merwede war nicht der Einzige seiner Art. Zeitgenossen wie van Focquenbroch und Six van Chandelier dichteten damals genauso lustig darauf los und sie hatten zweifellos Kollegen in manch anderem Land Europas, die dasselbe taten. Übrigens soll das Buch noch heute mancherorts Stirnrunzeln verursachen; nicht wegen des erotischen Inhalts an sich, sondern eher, weil einer seiner römischen Triumphe noch arg jung war: Ein Mädchen von zwölf, vielleicht jünger. Heutzutage macht uns auch der medizinische Rat, den van der Merwede in Italien erhielt, als er sich eine Geschlechtskrankheit zuzog, nur schaudern. Er sollte sich laut des konsultierten Arztes bloß ein jungfräuliches Mädchen nehmen.

Bis weit in das 20. Jahrhundert hinein ließ jeder Literaturhistoriker, der über van der Merwede schrieb, seine Missbilligung der frivolen Art seiner Gedichte deutlich erkennen. Aber vielleicht bedeutete das nichts wesentlich anderes, als was die Menschen des 17. Jahrhunderts selbst manchmal taten. Auch damals gab es Ratgeber für ein besseres, aber vor allem anständiges Geschlechtsleben. Auf eine obligate Einleitung, in der die Verfasser bedauerten, dieses unanständige Thema behandeln zu müssen, folgten dann detaillierte Beschreibungen unerlaubter sexueller Handlungen. Außer der Missionarsstellung (gerade auf und ab) wurde fast nichts gestattet, jedoch bekam der Leser unterdessen eine sehr schöne Beschreibung aller erdenklichen unerlaubten Freuden. Ob die meisten Leser mehr wollten, als nur darüber lesen, ist allerdings die Frage. Unkonventionelle Angehörige der höheren Klassen wussten Abwechslung wohl noch zu würdigen, die unteren Klassen aber waren sexuell nicht sehr geschickt. Straßenprostituierte im frühneuzeitlichen Amsterdam sahen den Wunsch eines Kunden, mit der Hand befriedigt zu werden, als so abartig an, dass sie solche Personen manchmal bei den Autoritäten anzeigten.

SEXUALITÄT, WAS IST DAS?

Stellen Sie sich vor, dass Sie als Mensch des 21. Jahrhunderts eine Unterhaltung über Sexualität mit dem Dichter van der Merwede aus dem 17. Jahrhundert führen. *„Sexualität?"* fragt Sie der Dichter befremdet *„was ist das?"* und steckt sich eine lange Pfeife an. Zu seinen Füßen sitzt ein kleiner Hund und in einem Käfig, dessen Türchen ein wenig offen steht, zwitschert ein Kanarienvogel. Auf dem Tisch stehen ein schäumendes Bier und eine Schale mit Austern. Es gleicht einer gemütlichen, häuslichen Szene aus der Malerei des 17. Jahrhunderts. *„Gut"*, denken Sie sich, *„vielleicht gab es damals das Wort noch nicht"*. Sie suchen ein anderes Wort für Sexualität, das auch der Dichter kennen muss, aber es fällt Ihnen keines ein. Es kann doch nicht sein, dass man in früheren Zeiten für so etwas Fundamentales wie Sexualität kein Wort hatte? Sie fangen also an, von Liebe und Zuneigung und Zusammensein und Treue und Schmetterlingen im Bauch, Kindermachen und Kinderkriegen zu erzählen. Manchmal blickt Sie der Dichter begreifend an, dann wieder kommt ein Ausdruck in seine Augen wie *„Wovon redet der?"*.

Dann fängt van der Merwede an zu erzählen. Es geht immer noch um Sexualität, aber offenbar hat er tatsächlich kein Wort dafür. Und jetzt sind Sie damit dran, große Augen zu machen. Dass Trinken (wenn Alkohol im Spiel ist) schon mal etwas mit Sexualität zu tun hat, hört sich noch bekannt an, aber Karten- und Würfelspiel, oder Rauchen? Und ein Bankrott? Dann erreicht er bekanntes Terrain: Die Fortzucht (Fortpflanzung). Aber haben Sie richtig gehört? Redet er wirklich von weiblichem Samen und sogar über den weiblichen Orgasmus? Genau wie der Dichter gerade eben denken Sie: *„Wovon redet der?"* und *„Was hat das in Gottes Namen mit Fortzucht zu tun?"* Umständlich setzen Sie das Gespräch fort und Sie kommen auf sexuelle Minderheiten zu sprechen. Es überrascht Sie jetzt nicht mehr, dass der Dichter das Wort Homosexualität nicht kennt, aber die Verwirrung ist deshalb nicht geringer. Sie versuchen zu erklären und begehen sogar einen Fauxpas, indem Sie etwas von femininen Männern andeuten. Der Dichter fängt an, sich aufzuregen, macht gezierte Gesten und plötzlich fällt Ihnen auf, dass er doch ziemlich viele Bänder und Posamente an seiner Kleidung trägt. *„Er wird doch wohl nicht..."*, fragen Sie sich, *„...dieser Schürzenjäger?"* Verärgert ruft er, dass er kein Italiener ist, nicht aus Florenz kommt, und dass er nichts mit Florenzen (widernatürlicher Verkehr) zu tun hat und Tiere schon gleich gar in Ruhe lässt. Furchterregend fuchtelt er mit seiner Pfeife herum. Wenn Sie schon mal von Freud gehört haben, dringt die letzte Botschaft gerade noch zu Ihnen durch: Sie sollten weder an der sexuellen Orthodoxie noch an der Potenz des Dichters zweifeln. Kopfschüttelnd machen Sie sich aus dem Staub.

MEHR ALS NUR BIOLOGIE

Gibt es überhaupt eine Geschichte der Sexualität? Die Sexualität ist ja ein unveränderliches Etwas in der menschlichen Geschichte und zeitlose Dinge haben keine Geschichte. Ein Pionier auf dem Gebiet der modernen Geschichtsschreibung der Sexualität, Vern Bullough, schrieb 1976, dass Sexualität nun mal eine biologische Tatsache ist. Diese Geschichtsschreibung nahm dann auch vor allem auf Veränderungen bei Normen und Werten Bezug; manchmal auf die Art wie Prostitution betrieben wurde, oft auf die wechselnden Gezeiten von Freiheit und Unterdrückung. In manchen als obskur angesehenen Veröffentlichungen stand hin und wieder schon etwas über das Geschick der homosexuellen Minderheit zu lesen.

Der obige Dialog mit Mathijs van der Merwede sollte zeigen, dass Sexualität eine Geschichte hat, die viel mehr umfasst als eine Geschichte von Normen und Werten. Sexualität erweist sich bei näherer Betrachtung als ein Wort, das in der Frühen Neuzeit kein Äquivalent hatte. Das wirft natürlich die Frage auf, was es denn zu van der Merwedes Zeit und davor gab. Um diese Frage zu beant-

Eine Parade von Prostituierten (vorige Seite) vor dem Prinzen Eugen von Savoyen im Etablissement der Mme. Traese an der Prinsengracht in Amsterdam, Zeichnung von Cornelis Troost, 1720-1730 (Rijksmuseum, Amsterdam).

Johann Heinrich Füssli (1741-1825) zeichnete diese erotische Szene bei einem Priapus-Altar, ca. 1770-1778.

worten, muss zuerst die Frage nach der eigentlichen Bedeutung des Wortes Sexualität gestellt werden.

Nach modernen Wörterbüchern zu urteilen, könnte man meinen, dass Sexualität ausschließlich Fortpflanzung bedeutet. In Wirklichkeit bedeutet Sexualität viel mehr als nur Fortpflanzung: Dinge, die mit dem Körper zu tun haben, mit dem Geist, mit Kenntnissen und mit Mythen, mit Freude, Genuss und mit Abneigung, mit Glaube, Hoffnung und Liebe und heutzutage vor allem mit Identität, aber auch mit Macht, Ungleichheit und Gewalt und manchmal sogar mit Kriegsführung.

Vergewaltigungen in großem Umfang, um den Gegner zu erniedrigen, waren in weiten Teilen der Geschichte nicht ungebräuchlich und kommen – so zeigt ein Blick zum Kriegsverbrechertribunal in Den Haag auch heutzutage noch vor. Eine Liste von Dingen, die zur Sexualität zu rechnen sind, wird darüber hinaus von Männern oft ganz anders ergänzt als von Frauen. Es herrscht eine vage Einigkeit darüber, was das Wort Sexualität alles einschließt, aber was für den einen zur Bedeutungen von Sexualität gehört, muss es nicht für einen anderen. Traditionell eingestellte Biologen würden sagen, dass trotzdem alles mit Trieben zu tun hat, die den Fortbestand der Art sichern sollen. Aber es gibt zur Zeit auch eine Richtung in der Biologie, die das Verhältnis zwischen körperlichen Aspekten und den ihnen zugeschriebenen wechselnden Bedeutungen, die vor allem den Platz eines Individuums in der Gesellschaft bestimmen sollen, betont. Um nur ein Beispiel zu nennen: Ein femininer Mann wird in der heutigen westlichen Gesellschaft schnell als homosexuell angesehen (und respektiert oder auch nicht). Die Passage über Mathijs van der Merwede, seine gezierten Gebärden und die Posamenten an seiner Kleidung sollte zeigen, dass zu seiner Zeit ein weibischer Mann als Schürzenjäger angesehen wurde. Und um die Sache noch komplizierter zu machen: Der Schürzenjäger lief trotz allem ein großes Risiko, ein Sodomit – sagen wir lieber, ein Homosexueller – zu werden.

KONTRASTE

Zwischen dem Spätmittelalter und heute liegen rund 500 Jahre Geschichte. Die Unterschiede zwischen damals und heute sind enorm, aber die Unterschiede innerhalb dieser Periode waren es auch. Vielleicht würden wir in einem Menschen von 1800 mehr wiedererkennen, als dieser in einem Menschen von 1400. Übrigens würde uns in mancher Hinsicht die Person von 1400 näher stehen, als die von 1800. Um nur ein Beispiel zu nennen: Eine Person dieser Zeit würde sich nicht allzu sehr über Onanie aufregen. Das war damals etwas um den Druck vom Kessel zu nehmen. Jemand von 1800 dagegen hätte sozusagen hysterisch werden können wegen der schrecklichen physischen und geistigen Krankheiten, welche die Onanie mit sich bringen würde. Solche Vorstellungen begleiteten die Menschen der westlichen Welt bis nach dem Zweiten Weltkrieg.

Aus der Perspektive der Sexualität ist die in der Geschichtsschreibung übliche Periodisierung nicht besonders relevant. Sehr tiefgreifende Veränderungen der Sexualität und ihres Erlebens traten seit dem Altertum erst wieder seit dem Ende des 17. Jahrhunderts auf. Eigentlich kann man am besten zwischen der Frühen Neuzeit und der Neuzeit unterscheiden. Zum Ende des Mittelalters traten aber Veränderungen auf dem Gebiet der Gesetzgebung auf. Die Regeln über erlaubte und unerlaubte Verhaltensweisen wurden klarer und es wurden deutlichere und schwerere Sanktionen für Unerlaubtes angedroht. Zugleich wurden Befugnisse zwischen den kirchlichen und den weltlichen Autoritäten für diesen Bereich deutlicher abgegrenzt. Die Strafverfolgung von Sittlichkeitsvergehen wurde in zunehmendem Maße Sache der weltlichen Autoritäten.

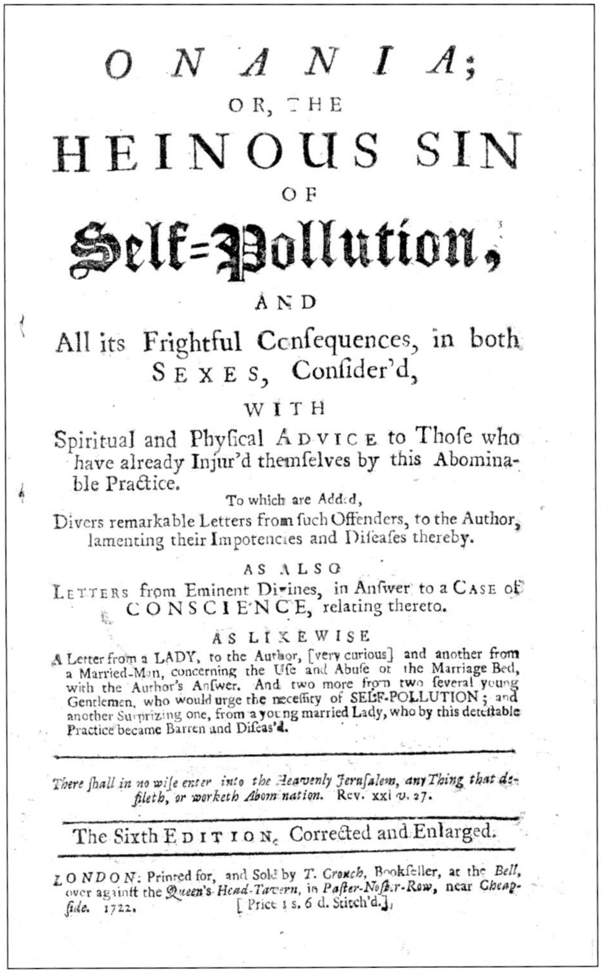

ONANIA;
OR, THE
HEINOUS SIN
OF
Self-Pollution,
AND
All its Frightful Consequences, in both SEXES, Consider'd,
WITH
Spiritual and Physical ADVICE to Those who have already Injur'd themselves by this Abominable Practice.
To which are Added,
Divers remarkable Letters from such Offenders, to the Author, lamenting their Impotencies and Diseases thereby.
AS ALSO
LETTERS from Eminent Divines, in Answer to a CASE of CONSCIENCE, relating thereto.
AS LIKEWISE
A Letter from a LADY, to the Author, [very curious] and another from a Married-Man, concerning the Use and Abuse of the Marriage Bed, with the Author's Answer. And two more from two several young Gentlemen, who would urge the necessity of SELF-POLLUTION; and another Surprizing one, from a young married Lady, who by this detestable Practice became Barren and Diseas'd.

There shall in no wise enter into the Heavenly Jerusalem, any Thing that defileth, or worketh Abomination. Rev. xxi v. 27.

The Sixth EDITION, Corrected and Enlarged.

LONDON: Printed for, and Sold by *T. Crouch*, Bookseller, at the *Bell*, over against the *Queen's Head-Tavern*, in *Paster-Noster-Row*, near *Cheapside*. 1722. [Price 1 s. 6 d. Stitch'd.]

Titelblatt der 6. Auflage der englischen Ausgabe von Onania, London, 1822. Selbstbefriedigung wurde hierin als Sünde und Quelle vielen Übels dargestellt.

Unterschiede zwischen Ost und West, Nord und Süd und auch zwischen Stadt und Land waren in der Frühen Neuzeit mindestens genauso groß. Wenn man die Sexualvergehen, die in der Frühen Neuzeit verfolgt wurden, untersucht, treten besondere Kontraste zutage, die nicht nur mit der Strafverfolgungspolitik, sondern auch mit der örtlichen Sexualität zu tun hatten. In Schweden wurden z.B. zwischen 1650 und 1750 grob geschätzt 700 Menschen wegen Sodomie, Sex mit Tieren, zum Tode verurteilt. Weil dort das Versor-

Austern und Muscheln verwiesen in der Malerei auf das weibliche Geschlecht. Die Austernmahlzeit von Frans van Mieris, 1661 (Mauritshuis, Den Haag).

gen von Tieren, die im Stall standen, Frauenarbeit war, erregte es in dieser Periode sogar Verdacht, wenn sich ein Mann in einen Stall begab. Auch in Berlin, zu Beginn des 18. Jahrhunderts noch wenig mehr als ein Dorf mit einer Garnison, wurde Sodomie (vor allem von Soldaten mit Pferden) recht häufig verfolgt. Nicht zufällig ging es also vor allem um ländliche Gemeinschaften. Anderswo kam diese Art von Prozessen nur ganz gelegentlich vor, aber die Strafen waren deshalb nicht geringer. Sowohl der Täter wie auch das Tier wurden gewöhnlich zu Tode gebracht. Mit dem Tod des Tieres sollte auch die Erinnerung an die Tat beseitigt werden. Darüber hinaus wurde befürchtet, dass aus der Vereinigung von Mensch und Tier Monster hervorgehen könnten. In der Frühen Neuzeit riefen einige, als unnatürlich betrachtete Sexualvergehen wie Sodomie und homosexuelle Handlungen die Angst hervor, dass Gott die Gemeinschaft, aus der der Täter stammte, schwer bestrafen werde, wenn nicht der Täter selbst durch den Tod ausgeschlossen würde. Solche unnatürlichen Verhaltensweisen wurden gewöhnlich unter dem Wort Sodomie zusammengefasst.

Übrigens waren die Strafen für homosexuelle Handlungen nicht überall so drakonisch. Nach der Reformation wurde in protestantischen Ländern behauptet, dass in einem durch und durch katholischen Land wie Italien Sodomie zwischen Männern bloß als *peccadillo*, eine lässliche Sünde betrachtet wurde. Das passte gut zur Schlammschlacht zwischen Protestanten und Katholiken, wobei letztere es sich ihrerseits nicht versagten, die Geschichte in die Welt zu setzen, Calvin und sein Nachfolger de Bèze wären in Genf wegen Sodomie aufs Schafott gekommen. Dennoch hatten die Protestanten nicht ganz unrecht, was z.B. Florenz in Italien betrifft. Im 15. Jahrhundert erhielt Florenz ein besonderes Sodomiegericht. In den 70 Jahren des Bestehens dieses Gerichts bekamen es mehr als einer von zehn männlichen Einwohnern der Stadt wegen homosexuellen Handlungen mit diesem Gericht zu tun. Insgesamt geht es um etwa 15.000 Fälle, die meistens mit einer Geldbuße endeten.

Homosexuelles Verhalten in Florenz war nur in eingeschränktem Maße mit moderner Homosexualität vergleichbar. Diese steht im Zeichen von Gleichheit. Frühneuzeitliche Homosexualität bestand durch eine Ungleichheit, die sich am deutlichsten im Altersunterschied zwischen den Partnern und ihren dementsprechenden sexuellen Rollen abzeichnete. Ein Junge von etwa zwölf bis achtzehn Jahren hatte sexuellen Kontakt zu einem Achtzehn- bis Dreißigjährigen. Der Jüngere spielte eine passive, der Ältere eine aktive Rolle. Der Ältere war meistens nicht festgelegt in seinen Vorlieben und machte ebenfalls von den Diensten weiblicher Prostituierter Gebrauch. Er heiratete später mit etwa dreißig.

Die katholische Kirche in Florenz versuchte zwar, dieses Verhalten auszumerzen – deshalb auch das Sondergericht – aber ob sie jedenfalls in dieser Periode sehr erfolgreich war, ist die Frage. Sie musste es mit einer sehr alten mediterranen Tradition aufnehmen, wonach homosexuelles Verhalten nun einmal Teil der Art war, wie Jungen zu Männern wurden, und Teil des Umgangs zwischen Männern. Diese Tradition gab es nicht nur in Florenz, sondern auch anderswo in der Toskana und in Italien sowie anderen mediterranen Gegenden. Aber Florenz und in geringerem Maße Italien wurden in diesem Zusammenhang doch sprichwörtlich in Europa. Sowohl im Deutschen wie im Niederländischen kannte man das Verb *florenzen* für Sodomie begehen und in weiten Teilen Europas stand bereits im Spätmittelalter das Wort Italiener für Sodomit. Am Ende des 17. Jahrhunderts schrieb ein satirischer Dichter in England über den niederländischen Statthalter Wilhelm III., der auch König von England war und der von Gegnern homosexueller Handlungen beschuldigt wurde: *„Who would have thought that a low country stallion, and a protestant prince should prove an Italia“* (Wer hätte gedacht, dass ein niederländischer Hengst und protestantischer Fürst sich als Italiener erwiese). Die Zeile stand inmitten wesentlich gröberer Verweise auf das unterstellte Verhalten des Königs und Statthalters.

SODOMITEN UND FRAUEN IN HOSEN

Auch anderswo in Europa bis hin nach Russland zeichnete sich homosexuelles Verhalten vor allem durch diese Art von Kontakten zwischen verschiedenen Generationen aus, jedoch war es anders als in Südeuropa kein Teil des Umgangs zwischen Männern. Außerdem änderte es sich in der Frühen Neuzeit tiefgreifend: Vor allem im nördlichen Frankreich, in England und in den Niederlanden manifestierten sich seit dem Ende des 17. Jahrhunderts moderne sexuelle Umgangsformen zwischen Männern derselben Generation. Dies ging zugleich Hand in Hand mit dem Aufkommen moderner homosexueller Subkulturen – öffentlicher und privater Begegnungsstätten, Körpersprache, einem eigenen Rotwelsch – was regelmäßig zum Eingreifen der Polizei führte. In Frankreich hatte das meistens nicht so ernste Folgen für die Betroffenen. In England landeten Männer am Pranger. Oft wurden sie durch den Dreck, mit dem sie die Zuschauer sie bewarfen, verletzt und in einem Fall sogar getötet.

In den Niederlanden waren die Maßnahmen am drakonischsten: Ausgehend von einer Verhaftungs- und Hinrichtungswelle im Jahre 1730 wurden im Verlaufe des 18. Jahrhunderts mindestens 200 Männer zum Tode verurteilt und mindestens genauso viele oft zu Jahrzehnten in Einzelhaft. Noch viel mehr Männer konnten fliehen, wurden jedoch unter Androhung von schwererer Bestrafung für immer aus ihrem Wohnort und aus ihrer Provinz verbannt.

Von lesbischen Frauen weiß man viel weniger, zum Teil, weil solches Verhalten selten geahndet wurde und deshalb auch wenige Spuren hinterließ. Aus den wenigen konkreten Daten, die uns zur Verfügung stehen, können wir doch schließen, dass zumindest Frauen der unteren Schichten, die sich durch lesbisches Verhalten versündigten, eigenständige Subkulturen hatten, in denen die geteilte Armut sie auch in die Prostitution gezwungen hatte.

Wer übrigens doch Spuren hinterlassen hat, sind Frauen der Frühen Neuzeit, die sich als Männer verkleideten und als Soldat oder als Seemann Dienst taten. Einige sollen sogar Piraten geworden sein. Diese Form der Travestie war ein damals ziemlich häufig auftretendes Phänomen, das in Büchern und Quasi-(Auto-)Biographien besungen wurde. Viele wurden erst nach Jahren und manchmal erst nach ihrem Tod als Frau entlarvt. Die Gründe für diese Travestie waren verschiedener Natur, aber einige Frauen hatten sicher auch sexuelle Absichten. Einigen gelang es sogar, in ihrer männlichen Aufmachung eine Frau zu heiraten. Ein solcher Fall aus der Zeit, in der van der Merwede seine Triumphe feierte, fand seinen Weg in die internationale medizinische Literatur dieser Zeit. Eine Frau, die als Soldat gedient hatte, wurde von Dr. Nicolaas Tulp (bekannt von Rembrandts Gemälde *Die Anatomie des Dr. Tulp*) untersucht und beschrieben. Hendrikje Verschuur und Trijntje Barends waren so verliebt ineinander, dass sie geheiratet hätten, wenn das zulässig gewesen wäre. Bei der körperlichen Untersuchung konstatierte Tulp, dass Hendrikje eine außerordentlich große Klitoris hatte, mit der sie den Akt mit Trijntje vollzog. Der Befund war nicht so sonderbar, wie es scheint: Die Ärzte stellten diese Art Befund sehr häufig bei Frauen, die lesbischer Verhaltensweisen verdächtigt oder beschuldigt wurden. In vielen Fällen sahen sie, was sie sehen wollten oder zu sehen erwarteten, wie sie das schon jahrhundertelang bei Untersuchungen von Geschlechtsteilen getan hatten. Den meisten medizinischen Gelehrten wird nichts an den Augen gefehlt haben, aber trotzdem schilderten sie bis in das 18. Jahrhundert das weibliche Geschlechtsteil als umgestülpte Version des männlichen Geschlechtsteils. So stand es schon seit dem Altertum in medizini-

Als Mann verkleidet diente um 1700 herum auch ein Mädchen im englischen Heer. Sie wurde erst viel später als Frau entlarvt und erhielt den Beinamen Mother Ross.

schen Handbüchern zu lesen und so sahen sie es dann auch. Das Wissen über den Körper und die Fortpflanzung war noch beschränkt. So wie es oben van der Merwede in den Mund gelegt wurde, dachten viele, dass Frauen auch Samen hatten und dass ein weiblicher Orgasmus für die Fortpflanzung nötig war.

VORMODERNE SEXUALITÄT

Nicht von ungefähr sahen die Ärzte das, was sie zu sehen erwarteten. Außer dass die Befunde in eine medizinische Tradition passten, passten sie auch zu dem, was man in der Frühen Neuzeit über Männer und Frauen, über Körper und Geist und das, was wir als Sexualität bezeichnen, dachte. Es hatte mehr mit diesen Zeichnungen auf sich, als es auf den ersten Blick scheint: Das weibliche Geschlechtsteil war nicht bloß eine umgestülpte Variante des männlichen Geschlechtsteils, es war auch eine minderwertige Version des letzteren.

Schlussendlich hatte alles damit zu tun, wozu auch van der Merwede im Vorwort zu seinen *Mintriomfen* eine Anmerkung machte, auch wenn er sich dabei unerwartet fromm zeigt. Die körperlichen Aspekte der Liebe waren vom Schamgefühl umgeben, das man so lange nicht brauchte, wie sich die Menschen in Mäßigung übten, schrieb er. Mäßigung war, nach seinen Gedichten zu urteilen, wohl die geringste seiner Tugenden, sie ist aber von entscheidender Bedeutung für das Verständnis frühneuzeitlicher Sexualität. Überlegene und unterlegene Körper sagten aus, inwieweit man Männern und Frauen zutraute, Selbstbeherrschung zu üben.

Männer waren von Natur aus zur Selbstbeherrschung fähig, auch wenn sie diese gelegentlich verlieren konnten. Frauen hatten keine oder nur wenig Selbstbeherrschung; sie waren fast unersättlich. Unterwarfen sie sich jedoch ihren Männern, lag Selbstbeherrschung auch im Bereich ihrer Möglichkeiten. Ein Mann, der in sexueller oder anderer Hinsicht seine Selbstbeherrschung verlor, war das moralische Äquivalent einer unersättlichen Frau. Deswegen war ein Schürzenjäger ein weibischer Typ. Die oben skizzierte häusliche Szene um van der Merwede beinhaltete ein paar der Symbole, die in der seinerzeitigen Malerei so häufig auftauchen und immer wieder auf Mäßigkeit oder unkontrollierte Lust verweisen: Ein Hündchen (Treue), ein Vogel im Käfig (Jungfräulichkeit), Austern (Geilheit).

Einer der wichtigsten Aspekte, der frühneuzeitliche Sexualität von der modernen unterscheidet, ist, dass wir in unserer Zeit das Sexuelle von anderen Lebensbereichen abgetrennt haben. Für Zeitgenossen van der Merwedes konnte der eine Bereich problemlos in den anderen übergehen. Alles, was mit körperlichen Gefühlen oder Bedürfnissen zu tun hatte – Hunger, Durst, Geilheit (ein Wort, mit dem damals niemand ein Problem hatte), das Bedürfnis nach Wärme und das Bedürfnis nach Ruhe – konnte in Nüchternheit und Mäßigung erlebt werden oder in Übermaß und Hedonismus entarten. Übermaß auf einem Gebiet führte auch zum Verlust der Selbstbeherrschung auf anderen Gebieten. Übermut, übermäßiges Essen und Trinken, luxuriöse Kleidung und Schmuck, Rauchen und Tanzen und die Hingabe an Karten- oder Würfelspiel an Stelle von Ruhe nach harter Arbeit führten zu Ehebruch, Hurerei und anderen sexuellen Ausschweifungen. Auf dieser schiefen Ebene war der Bankrotteur nicht von einer schlechten Wirtschaftslage betroffen, sondern ein Mann, der aufgrund eines Verlustes an Selbstbeherrschung – auch auf anderem als wirtschaftlichem Gebiet – und durch seine unkontrollierte Raffgier zu Fall gekommen war. Bankrotteur war in van der Merwedes Zeit das denkbar schlimmste Schimpfwort und in seinen Kindertagen gab es in Holland genug dieser Typen zu finden. Der Tulpenwahn, in dem Menschen buchstäblich Tausende in Optionen auf eine Tulpenzwiebel investierten, hatte um 1640 zu zahllosen Konkursen und wirtschaftlicher Zerrüttung geführt.

Ganz unten auf der schiefen Ebene stand homosexuelles Verhalten und gemäß den damaligen Vorstellungen über Körper und Geist mochte van der Merwede als leidenschaftlicher Schürzenjäger durchaus bis zu diesem Punkt abrutschen. Der Geist konnte es nicht mehr mit einem Körper aufnehmen, der schon an allerlei Genüsse gewöhnt war. Ein einmal gekostetes Vergnügen ließ den Menschen nach Wiederholung lechzen, nach mehr und Schlimmerem. Der Körper war ein verräterisches Ding und nur äußerste Wachsamkeit konnte verhindern, dass eine Person immer tiefer abrutschte. Lange Perioden des Fastens und der sexuellen Enthaltsamkeit, die damals von den Kirchen vorgeschrieben wurden, waren keine willkürlichen religiösen Regeln, sondern Übungen, die ein Individuum lehrten, wie der Körper im Zaum zu halten war.

Schlussendlich wurzelten derartige Ansichten doch in einer durch die Religion diktierten Sicht auf die Welt und ihren Aufbau. Vor dem Katholizismus hatte die Frage gelautet, ob Adam und Eva im Paradies bereits die Sexualität gekannt hatten oder ob sexuelle Bedürfnisse und Begierden eine Folge des Sündenfalls waren. Die körperliche Vereinigung durfte allein der Fortpflanzung dienen und sogar in der Ehe war sie nach Meinung einiger Theologen noch Sünde. Nach der Reformation im 16. Jahrhundert entwickelte sich nach und nach ein positiveres Denken über Sex zwischen Ehepartnern. Der Protestantismus – gefolgt von der katholischen Gegenreformation – sah körperliche Lustgefühle als Teil der Schöpfung und nicht als Teil des Sündenfalls an. Körperliche Intimität verstärkt die Bande der Zuneigung zwischen Partnern und schuf dadurch auch eine Umgebung, in der Kinder besser aufgezogen werden konnten, als in einem von Gefühlen der Verdammnis beherrschten Arrangement. Indem man Lustgefühle zuließ, mussten zugleich jedoch die Grenzen der Lust abgesteckt werden.

Wie finster all dies auch aussah, die Realität war auch damals schon viel variantenreicher als die Sittenwächter es wahrhaben wollten. Um nur ein Beispiel zu nennen: Die Prostitution war über ganz Europa verbreitet. Und auch wenn die Prostituierte eine Frau ohne Status war, wurden ihre Dienste oft selbst von den Kirchen als notwendiges Übel gesehen. Dieses Übel wurde bereits im Mittelalter reguliert, oft in besonderen Vierteln untergebracht und hier und da verdienten die weltlichen und selbst die kirchlichen Autoritäten nebenbei mit. Gedichte wie die von van der Merwede, Prosa und Drama besangen nicht selten *Liebestriumphe*, auch wenn die Kirche und die weltlichen Autoritäten regelmäßig dagegen vorzugehen versuchten. Erotische Abbildungen (von hohem künstlerischen Niveau) waren für jene erhältlich, die es sich leisten konnten. Zum Ende der Frühen Neuzeit hin bekam vor allem französische (in den Niederlanden gedruckte) Pornographie einen antiklerikalen Einschlag und zeigte ganze Knäuel von Mönchen und Nonnen bei Sexualakrobatik. Man erzählte einander schmutzige Witze und Gelächter über sexuelle Scherze und Getue gab es sicher.

ZUM SCHLUSS

Die vormoderne Sexualität war ganz etwas ganz anderes als die moderne Sexualität. In gewissem Sinne, könnte man sagen, gab es vor der Moderne keine Sexualität, da das Wissen und Erleben der Körperlichkeit viel mehr umfasste, als das, was man heute unter Sexualität versteht. Diese Körperlichkeit schwankte zwischen Mäßigung und Selbstbeherrschung einerseits und Hedonismus und Kontrollverlust andererseits. Das hatte mit dem Wissen über den Körper zu tun und es hatte mit Religion zu tun, aber offensichtlich auch mit den unterschiedlichen Begierden der Menschen. Diese Unterschiede hatten nichts mit Identität zu tun. Die Gewöhnung an bestimmte Erfahrungen rief ganz einfach neue Begierden hervor. Unsere heutigen Etiketten passen nur schlecht auf die damaligen Kategorien, auch wenn sich seit dem 17. Jahrhundert Veränderungen einstellten, die schließlich zu unserer modernen, auf Identitäten basierenden Sexualität führten.

Alles in allem ist es natürlich fraglich, ob in früheren Jahrhunderten alles so heiß gegessen wurde, wie es gekocht wurde. Wenn van der Merwede uns etwas lehrt, so, dass es auch Menschen gab, die sich um einige Regeln nur wenig scherten. Wenn auch viele die Angst vor der oben genannten schiefen Ebene teilten, werden die meisten Menschen gelernt haben, mit ihren Defiziten auf diesem Gebiet zu leben. Denn so sehr ein jeder auch versuchte, sich zu beherrschen, so werden viele doch van der Merwedes Ansicht geteilt haben, dass Sex etwas war: „*Den ein Mann so wenig kann missen, wie…*“.

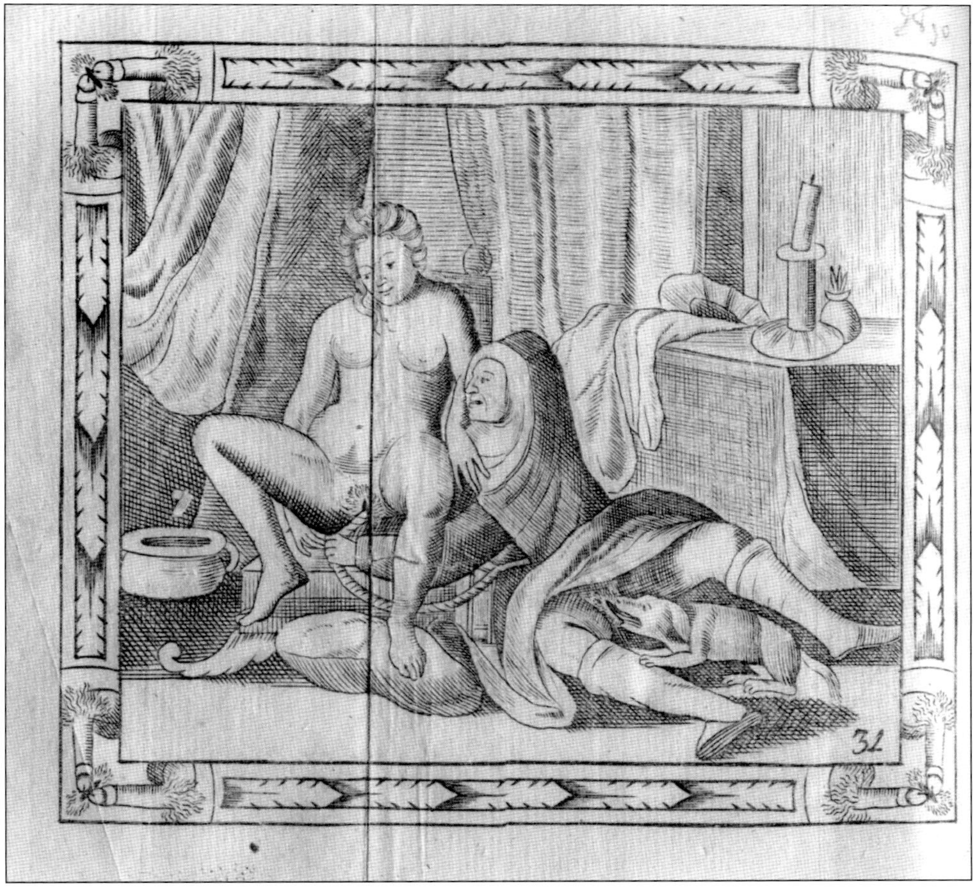

Im 17. und 18. Jahrhundert kamen pornographische Drucke auf den Markt, die einen stark antikirchlichen Charakter hatten, wie dieser aus einer undatierten Ausgabe von L'Académie des dames, Ende des 17. Jahrhunderts (Sexmuseum, Amsterdam).

Sex an der Kirche: *Sheela na Gigs*

Jack Roberts

Diese hübsche Sheela na Gig ist als Warnung gegen die Sünde der Wollust an der mittelalterlichen Kirche von Kilpeck in Herefordshire eingemeißelt.

Sheela na Gigs sind Steinskulpturen mit Darstellungen stehender oder hockender Frauen, die nackt und mit weit gespreizten Schenkeln ihre Genitalien zeigen. Was sie so bemerkenswert macht, ist, dass man sie überall auf den Britischen Inseln an mittelalterlichen Kirchen findet.

Zum ersten Mal wurden sie vor etwa anderthalb Jahrhunderten an den mittelalterlichen Kirchen Irlands wahrgenommen. Es ist vielleicht eine glückliche Fügung, dass der Altertumsforscher, der auf die erste stieß, John O'Donovan war, in dem viele den bedeutendsten Gelehrten sehen, den Irland je hervorbrachte. Seine Verwunderung über diese erstaunliche Erscheinung an einer Kirche erweckte die Neugier von Forscherkollegen und es begann damals eine allgemeine Suche nach weiteren ihrer Art, die an den alten Kirchen Irlands verborgen waren. Seit dieser Zeit hat sich die Zahl der bekannten *Sheelas* in Irland kontinuierlich auf etwa 100 vergrößert. In Großbritannien, wo man sich bis vor kurzem weniger um das Phänomen gekümmert hatte, gibt es vielleicht um die 60 Steinskulpturen.

Lange Zeit war man der Ansicht, diese doch verblüffenden Figuren seien alte heidnische Skulpturen, vielleicht aufgrund eines verwandten örtlichen Brauchs von einem Klerus bewahrt, der nun nichts mehr vom alten Aberglauben zu befürchten hatte und sie aus irgendeinem unbekannten Grund an seinen Kirchen anbrachte. Spätere Forschungen wiesen nach, dass sie tatsächlich mittelalterlicher Herkunft sind und speziell für eine Verwendung an diesen Kirchen geschaffen wurden. Die gegenwärtige Forschungsmeinung, wie sie im offiziellen Führer des National Museum of Ireland zum Ausdruck kommt, ist, dass sie als *„Warnungen gegen die Sünde der Wollust"* an den Kirchen angebracht wurden, und beschuldigt die Franzosen dieser Erfindung.

In Wahrheit jedoch sind *Sheela na Gigs* Bestandteil der christlichen Ikonographie. Schon ihre Lage, fast immer an gut sichtbarer Stelle und oft unmittelbar über dem Haupteingang, veranschaulicht, dass sie einen zentralen Bestandteil der christlichen Vision dieser Zeit bildeten. Tradition und die lokale Überlieferung stützen ebenfalls diese Ansicht, da sie immer mit großer Ehrerbietung behandelt und in vielen Fällen als Heiligenbilder betrachtet werden.

In fast allen Fällen werden *Sheela na Gigs* als sehr mächtige Abbilder der Fruchtbarkeit betrachtet und das Reiben der Vulva ist die übliche Methode, diese Macht zu übertragen. Viele Figuren aus Irland und Großbritannien zeigen Spuren dieses Reibens; bei manchen *Sheelas* ist dieser Teil der Figur, der ursprünglich höchstwahrscheinlich sehr detailliert gestaltet worden war, nunmehr ziemlich abgenutzt.

Eine *Sheela na Gig*, die immer noch als Fruchtbarkeitsskulptur fungiert, kann an der alten Kirche von Saint Gobnait in Ballyvourney in der Grafschaft Cork besichtigt werden. Für die alljährliche Wallfahrt legte die alte, in den 1930er Jahren aufgezeichnete und bis heute lebendige Tradition fest, dass die erste Kulthandlung ein Besuch des *„kleinen Abbilds von Saint Gobnait"* war, der *Sheela na Gig*, die in einem Stein über einem Fenster gemeißelt war. Auf einem Stein stehend fasste der Pilger nach oben, rieb über den sakralen Mittelpunkt der Figur, die Vulva, und setzte so gesegnet die Wallfahrt fort.

Sheela na Gigs werden manchmal als „erotisch" interpretiert, es ist jedoch unwahrscheinlich, dass sie jemals Verlangen wecken oder vor der Wollust warnen sollten. Weibliche Züge sind selten ausgeprägt und fehlen oft ganz, so dass es unmöglich wäre, das Geschlecht vieler Figuren zu bestimmen, gäbe es ihre Genitalien nicht.

Bei den meisten Bildern von Göttinnen wird Fruchtbarkeit durch die Betonung weiblicher Merkmale, wie Brüste und Bauch, ausgedrückt. Diese Muttergöttinnen haben normalerweise etwas Freundliches oder Tröstliches, obwohl sie oft derb oder missgestaltet sind. Im Gegensatz dazu drücken nur wenige der *Sheelas* solche mütterlichen Aspekte aus und keine hat merklich ausgeprägte Brüste. Figuren wie die gütig aussehende *Sheela* von Behy in der Grafschaft Sligo sind eine Minderheit unter den etwa 150 zur Zeit bekannten Figuren, von denen die meisten recht unattraktiv, manchmal fast abscheulich aussehen.

Bei den vorchristlichen Fruchtbarkeitsbildern ist die Vulva oft nur ein untergeordnetes Merkmal, manchmal bloß durch ein Dreieck oder wenige symbolische Linien wiedergegeben. Bei den Sheelas dagegen wird Fruchtbarkeit durch eine oft verblüffende Konzentration auf die Genitalien ausgedrückt. Diese sind bei manchen Figuren nicht so stark ausgeprägt, bei vielen aber sind sie mit so realistischen Einzelheiten herausgearbeitet, dass man sich unwillkürlich fragt, ob sie möglicherweise für den anatomischen Unterricht gedacht waren. Bei einigen gut erhaltenen Figuren sind nicht nur die Vulva präzise herausgemeißelt, sondern auch die Klitoris und der Anus. Das ist umso bemerkenswerter, als es oft das einzige realistische Merkmal der ganzen Skulptur ist.
Für die meisten Fragen zu diesen Manifestationen des keltischen Denkens steht eine zufriedenstellende Antwort noch aus. Mit jeder neuentdeckten Figur erheben sich neue Fragen. Hinweise auf ihren tatsächlichen Ursprung und Zweck zeichnen sich hinter dem Schleier des Geheimnisses ab, von dem sie umgeben sind, aber das ganze Thema wird nach wie vor lebhaft diskutiert. Mittlerweile erhalten und verbinden uns die *Sheelas* mit Gefühlen und Glaubensvorstellungen, die weit älter und tiefer verwurzelt sind als im Mittelalter.

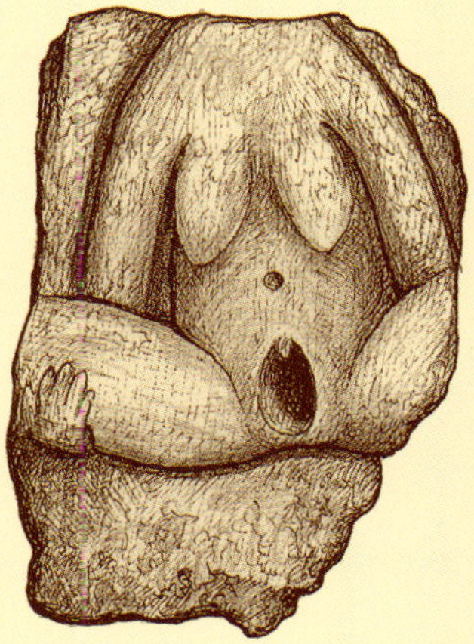

Manchmal grässliche Bilder, manchmal freundlich aussehende Figuren, immer steht der Schambereich der Sheela na Gigs im Mittelpunkt. Spätes Mittelalter (Ballyvourney (S. 74), Cavan (links oben), Caherelly (rechts oben), Dunnaman (links unten) bzw. Behy (rechts unten)).

Eine Vulva an Krücken

Jos Koldeweij

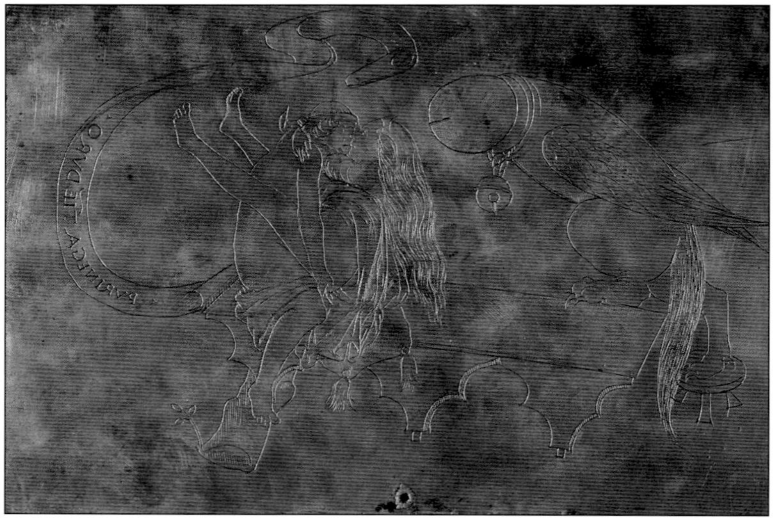

Allegorie auf die Kopulation: Das Liebesspiel mit drohender erotischer Gefahr, gestochene Kupferplatte. Ende 15. Jahrhundert (National Gallery of Art, Washington).

„Mir kommt es eher so vor, dass man das Organ, das uns die Natur für den Fortbestand gegeben hat, als Anhänger um den Hals tragen muss oder als Medaillon auf dem Barett...“ schrieb der größte Satiriker und Pamphletist der italienischen Renaissance Pietro Aretino (1492 - 1556), nachdem es ihm 1524 geglückt war, Marcantonio Raimondi frei zu bekommen. Raimondi war eingekerkert worden, weil er eine Reihe erotischer Drucke nach Zeichnungen des manieristischen Künstlers Giulio Romano angefertigt hatte. Aretino schrieb danach freizügige Sonette zu *I Modi*, 16 erotischen Drucken mit nackten Liebespaaren. Denn, so meinte Aretino, das Liebesspiel darf gesehen werden und man sollte eher die Hände oder den Mund bedecken, als das edle Teil, das alles menschliche Leben hervorbringt...

Ob solche erotischen Anhänger und Broschen zu Zeiten Aretinos auch wirklich noch verbreitet und offen getragen wurden, ist die Frage. Sicher darf man nicht ausschließen, dass Aretino antike römische Anhänger und Fibeln kannte, aber der archäologische Fund eines kleinen, marmornen Phallusanhängers aus Schloss Bruck bei Lienz (Osttirol) zeigt, dass derartige sexuelle Amulette auch in den elitären Kreisen des 16. Jahrhunderts nicht unbekannt waren. Darüber hinaus befanden sich damals noch erotisierende Renaissancemedaillen und Plaketten mit antikisierenden Themen weithin im Umlauf. Eine Kritzelei im *Codex Atlanticus,* 1493 (Mailand, Biblioteca Ambrosiana), vermutlich von einem Lehrling, Dienstboten oder Modell Leonardo da Vincis, beweist, dass man auch in Italien das Phallustier noch kannte, das häufig auf Abzeichen aus Zinn aus dem 14. und frühen 15. Jahrhundert abgebildet ist. Das zeigt ebenfalls eine phantastische, zweiseitig gravierte, kupferne Druckplatte für erotische Drucke (National Gallery of Art, Washington) aus dem letzten Viertel des 15. Jahrhunderts. Auf der einen Seite dieser Platte ist dargestellt, wie ein riesiges, geflügeltes Phallustier mit Glocke ein junges Paar beim Liebesspiel von hinten beschleicht. Die andere Seite zeigt drei sexuelle Allegorien: Einen Löffelschnitzer mit entblößtem Glied, eine Spinnerin und einen Dudelsackspieler. An der aufragenden Bordunpfeife des Musikinstruments baumelt genau so ein Phallusanhänger wie der in Schloss Bruck gefundene.

Das Tragen derartiger Abzeichen, Anhänger und Schmucknadeln hat natürlich mit Fruchtbarkeit zu tun und daran anschließend mit Wohlstand und Status, aber sicher auch mit Imponierverhalten, während ihnen zugleich eine übelabwehrende und glückbringende Funktion als Amulett zugeschrieben wurde. Schriftliche Quellen, die diese Bedeutungen eher allgemein ansprechen, sind äußerst selten, wenn sie überhaupt vorliegen. Eine historische Interpretation dieses Materials muss vor allem anhand von Erklärungsmodellen aus der Anthropologie versucht werden. Dabei sind einige Quellen von unmittelbarem Inter-

Ein Abzeichen aus Zinn zeigt eine an Krücken laufende Vulva, gekrönt mit drei Phalli; Nieuwlande, 1375 - 1425 (Van Beuningen, Cothen).

esse, weil sie mit Hilfe der Sprache parallele Bilder hervorrufen oder weil sie die Bilder detaillierter auslegen und deutlich machen, dass es nicht um gelegentliche Phantasien geht. So kommen im Genre der *Fabliaux* (kurze, lustige, oft frivole Reimerzählungen), die hauptsächlich in das 13. Jahrhundert datiert werden, eine Menge erkennbarer Bilder vor, wie z.B. die als selbstständige Wesen existierenden Geschlechtsteile. Von diesen lesen wir auch im *Malleus Maleficarum,* dem *Hexenhammer,* einem 1487 zum ersten Mal veröffentlichten Werk über die Hexerei, in dem u.a. beschrieben wird, wie die Männlichkeit ganz wörtlich von Hexen gestohlen wurde und wie entwendete Phalli ein Eigenleben führten, gemeinsam und im Verborgenen: *„...in ansehnlicher Zahl, zwanzig bis dreißig männliche Geschlechtsteile ... in einem Vogelnest, wo sie sich bewegen wie Lebewesen, Körner und anderes Futter zu sich nehmen...".* Die Bandbreite dieser sexuellen Abzeichen ist groß und zeugt von einer fast obsessiven Phantasie. Gemeinsam bilden sie einen merkwürdigen Fächer spätmittelalterlicher Obszönitäten, wie geflügelten Phallustiere, manchmal mit Glöckchen und Krone; einen Phallus, der sich auf eine Vulva stürzt; als Reittier benutzte Phalli; erotischen Akrobaten; mit Phalli bemannte Schiffe; manchmal gekrönte und auch hin und wieder geflügelte Vulven; Vulven an Krücken oder als Pilger; eine Vulva, aber auch ein Phallus zu Pferd, manchmal mit Pfeil und Bogen schießend, oder schließlich ein Phallus am Spieß mit einer Vulva als Fettpfanne. Diese absurde Darstellung wird auf einem Abzeichen, das in Amsterdam gefunden wurde, noch weiter zu einer wirklich kannibalistischen Szene ausgesponnen: An einem großen Kamin wird von einer Frau, einem Mann und einem Kind ein Phallus am Spieß gebraten. Auch das Herdfeuer darunter ist abgebildet und darüber hängt ein Kessel an einem Kesselhaken. Die Frau beträufelt mit einer Kelle das aufgespießte und im Verhältnis riesig große Körperteil. Neben diesen Abzeichen als materielle Quelle für spätmittelalterliches Denken über Sexualität und Erotik ist als Textquelle ein Passus aus dem *Mariken van Nieumeghen* aus dem späten 15. Jahrhundert zu setzen. Daraus geht hervor, dass das auf den *„Spieß stecken"* als sexuelle Allegorie sattsam bekannt gewesen sein muss. Als Mariken verschwunden war und ihr Onkel aus gutem Grund fürchtete, sie könnte auf die schiefe Bahn geraten sein, ging er, um Erkundigungen bei seiner Schwester einzuholen, bei der Mariken hatte übernachten sollen. Diese sagte ihm irritiert, dass Mariken sicher in die Prostitution geraten war: *„Sie wird in so einem Zimmerchen gelandet sein", „Daermen sulken tijtkens om een grootken speet"* (wo man solche Hühnchen für Geld aufspießt), Vers 352-353.

Das Tragen von Amuletten wehrt das Böse ab und fördert die Fruchtbarkeit, Wohlstand und Status. Dieser Marmorphallus (links oben) aus dem 16. Jahrhundert, von nur 4 cm Länge, wird auch hierzu gedient haben (Museum der Stadt Lienz).

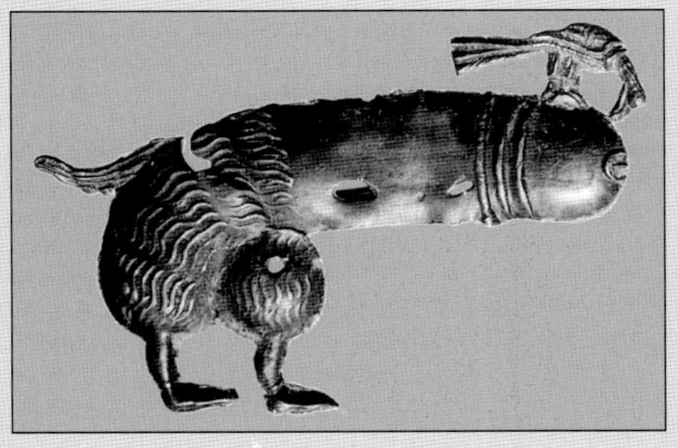

Bei dem Abzeichen aus dem Boden von Brugge (rechts oben) tragen drei Phallitiere eine gekrönte Vulvenfigur, 1375 - 1425 (Van Beuningen, Cothen,). Das Abzeichen aus Rotterdam (unten) zeigt ein laufendes Phallustier mit einem pickenden Vogel, 1350-1400 (Bureau Oudheidkundig Onderzoek, Rotterdam).

Eine Beule in der Hose

Johan Mattelaer

Die Schamkapsel betont stark das männliche Geschlecht. Bauernhochzeit, Ausschnitt des Gemäldes von Pieter Brueghel d. J. 1607 (Kunsthistorisches Museum, Wien).

Im 14. Jahrhundert n. Chr. ist in der Mode eine Veränderung feststellbar, bei der die langen unisex Gewänder des Mittelalters durch modischere Kleidung ersetzt wurden. Vor allem die Männerbekleidung entwickelte sich, wahrscheinlich infolge der Weiterentwicklung des Harnischs. Brustkasten, Arme und Beine wurden nun stärker betont. Die Beine wurden mit losen Hosenbeinen oder Beinlingen bekleidet, die oben aneinander genäht wurden, was die typische Hose ergibt. Das Verschlussstück, später ein echtes Prunkstück, fehlte noch: Die Schamkapsel oder der Hosenlatz. Faktisch ist die Schamkapsel nichts anderes als eine Art loser Hosenladen, der vorne an der Hose saß und mit Stoff oder Heu gefüllt wurde.

Die ersten Exemplare (dann jedoch aus Metall) finden wir an Harnischen. Der französische Arzt und Schriftsteller François Rabelais beschrieb es plastisch in seinem Pantagruel: *„Comment braguette est première de harnois entre gens de guerre... La teste perdue, ne perist que la personne: les couilles perdues, periroit toute l'humaine nature"* (Wenn einer den Kopf verliert, verschwindet nur die Person: Hoden weg, und die ganze menschliche Art verschwindet!). Die Schamkapsel ist tatsächlich ein sonderbares Kleidungsstück des Mannes, das die Aufmerksamkeit stark auf das männliche Glied lenkt. Es übertreibt seinen Umfang und schafft den Eindruck einer Dauererektion. 1555 ließ der Theologe Musculus aus Frankfurt an der Oder klagen: *„Das in unsere junge gesellen* [...] *den latz forn also mit hellischen flammen unnd lumpen / unmenschlich unnd gros machen / die Teuffel auff allen seiten lassen also raus gucken /* [...]".

Abgesehen vom Harnisch waren die ersten Schamkapseln nicht viel mehr als einfache dreieckige Stoffstücke, die zwischen den beiden Hosenbeinen angebracht wurden. Sie sind in großer Zahl auf den vielen Gemälden von Pieter Brueghel d. Ä. und d. J. zu sehen. Dieser Hosenlatz bietet den Komfort, dass der Mann im Stehen urinieren kann, ohne seine Hose herunterlassen zu müssen. Die Klappe wurde mit Schnüren oder Knöpfen befestigt. Vor allem die Landsknechte verbreiteten ab dem späten 15. Jahrhundert die Mode der Schamkapsel in ganz Europa. Lucas Cranach und Albrecht Dürer haben diese Landsknechte sehr plastisch dargestellt. In der Renaissance erreichte der Hosenlatz auch den Adel.

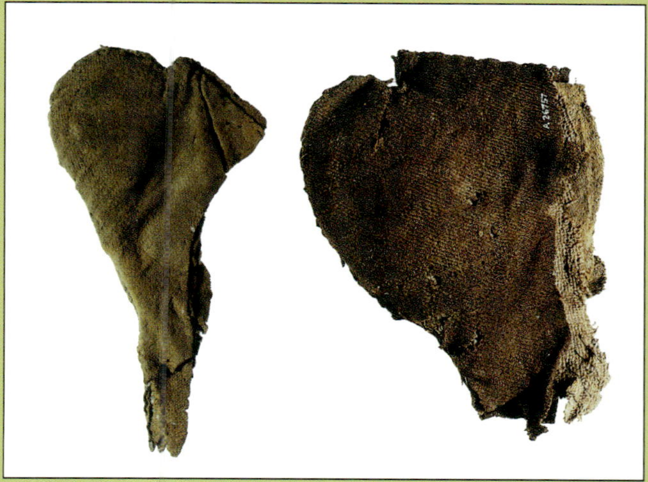

Fragmente von Schamkapseln (1540-1569), bei Ausgrabungen in London gefunden (Stadtmuseum, London).

Der Adel zeigte sich gern in Hosen mit Schamkapseln. Bildnis eines jungen Mannes von Georg Pencz, 1544 (Uffizien, Florenz).

In England wird das so genannte *cod-piece* während der Regierung der Könige des Hauses York am Hofe eingeführt.
Der Legende nach trug Edward III., König von England von 1327 bis 1377, selbst eine sehr umfangreiche Schamkapsel und befahl seinen Edelleuten und Soldaten, ihren Harnisch auf die gleiche Weise zu verstärken. Und weiter berichtet die Legende, dass das französische Heer zu Tode geängstigt war von diesen *„schwerbestückten"* Gegnern.

Die Bekleidung wurde im Laufe der Zeit nicht nur immer raffinierter und zeugte von immer größerem Luxus, sondern männliche Kennzeichen wie Virilität und politische und militärische Macht wurden immer öfter symbolisiert: Es sind die riesigen Schamkapseln, die im 16. Jahrhundert auch *la petite jambe* (das kleine Bein) genannt wurden. Im Profil gleicht es einem bauchigen Beutel zwischen den Beinen, in welchem sogar Geld, Gewürze, Süßigkeiten und andere Utensilien aufbewahrt werden konnten. Auf Dutzenden von Gemälden werden die Edelleute, Fürsten, Könige und Kaiser des französischen, spanischen und englischen Hofes so in ihrer ganzen Herrlichkeit gemalt. Am spanischen Hof war die Schamkapsel vor allem während der Regierungen Kaiser Karls V. und König Philipps II. beliebt, die beide mit ihr verewigt wurden.

Das *cod-piece* Heinrichs VIII. war besonders stark ausgestopft und ausgepolstert und sogar mit Juwelen besetzt. Vielleicht jedoch gibt es noch einen anderen Grund für das Tragen dieser sehr umfänglichen Hosenställe. Nachdem Christoph Columbus 1492 Amerika entdeckt hatte, importierte er aus der Neuen Welt auch Syphilis nach Europa. Es ist bekannt, dass auch die Adligen daran erkrankten und zur Behandlung ihre Genitalien mit allerlei Salben einrieben. Auf der Grundlage historischer Überlieferungen nimmt man sogar an, dass Heinrich VIII., von dem man sicher weiß, dass er die Syphilis hatte, diese weiten Schamkapseln trug, um seine Salbenverbände zu verbergen. Die Mode der Schamkapseln erreichte ihren Höhepunkt zur Regierungszeit von Heinrichs Tochter Elisabeth I. Von 1540 an wurden sie schließlich immer kleiner und waren um 1575 ganz aus der Mode gekommen. Während es in England Elisabeth I. war, die vor allem der Damenmode neues Leben einhauchte, war es in Frankreich Heinrich III., welcher der *braguette* ein Ende bereitete. Die Mode wurde immer femininer, auch für den Mann. Die Schamkapsel als Modeerscheinung hat das 16. Jahrhundert nicht überlebt.

Die Hose einer der Moorleichen von Wijster hatte noch eine Schamkapsel. Diese war damals eigentlich schon wieder aus der Mode. Um 1580 - 1590 (Drents Museum, Assen).

Männlichkeit an der Wand

Arco Willeboordse

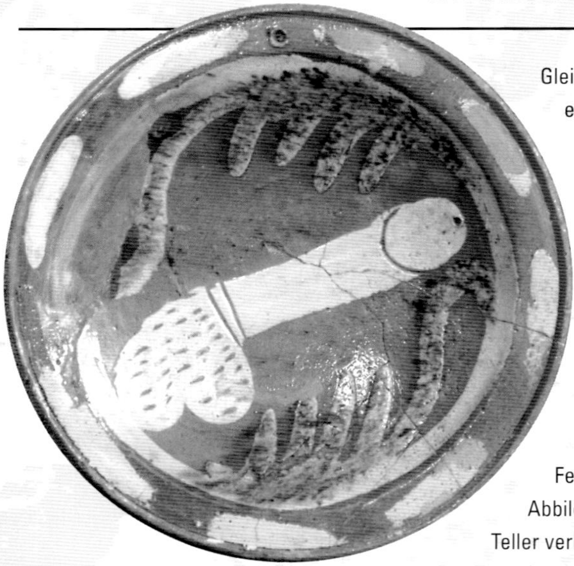

Ein Teller aus flämischer Irdenware mit Schlickerverzierung. Die Lochung oben verdeutlicht, dass er als Wanddekoration gedacht war. 15. Jahrhundert (Gemeentelijk Archeologisch Museum, Aardenburg).

Gleich außerhalb von Aardenburg wurde ein reizvoller mittelalterlicher Teller mit der aufreizenden Abbildung eines Phallus gefunden. Der Teller darf ruhigen Gewissens als Fehlbrand bezeichnet werden. Er wurde zerscherbt in der Abfallgrube einer Töpferei gefunden und war mithin weggeworfen worden. Zweifellos kam das nicht von der Darstellung auf dem Teller, denn der Phallus ist keineswegs ein Fehlprodukt. Was aber hat eine solche Abbildung eigentlich auf einem derartigen Teller verloren?

Der Teller ist im so genannter in hochverzierter flämischer Irdenware ausgeführt, wie sie im 14. und 15. Jahrhundert entlang der flämischen und holländischen Küsten hergestellt wurde. Verzierte Teller scheinen nicht eher als etwa 1400 vorzukommen. Die Unterseite des Tellers ist unglasiert und unverziert. Die Oberseite jedoch ist sehr schön dreifarbig: Die Keramik ist rotbraun, die Schlickerverzierung weißgelb und die Bleiglasur (teilweise) grün. Gefunden wurde er zusammen mit drei anderen Tellern, einer mit der Darstellung eines Dreipass, ein anderer mit einem Vogel und der dritte mit drei Vögeln. Ein anderes Tellerfragment zeigt ein Tier, möglicherweise einen Esel. Die Darstellungen auf den Tellern sind immer von grünem Laub in einem gelben Kreis und von gelben Bögen umgeben. An der Unterseite befinden sich drei Füßchen. Derartige Teller wurden vermutlich nicht als Essteller verwandt, sondern zur Dekoration. Sie wurden auf den Tisch gestellt, um z.B. Nüsse darauf zu servieren. Ein Loch an der Oberseite weist darauf hin, dass sie auch mit Hilfe einer Schnur an die Wand gehängt werden konnten – am besten von einem Sims oder einem Brett gestützt, um ein Pendeln zu verhindern.

Die Bedeutung des Phallus auf dem Teller ist Gegenstand einer lebhaften Debatte. Manche denken an einen gewagten Scherz des Töpfers – einen Scherz auf Kommissionsbasis allerdings, da in Dordrecht ein nahezu gleichartiger Teller gefunden wurde. Andere denken an ein munteres (und aufmunterndes) Geschenk, das man Ehepaaren zu ihrer Hochzeit überreichte. Wieder andere vermuten eine Verbindung zu erotischen Abzeichen aus Blei/Zinn, auf denen häufig Phalli vorkommen, vielleicht zur Bekämpfung des Bösen, denn das Böse kann schließlich auf keine bessere Weise entwaffnet werden, als mit einer so kraftvollen und zugleich lächerlichen Waffe wie dem Phallus.

Wahrscheinlich wurde der Teller damals als unverkäuflich weggeworfen, weil er unmöglich an den Mann zu bringen war. Wir dürfen dem Töpfer dafür dankbar sein, denn heutzutage gehört der Zierteller zu einem der ansprechendsten Funde aus Aardenburg. Seinem ursprünglichen Zweck entsprechend steht er nun in einer Museumsvitrine aufrecht an der Wand.

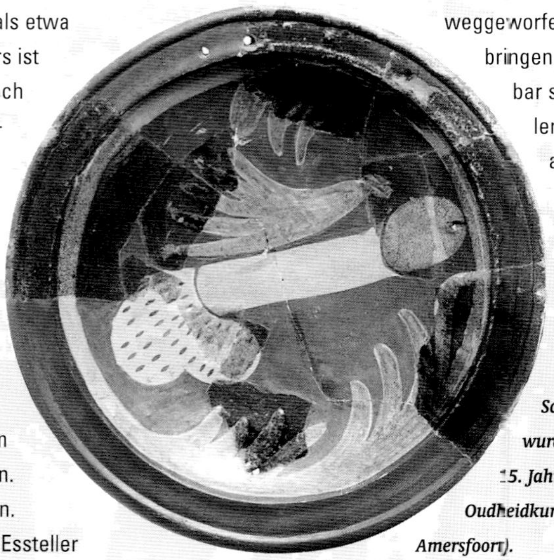

Scherben eines gleichartigen Tellers wurden in Dordrecht gefunden. 15. Jahrhundert (Rijksdienst Oudheidkundig Bodemonderzoek, Amersfoort).

Der Phallus der Äbtissin

Matthias Wemhoff

Als 1988 die Kloake der Abtei des hochadligen Damenstifts Herford bei einer Ausgrabung entdeckt wurde, erregte ein Objekt unter dem reichhaltigen Fundgut die besondere Aufmerksamkeit der Ausgräber: Ein kolbenartiges Glasgefäß konnte schnell als die Nachbildung eines Phallus identifiziert werden. Das 20 cm lange und 7 cm weite Glas aus entfärbter, leicht grünlicher Glasmasse ist mit Ausnahme eines Hodens vollständig erhalten. Mehrfach übereinander gelegte, gekniffene Fäden bilden eine Behaarung auf der Höhe der Hoden aus. Die Eichel wird durch einen umgelegten, gekerbten Glasfaden betont. Der Einlaufstutzen zwischen den Hoden ist bis auf geringe Reste abgebrochen.

Dieses Glas befand sich in einem Fundzusammenhang mit ausgesprochen hochwertigen Gläsern des späten 16. und des 17. Jahrhunderts. Zu den besonderen Stücken des exklusiven Hausrates zählt ein smaragdgrüner Jagdbecher, dessen Wandung von Emaillemalerei überdeckt und dessen zylindrische Randzone durch Goldauflagen dekoriert ist. Auch sind mehrere farbige Schalen und eine blaue Flasche in Form einer Pilgerflasche mit hauchdünnen Wandungen geborgen worden. Neben diesen Gläsern finden sich zahlreiche Gläser aus entfärbter Glasmasse, zu denen sowohl Stangen- als auch Kelchgläser gehören. Ein besonders hervorragendes Stück stellt ein Stangenglas mit Emaillebemalung und Vergoldung dar, auf dem die Kreuzigung und die eherne Schlange des Moses einander gegenüber gestellt sind. Eine größere Gruppe bilden Pokale, Fußschalen und andere Gefäße mit weißopaken Fadeneinlagen.

Insgesamt sind in dem bisher unpublizierten Katalog der Glasobjekte über 110 Gläser erfasst und weitere durch Einzelscherben gesichert. Der Glasfund, und hier liegt seine besondere Bedeutung, lässt sich direkt einem Nutzer zuordnen. Die Kloake war an die Wohnräume der Äbtissin von Herford angebaut. Das Damenstift Herford war seit 1565 evangelisch. Seine Äbtissin entstammte dem Hochadel und nahm als Vorsteherin eines reichsunmittelbaren Stifts eine besondere Stellung ein. So finden sich in dem Glasfund aus der zweiten Hälfte des 17. Jahrhunderts die Namen zweier Pfalzgräfinnen vom Rhein, einer Prinzessin von Anhalt-Dessau, einer Landgräfin von Hessen und einer Herzogin von Livland. Der Glasfund in der Kloake muss daher nicht an klösterlichen Inventaren sondern an denen repräsentativer adliger Zusammenhänge gemessen werden.

Die bei der Erstellung des 1988 publizierten Bonner Ausstellungskataloges *Phönix aus Sand und Asche. Glas des Mittelalters* noch spärlichen, aus Sammlungen ohne Fundkontext stammenden Beispiele von Phallusgläsern, sind inzwischen durch mehrere Neufunde erheblich vermehrt worden. Dazu zählt neben dem Phallus aus Höxter auch ein 1990 in einer Salzburger Wirtshauskloake gefundenes Exemplar, das ebenso wie der Herforder Fund in die zweite Hälfte des 16. Jahrhunderts datiert werden kann. Die Phallusgläser sind im Zusammenhang mit der in Formen, Farben und Gestaltungsmöglichkeiten geradezu explodierenden Glaskunst der Renaissance zu sehen, zu deren Facetten auch die Produktion von Scherzgefäßen in vielfältigen Formen, z.B. in Tiergestalt, gehörte. Der besondere Reiz dieser Scherzgefäße dürfte auch in den Trinksitten liegen, die sich in rudimentären Resten, z.B. im Trinken aus einem Stiefel, bis heute erhalten haben. Eine über den Reiz des Anrüchigen hinaus gehende Nutzung der Phallusgläser ist nicht bekannt.

Dieser spannende Fund aus der Senkgrube der Äbtissin eines Frauenklosters in Herford stammt aus dem 16. Jahrhundert und war mit Sicherheit Anlass für viele schmutzige Witze (Westfälisches Museum für Archäologie, Paderborn).

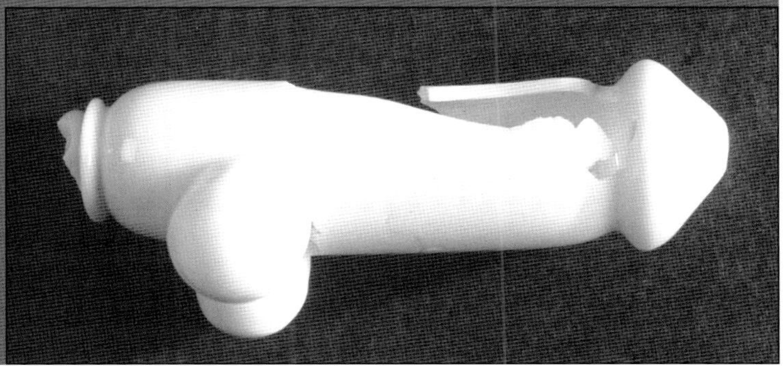

Ein Glasphallus aus Venlo, 17. Jahrhundert (Limburgs Museum, Venlo)

Schmutz unter Victoria

Die verbotene Kultur und das geheime Museum

VI

David Gaimster

Es ist nicht die Absicht dieses Beitrages, ein weiteres Mal die sexuelle Kultur Großbritanniens im 19. Jahrhundert zu untersuchen, eines komplexen und vielschichtigen Schauplatzes, der an anderer Stelle umfassend dokumentiert ist, sondern die viktorianische Begegnung mit der Erotik zu erforschen, insbesondere hinsichtlich zweier Schlüsselerfahrungen. Die Entdeckung sowohl antiker europäischer wie zeitgenössischer kolonialer Kulturen war *a nervous affair,* gekennzeichnet durch eine sich entwickelnde Schizophrenie hinsichtlich Sexualverhaltens und seiner Darstellungen. Die Viktorianer reagierten, indem sie per Gesetz verbotene Kultur definierten und zum ersten Mal eine Trennlinie zwischen Kunst und Obszönität festlegten. Das Überleben einer geheimen Sammlung erotischer Altertümer des 19. Jahrhunderts im Britischen Museum gewährt einzigartige Einsichten in zeitgenössische Sexualneurosen und Gesellschaftspolitik.

Das politische und moralische Dilemma zwischen dem Zugang zur sexuellen Kultur und seiner Regulierung hat ein langes Erbe in Großbritannien, zurückgehend auf die Jahrzehnte vor dem Entwurf der ersten Obszönitätsgesetzgebung in der Mitte des 19. Jahrhunderts. Unsere modernen Spannungen wegen der Sexualität sind die Hinterlassenschaft einer lang anhaltenden Debatte über den Zugang zu einem Schlüsselelement unseres gemeinsamen kulturellen Erbes: Sex als Bestandteil des täglichen Lebens, der Familie, geschlechtlicher und politischer Beziehungen. Wenn Museen eine physische Metapher für die Art sind, in der die Gegenwart die Vergangenheit sieht, dann spiegeln ihre Sammlungen die kulturellen und moralischen Einstellungen von Generationen von Kuratoren wider, die sie zusammengestellt haben. Vielleicht lassen sich hier die Ursprünge gesellschaftlicher Empfindlichkeiten hinsichtlich der Erotik und die Entwicklung der modernen Konzepte von Obszönität am besten zurückverfolgen.

GABINETTO SEGRETO

Hinter diesem Gitter (vorige Seite) im Archäologischen Museum von Neapel befindet sich das Gabinetto Segreto (das Geheimkabinett), in dem alle erotischen Altertümer Pompejis versammelt sind.

DAS GEHEIME MUSEUM

Das Secretum oder geheime Museum des Britischen Museum, 1865 offiziell gegründet, bietet ein einzigartiges Laboratorium zur Erforschung aufkommender gesellschaftlicher Empfindlichkeiten, insbesondere gegenüber den sexuellen Gebräuchen der antiken, klassischen und mittelalterlichen Welt und der neuen Kulturen, die man durch das sich ausdehnende Empire antraf. Für viele Jahre vernachlässigt, bilden neuerliche Untersuchungen des Secretum eine neue Chronologie für die Evolution der Pornographie als gesonderter kultureller Kategorie im viktorianischen England aus.

Pan beim Liebesspiel mit einer Ziege, von Joseph Nollekens um 1760 angefertigtes Terrakottareplikat. Die originale Marmorplastik aus römischer Zeit wurde in der Villa dei Papyri in Herculaneum gefunden (British Museum, London).

Die Klassifikation der Antike auf moralischer, im Gegensatz zu einer rein wissenschaftlichen Grundlage, kann bis zu den frühen archäologischen Entdeckungen in den Vesuvstädten Pompeji und Herculaneum zurückverfolgt werden. Meter von Vulkanasche begruben die Städte 79 n. Chr., und als von der Mitte bis zum späten 18. Jahrhundert die Ausgrabungen begannen, boten vollständige Straßenzüge, Häuser und Geschäfte in fast perfekter Erhaltung eine Momentaufnahme des Alltagslebens im Römischen Reich. Aber fast unmittelbar nach dem Beginn der Ausgrabungen führten die Feldbücher mit schlecht verhohlener Verlegenheit Funde von *„obszönen Gegenständen“* auf, insbesondere Amulette, Lampen, Wandbilder und Reliefs, die unverblümten Sex abbildeten. Opfer dieser Funde war der Mythos von der strengen moralischen Größe der Römer. Für das Jahr 1795 liest man zum ersten Mal vom Vorhandensein eines Raumes mit der Nummer XVIII im Museum von Herculaneum, dem ersten geheimen Museum, vorbehalten den als obszön angesehenen Altertümern, die nur von Personen im Besitz einer Sondererlaubnis besichtigt werden durften. Mit seinem bekanntesten Exponat, einer Marmorstatue des Pan beim Liebesspiel mit einer Ziege, stellte der Raum eine neue systematische Kategorie für die Erforschung des Altertums vor, die der *„archäologischen Obszönität“*. Eine Kategorie, die fast 200 Jahre lang in ganz Europa fortbestehen sollte.

Im Februar 1819 besuchte der neapolitanische Thronfolger, der zukünftige König Franz I. (1825 - 1830), das Museum in Begleitung von Ehefrau und Tochter. Er legte nahe, dass *“es eine gute Idee wäre, alle obszönen Objekte, aus welchem Material auch immer sie gemacht sein mögen, in einen nicht öffentlichen Raum zu entfernen”*. In diesen Raum, zuerst schlicht *Kabinett obszöner Objekte* und 1823 zurückhaltender *Reserviertes Kabinett* genannt, wurden nur Personen reifen Alters und gefestigter Moral eingelassen. Laut eines zeitgenössischen Museumsführers umfasste die Sammlung in ihrer ersten Zusammenstellung 202 *„abscheuliche Denkmäler menschlicher Lasterhaftigkeit“*. Freiheitlich gesinnter Eifer veranlasste 1857 die Publikation eines Kataloges der *Pornographischen Sammlung*, wie sie bezeichnenderweise genannt wurde, mit 60 Farbtafeln von Giuseppe Fiorelli. Trotz offensichtlichen Unbehagens in der Wahl der Wörter, bei der Beschreibung der Artefakte auf abstrakte lateinische Begriffe zurückgreifend, bildet ihre Anordnung den ersten Versuch zur wissenschaftlichen Klassifizierung sexueller Kultur im 19. Jahrhundert. Als unmittelbares Ergebnis tauchte das Wort Pornographie im englischen Wortschatz auf: Die Ausgabe von Webster’s Dictionary von 1864 definiert den Begriff als *“unzüchtige Gemälde, verwendet als Wandschmuck in Räumen, die bacchantischen Orgien geweiht waren. Beispiele davon gibt es in Pompeji”*. Wenn die Viktorianer das Obszöne nicht erfanden, so schufen sie doch die Pornographie als eigenständige Kategorie der Volkskultur.

Die Empfindlichkeiten, die in der Entwicklung des Geheimkabinetts in Neapel zum Tragen kamen, stellen exemplarisch das Grundprinzip hinter der Schaffung eines Secretum oder Geheimen Museums von Artefakten in der Abteilung für Altertümer des Britischen Museums im Verlauf des frühen 19. Jahrhunderts dar. Eine Untersuchung des Registers des Secretum lässt erkennen, dass einige Altertümer der altägyptischen, altorientalischen und klassischen Zivilisationen bereits in den späten 1830er Jahren aufgrund ihrer obszönen Natur von der Masse der Sammlungen abgesondert wurden, wobei ihnen in den 1840er und 1850er Jahren noch viele folgten. Einige stammen aus Sammlungen, gestiftet von den wichtigsten Altertumsforschern der damaligen Zeit einschließlich Sir William Hamiltons, ehemaliger Außerordentlicher Gesandter am Hof von Neapel, und Richard Payne Knight, Autor von *A Discourse on the Worship of Priapus and its Connection with the Mystic Theology of the Ancients* (1786). Das Buch, eine Untersuchung der zum römischen Fruchtbarkeitsgott Priapus gehörigen Gebräuche und Gegenstände, wurde 1865 in London als Privatdruck von John Camden Hotton, einem Verleger von Pornographie, neu aufgelegt.

Ein weiterer Glanzpunkt der frühen Jahre der Sammlung ist eine kleinformatige Terrakottaversion eines sich gemäß dem Mythos mit einer Ziege paarenden Pan, die der Bildhauer *Joseph Nollekens* (†1823) nach dem Gedächtnis anfertigte, nachdem er das im Museum von Neapel aufbewahrte marmorne Original aus Herculaneum während seines Italienaufenthaltes in den 1760er Jahren gesehen hatte. Ungeachtet des kulturellen Kontextes wurden Gegenstände wegen ihres eigentümlichen Sujets abgesondert, genau wie bei der Geheimen Sammlung im Museum von Neapel. Der gleiche Ansatz wurde bei der Klassifikation gedruckter Bücher angewandt, die bereits in einem nichtöffentlichen Bücherschrank der British Museum Library, heute British Library, zusammengestellt und 1857 förmlich eingerichtet wurden.

DIE SAMMLUNG GEORGE WITT

Aber es war im Jahre 1865, dass das Secretum seinen offiziellen Status durch die Schenkung von 434 Einzelobjekten, beschrieben als *Symbole frühen Kultes der Menschheit* von George Witt, erhielt. Es ist diese Sammlung von Altertümern der antiken Welt, klassischer, mittelalterlich europäischer, orientalischer und zeitgenössischer Kulturen, welche mehr als jede andere die wachsenden Ängste viktorianischer Kuratoren hinsichtlich der Gegenstände erotischer Natur veranschaulicht. George Witt wurde 1804 in Norfolk geboren und begann 1828 an der Universität Leiden ein Studium der Medizin. Er schloss sein Studium 1830 mit einer Dissertation über die Cholera ab. Nach seiner Rückkehr nach England als qualifizierter Mediziner nahm er eine Anstellung am Bedford County Infirmary an und wurde bald danach Arzt in dieser Einrichtung. Neben seiner Wahl zum Bürgermeister von Bedford 1834 wurde er in Anerkennung seiner medizinischen Gelehrsamkeit zum Mitglied der Royal Society ernannt. Im Jahre 1849 emigrierte Witt nach Australien und praktizierte mehrere Jahre lang in Sydney, bevor er die Medizin ganz aufgab, um Bankier zu werden. Nachdem er ein beträchtliches Vermögen angehäuft hatte, kehrte er 1854 nach London zurück und nahm seinen Wohnsitz in Prince's Terrace am Hyde Park. Sein Wohlstand erlaubte es ihm, sich seiner Neigung für das Sammeln von Antiquitäten hinzugeben, und es wird gesagt, dass er sonntags morgens Vorlesungen, vermutlich für ein ausgesuchtes Publikum, über seine Sammlung phallischer Artefakte zu halten pflegte. Eine Krankheit zwang ihn 1865, über das Schicksal seiner Sammlung nachzudenken, und er schrieb an Anthony Panizzi, den Direktor des Britischen Museums, folgendermaßen:

„Sehr geehrter Herr,

Während meiner kürzlich schweren Erkrankung war es mir eine Quelle großen Bedauerns, dass ich keine Verfügung für meine Sammlung von Symbolen frühen Kultus der Menschheit' getroffen hatte, die es mir, zusammen mit ihrer nötigen Konservierung, ermöglicht hätte, ihre Anordnung bis zu einem gewissen Grad zu beaufsichtigen.

In Übereinstimmung mit diesem Gefühl beabsichtige ich nunmehr, meine Sammlung dem Britischen Museum zu überreichen, in der Hoffnung, dass zu ihrer Aufnahme ein kleiner Raum angewiesen werden möge, in welchem auch die wichtigen, bereits in den Gewölben des Museums und anderswo befindlichen Exemplare deponiert und angeordnet werden können, die selbiges Thema veranschaulichen".

Die Kuratoren des Museums nahmen, vielleicht überraschend, die Schenkung der Objekte an. Obwohl völlig losgelöst von ihrem kulturellen Kontext, waren die Artefakte von ausreichendem archäologischen Wert, um ihren Erwerb zu rechtfertigen. Von besonderer Bedeutung sind der Umfang und das weite Gebiet der Sammlung, da sie alle wichtigen antiken und klassischen Kulturen wie auch die mittelalterlichen und renaissancezeitlichen Welten und zeitgenössische Kulturen aus der kolonialen Sphäre abdeckt. Schlüsselobjekte schließen griechische Figurenvasen, ägyptische Skulpturen, römische Terrakotten und Bronzen, indische Tempelreliefs, mittelalterliche profane Abzeichen, die Insignien von Geheimgesellschaften des 18. Jahrhunderts und einen stählernen Keuschheitsgürtel des 19. Jahrhunderts im mittelalterlichen Stil ein, zusammen mit Aquarellen und Drucken von frühen Entdeckungen aus der antiken und klassischen Welt.

Von besonderem Interesse sind die neun ledergebundenen und goldgeprägten Sammelalben, lose geordnet nach Kulturen: Grie-

CATALOGUE
OF A
COLLECTION
ILLUSTRATIVE OF
PHALLIC WORSHIP,
PRESENTED TO THE
BRITISH MUSEUM.
1866.
PRIVATELY PRINTED.

Die von George Witt 1866 selbst herausgegebene Liste der "Collection illustrative of Phallic Worship presented to the British Museum" (British Museum, London).

chisch, Etruskisch, Römisch; Vases Etrusques et Grecques; Persisch, Ägyptisch; Indisch, Tibetisch, Chinesisch, Japanisch; zwei Bände Japanische Drucke (hauptsächlich handkolorierte *shunga*-Blätter); Indische Zeichnungen; Amerikanische Ureinwohner und Moderne. Über viele Jahre zusammengestellt, enthalten sie Skizzen, Aquarelle, frühe fotografische Platten und Beschreibungen von Objekten aus öffentlichen oder privaten Sammlungen. Faszinierend ist die umfangreiche überlieferte Korrespondenz mit befreundeten Sammlern phallischer Objekte aus Großbritannien und dem übrigen Europa, die ihm Abbildungen und Beschreibungen weiterer Funde sandten. Witt war offensichtlich das Zentrum eines internationalen Netzes von Sammlern antiker Erotica. Wie er waren es alles Herren von Vermögen, Bildung und Geschmack, die sich selbst durchaus für fähig hielten, in einer objektiven, wissenschaftlichen Art und Weise mit dem Thema umzugehen.

Blättert man die Sammelalben jedoch durch, kann man eine bestimmte erotische Spannung spüren, die schwieriger zu interpretieren ist. Zusätzlich zu den vier Originalzeichnungen kopulierender Paare des Schweizer Künstlers Johann Heinrich Füssli aus dem frühen 19. Jahrhundert beinhaltet der Band moderne Reproduktionen aus dem 19. Jahrhundert, vorgeblich vom Grafen von Waldeck nach den Modi (oder Stellungen, nach dem italienischen Renaissancekünstler Guilio Romano) angefertigt, fotografische Platten von Akten in klassischen Posen von Gustave Le Gray aus Paris, französische Fotopostkarten von historisch kostümierten Frauen beim Gladiatorenkampf und zeitgenössische viktorianische Karikaturen mit pornographischen Versionen des Venuswagens und der Lebensalter. So gewährt das Album auch einen einzigartigen Einblick in die erotischen Vorlieben und sexuellen Neurosen des viktorianischen Sammlers von Stand.

Witts Interesse an der Antike war fast ausschließlich phallozentrisch. Seine Theorie lautete, dass alle vorchristlichen Kulturen der ganzen Welt ein gemeinsames religiöses Erbe in ihrem Kult von Fruchtbarkeitsgöttern teilten. Seine Besessenheit vom Phalluskult erklärt die Einseitigkeit seiner Forschungsbibliothek, welche die Sammlung in das Museum begleitete. Die persönlich mit Monogramm versehenen Bücher schließen *Des Divinités Génératrices ou du Culte du Phallus*, 1805 in Paris verlegt, Payne Knights *Discourse* (London 1865), einen Katalog des Geheimkabinetts des Museums von Neapel (Paris 1857) und Felix Lajards Buch über *Kult, Symbole and Attribute der Venus* (Paris 1837) ein. Trotz Witts Bemühungen, seine Sammlung systematisch, zumindest aber geographisch zu organisieren und zu katalogisieren, stellt ihre unsystematische Aufteilung einen starken Widerspruch zum klassifikatorischen Denken dar, da die Exponate aus ihrem kulturellen Kontext gerissen worden und ihr erotischer Charakter besonders betont worden ist. Trotzdem war mit seiner Obsession ein Verlangen nach wissenschaftlicher Anerkennung in seinem Forschungsgebiet verbunden. Eine von Witt 1866 aus Anlass der Annahme seiner Sammlung veröffentlichte Druckschrift mit dem Titel *Catalogue of a Collection Illustrative of Phallic Worship presented to the British Museum* ist aufschlussreich. Was könnte ehrwürdiger sein als die offizielle Annahme durch das Britische Museum?

DAS VIKTORIANISCHE TRAUMA

Die Witt-Sammlung offenbart, vielleicht mehr als irgendein anderes Archiv dieser Epoche, etwas von dem Trauma, dass die Viktorianer im Zusammentreffen mit der sexuellen Kultur der von

Keuschheitsgürtel (vorige Seite) sollten Frauen von außerehelichen Aktivitäten abhalten. Es ist noch immer nicht klar, ob diese Gegenstände wirklich im Mittelalter verwendet wurden oder ob Sie ein Phantasieprodukt der viktorianischen Zeit waren (Museum-Kasteel Sypesteyn, Nieuw-Loosdrecht).

Eine Bettszene mit einer Dame, die einen Keuschheitsgürtel trägt. Die Dienerin händigt das Schlüsselchen dem Herrn gegen Bezahlung aus. Miniatur auf Elfenbein, frühes 18. Jahrhundert (Museum-Kasteel Sypesteyn, Nieuw-Loosdrecht).

In diesem Schrank im Britischen Museum wurden die erotischen Altertümer hinter Schloss und Riegel aufbewahrt. Schon seit Beginn des 20. Jahrhunderts wurden nach und nach Objekte aus dem Geheimkabinett wieder auf die jeweiligen Sammlungen verteilt (British Museum, London).

ihnen bewunderten antiken Zivilisationen erlitten. Die klassische Antike wurde als Modell für das Europa des 19. Jahrhunderts angesehen, ihre Kunst als Richtschnur für Anstand, Geschmack und kulturelles Streben. Ihre Reiche waren historischer Bezug und Motivation für die Ausdehnung des Empire. Die Architektur des Britischen Museums und anderer öffentlicher Gebäude der Hauptstadt basierte auf streng klassischen Konventionen. Was also war von den Entdeckungen in den Vesuvstädten zu halten, dass das Privatleben in der griechisch-römischen Welt auch eine sehr öffentliche Angelegenheit war? Genau wie wir heute, waren die Bürger Pompejis von Sex auf Gasthausschildern, an Straßenecken und an den Wänden reicher Privathäuser umgeben. Ihre eigenen Vorurteile bloßlegend, argumentierten die frühen Ausgräber, dass die erotischen Wandgemälde und Gegenstände nur aus Bordellen stammen konnten. Die Funde bestätigten die Erkenntnis, dass die antike Welt von einem Moralkodex charakterisiert war, der sich von dem der europäischen Mittelklasse des 19. Jahrhunderts mit seinem zunehmenden Einfluss auf Zartgefühl, Privatsphäre und höfliche Manieren deutlich unterschied.

Ähnliche Probleme traten bei der Begegnung mit den Kulturen der Kolonien in Indien und im Fernen Osten auf. Hier in ihrer religiösen Monumentalkunst, besonders ihren Tempelreliefs, wurde der Himmel als stark sexualisierter Ort abgebildet, wohingegen die viktorianische Vision des Himmels – mit ihrem starken jüdisch-christlichen Erbe – völlig keusche Natur war. Deshalb war die einzig mögliche Strategie, die Vergangenheit zu unterdrücken und die Objekte zu verbergen, die von jedem außer den geistig Widerstandsfähigsten und Gebildetsten, denen man eine adäquate Reaktion auf die antiken Formen zutrauen konnte, falsch verstanden werden könnten. Im Wesentlichen war das in London wie in Neapel die Erklärung für das geheime Museum.

Im Geist des kurz vorher verabschiedeten Regelwerk *Obscene Publications Act* (1857) bewahrte die formelle Gründung des Secretum 1865 die neuen Regeln der Nutzung von Kultur wie in einem Schrein: Dass alles, was ein Gentleman sich ansehen wollte, eine Frage des Geschmacks war, aber dass es Regelungen zur Kontrolle der Verbreitung von Bildern oder erotischen Objekten unter den anfälligeren Gesellschaftsschichten geben musste. Insbesondere die Trennlinie entlang der Geschlechtergrenze offenbart tiefer sitzende Ängste des britischen (männlichen) Establishments, nämlich die gleichsam darwinistische Ansicht, dass, falls Frauen oder Kinder der Pornographie und sogar der sexuellen Kultur der Vergangenheit ausgesetzt würden, dies ein Ungleichgewicht in den Beziehungen zwischen Männern und Frauen und damit den Zusammenbruch der Gesellschaftsordnung hervorrufen könnte. Weibliche sexuelle Lust bedrohte nicht nur die Sicherheit von Ehe und Ehelichkeit, sondern bedrohte auch die Sicherheit der Männer selbst sowie deren Identität. Sie beinhaltete die Gleichung, dass sexuelle Ausschweifungen (wie durch die im Golf von Neapel gefundenen Objekte oder die aus Witts Sammlung veranschaulicht) allgemeiner Degeneration gleichkommen. Das Ergebnis würde unweigerlich zum wirtschaftlichen und gesellschaftlichen Kollaps führen. Die vorgeblich unentwickelte Natur des weiblichen Geistes und die Unreife der Jugend in solchen Situationen stellte eine dunkle Bedrohung für die Stabilität des Britischen Empire dar.

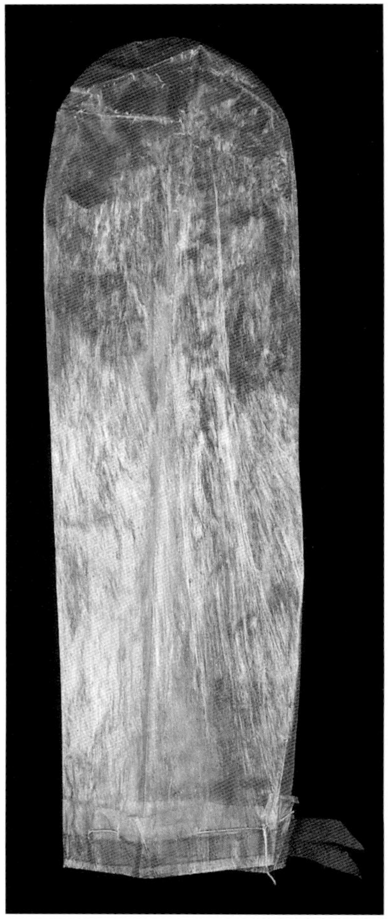

Zusätzlich zur Furcht vor weiblicher Sexualität und sexueller Frühreife bei Kindern bildeten Klassenvorurteile eine weitere

Schicht von Ängsten. Die ersten Obszönitätsgesetze waren z.T. veranlasst durch die Furcht vor der Reaktion der werktätigen Massen auf billige Pornographie, die mit Methoden der fotografischen Reproduktion aufgekommen war. Die vermeintlich zwanglose Natur des Geschlechtslebens der Armen war bereits Gegenstand eines moralischen Kreuzzuges der viktorianischen Reformergemeinde. Wenn archäologische Entdeckungen oder ethnographisches Sammeln einen erotischen Bestandteil enthielten, dann war es am besten, ihn denen vorzuenthalten, die doch nicht fähig sein würden, ihn zu begreifen. Diese paternalistische Sicht vergangener Kulturen, bei der archäologische Entdeckungen zu bewahren, jedoch jeder Einsicht außer der der am meisten Geeigneten zu entziehen sind, ist eine typisch viktorianische Lösung für zeitgenössische gesellschaftliche Neurosen. Es beinhaltete die Herausnahme der Exponate aus ihrem ursprünglichen Kontext und ihre Einordnung unter der neuen und künstlichen Überschrift des Obszönen.

Obwohl es vor dem Zweiten Weltkrieg eine längere Phase der Zurückführung aus dem Secretum in die Abteilungen des Britischen Museums für ägyptische, griechische, römische und orientalische Altertümer gab, wurden immer neue Gegenstände hinzugefügt, einige bis in die 1950er Jahre. Die letzten dort eingelagerten Stücke waren einige Kondome, aus der Darmmembran von Tieren gemacht und an der Öffnung mit Seidenbändern gebunden, die anhand ihrer originalen Papierverpackung in das späte 18. bis frühe 19. Jahrhundert datiert werden können. Gefunden wurden sie in den Seiten eines der British Library geschenkten Buches versteckt: Eines *Guide to Health, Beauty, Riches and Honour* von 1783. Erst seit 1844 durch die Einführung von Kondomen aus vulkanisiertem Gummi verdrängt, stehen diese organischen Kondome für die Entwicklung einer hochspezialisierten Technologie des frühen 17. Jahrhunderts auf Grundlage von Schlachtabfällen, wie jüngste archäologische Funde aus Großbritannien belegen. Vorrangig zum Schutz des Benutzers vor Geschlechtskrankheiten gedacht, gewährten Kondome den Konsumenten der viktorianischen Sexindustrie eine grundsätzliche Sicherheit.

Heute befindet sich noch etwa die Hälfte von George Witts 434 Objekten aus der Schenkung von 1865 und etwa 100 von ungefähr 700 Stücken des Secretum aus der Zeit vor 1865 im Department of Prehistory and Europe. Trotz der heutigen Position des Kuratoriums, dass Obszönität keine wissenschaftliche Kategorie, sondern eine moralische ist und dass die andauernde Trennung dieser Artefakte von ihren Ursprungskulturen ihren wissenschaftlichen Wert nur vermindern kann, vertritt man die Auffassung, dass die Sammlung heute einen höheren Wert als Zeitkapsel viktorianischen Sammelinteresses an der sexuellen Kultur hat. Der viktorianische Keuschheitsgürtel z.B. sagt nicht das Geringste über das Mittelalter, aber eine Menge über die zeitgenössische männliche Sicht auf die Beziehungen zwischen den Geschlechtern, sowohl in der Vergangenheit als auch in der Gegenwart, aus.

Als ein Produkt seiner Zeit, seines Ursprungs und seiner Kultur verschafft uns das Secretum ein Laboratorium, in welchem das Zusammentreffen zwischen Viktorianern und den erotischen Kulturen der antiken Welt und zeitgenössischen kolonialen Zivilisationen untersucht werden kann. Obschon Museen und die Art, in der ihre Sammlungen organisiert und ausgestellt sind, unser gegenwärtiges Verständnis der Vergangenheit reflektieren, kann doch das Secretum ebenfalls einen einzigartigen Ausblick auf die Einstellungen früherer Generationen zur Sexualität bieten. Es ist nicht beabsichtigt, das Secretum des Britischen Museums weiter zu zerteilen. Gemeinsam dienen die verbleibenden Objekte als Warnung an künftige Historiker, ihre eigenen zeitgenössischen Vorurteile nicht der materiellen Kultur der Vergangenheit aufzudrücken.

Noch in seiner ursprünglichen Papierverpackung wurde dieses Kondom (vorige Seite) aus Tierdarm in einem Buch des späten 18. Jahrhunderts gefunden und 1953 als letztes registriertes Objekt dem Secretum des British Museum hinzugefügt. Spätes 18. bis frühes 19. Jahrhundert (British Museum, London).

Auch mittelalterliche profane Abzeichen aus London wurden im 19. Jahrhundert aufgrund ihres erotischen Charakters in das Secret Cabinet aufgenommen (British Museum, London).

Vom Rammeln und vom Blasen

Annemies Tamboer

Um den rommelpot zum Klingen zu bringen, musste man mit geschlossener Faust am Stock auf und ab reiben. Eine sehr zweideutig zu interpretierende Bewegung.
Pieter Brueghel d. Ä., Der Kampf zwischen Karneval und Fasten (Ausschnitt). 1559 (Kunsthistorisches Museum, Wien).

Um 1660 porträtierte Jan Steen in einem schönen Gemälde sich selbst und seine erste Frau Grietje. Sie spielen jeder ein Instrument: Sie eine Blockflöte, er den *rommelpot*. Familienporträts mit musizierenden Eheleuten oder Familienmitgliedern waren in der niederländischen Malerei des Goldenen Zeitalters keine unbekannte Erscheinung. Das gemeinsame Musizieren war nicht nur ein Zeichen von Wohlstand, sondern vor allem ein Symbol für die Harmonie zwischen Eheleuten und Familienmitgliedern. Auf solchen Porträts ist zu sehen, wie Bürger in ihrem besten Staat Instrumente wie Virginal, Laute oder Gambe spielen. Bei Grietje und Jan geht es deutlich lockerer zu. Grietje schaut den Betrachter zweideutig an, während sie die Blockflöte mit einer Hand festhält. Jan lacht uns breit an, während er seinen rommelpot kräftig bearbeitet. Er hat sich mit Hilfe eines Schlapphutes, durch den ein Löffel gesteckt ist, eines weißen Tuches, vielleicht ein Bettlaken, sowie eines Mantels über der Schulter als Komödiant verkleidet. Hinter beiden steht ein etwas verdeckter Mann, der ein Trinkglas hochhält. Das ist zweifellos ein Symbol für Unmäßigkeit und zusammen mit Jans Attributen eines Komödianten ein Hinweis darauf, dass der Maler etwas anderes als eheliche Harmonie darstellen wollte. Die Instrumente von Jan und Grietje bilden dazu den Schlüssel.

Die Blockflöte, die Grietje hält, ist ein einfaches Instrument, wie man es auf zahllosen Gemälden des 17. Jahrhunderts dargestellt sieht. Die Flöte ist ein Blasinstrument und Blasen als sexuelle Handlung hat wiederum mit der Flöte zu tun. Die Flöte war nämlich im Goldenen Zeitalter eine populäre Andeutung auf den Phallus. Wenn z.B. in pastoralen Szenen ein Hirte ungeniert mit seiner Flöte im Schoß oder unter dem Rock seiner Freundin stochert, ist die Botschaft klar. In der Überschrift eines Druckes, der einen Flötenspieler zeigt, spricht eine Frau die sexuelle Vorstellung aus, die er bei ihr wachruft:

Wohl tüchtig Flöterchen
Wollt meine Lust kühlen.
Flötet mit Eurer Laute,
Dass ich's mag fühlen.

Der Flötenspieler soll also zusammen mit seiner Laute spielen – das ist sie selbst, denn die Laute war eine beliebte Andeutung für das weibliche Geschlechtsorgan. Jan benötigt keine Laute. Grietje bläst auf seiner Flöte und zeigt so, was sie von ihm will.

Das Instrument, das Jan spielt, der rommelpot, ist überwiegend bei Dreikönigsfesten, Fastnächten und Kindern, die am Dreikönigstag und Silvester singend von Tür zu Tür gehen, dargestellt. Gesellschaftlich und musikalisch gesehen hatte der rommelpot einen sehr niedrigen Status. Das zeigt sich unter anderem am Titel eines Druckes von 1642, auf dem ein Bauer mit rommelpot auf eine Gesellschaft musizierender Bürger zuläuft:

Hier kommt der rommelpott
(Zu widerlich zum Hören).
Betäuben die Musik,
Und das ganze Spiel stören, […]
So liebt ein jeder seins,
Das Schwein mag seinen Koben,
Und Bacchus wählt den Wein,
Und Jaap den rommelpot

Der rommelpot wird aus einem Topf mit einer darüber gespannten Schweinsblase, in der ein Stock festgebunden ist, gemacht. Der Spieler befeuchtet seine Hand, z.B. indem er hineinspuckt, und reibt sie auf und ab entlang des Stockes. Die Blase wird dadurch in Vibrationen versetzt und es entsteht ein brummendes Geräusch, das Assoziationen mit Schweinen oder Lustgestöhn weckt. Die Assoziation mit Wollust sieht man auf Darstellungen aber fast nie ausgedrückt. Jan Steen, der Künstler, der wahrscheinlich die meisten rommelpotten gemalt hat, verleiht dem Instrument ein einziges Mal eine sexuelle Bedeutung. Auf dem Bild *Die geplagte Braut und der betrogene Bräutigam* hat Jan Steen sich wieder als Komödiant mit Mütze und Tuch über der Schulter und

rommelpot inmitten der feiernden Menge dargestellt. Er schaut mit breitem Lachen zur Braut hin, die vom viel älteren Bräutigam mitgelotst wird, um die Ehe zu vollziehen. Die Quelle der Fröhlichkeit ist der geschwollene Bauch der Braut, auf den uns ein kleiner Junge hinweist, während eine alte Frau grinsend auf ihn schaut. Jan Steen und sein rommelpot-Spiel verweisen in plastischer Weise auf die Ursache für den dicken Bauch der Braut. Seine Handbewegung erklärt vielleicht den Namen des Instruments, denn eine der Bedeutungen von rommelen war, sich kräftig und schnell hin und her, auf und ab zu bewegen. Eine *rommel* war auch ein anstößiges, ausgelassenes Mädchen und heute noch hat mit einem Mädchen rommelen eine erotische Bedeutung. Auf dem Gemälde *Die geplagte Braut* ist der rommelpot überdeutlich ein sexuelles Symbol. Das ist er ohne Zweifel auch auf dem Porträt von Jan und Grietje, die sich ungezügeltem Rammeln und Blasen hingeben. So hat Jan Steen seinem nicht ganz kleinen Repertoire sexueller Symbole den rommelpot hinzugefügt. Flöte und rommelpot machen Steens Gemälde zu einer Parodie auf das würdige musikalische Familienporträt.

Der schelmische Blick in den Augen von Jan Steen verstärkt die Doppeldeutigkeit von Flöte und Rummelpott noch. Selbstporträt mit seiner Frau Grietje. Um 1660-1662 (Manchester City Galleries, Manchester).

Ein Fürst mit Syphilis

Vincent van Vilsteren

Porträt von Engelbrecht II. von Nassau. Öl auf Holz, 1487 (Rijksmuseum Amsterdam).

Erst 21 Jahre war Engelbrecht alt, als er 1473 zum Ritter des Ordens vom Goldenen Vlies geschlagen wurde. Damit war Engelbrecht II., Graf von Nassau-Dillenburg und Vianden, Herr von Breda, einer der jüngsten Ritter dieses Ordens überhaupt. Er wuchs am burgundischen Hof auf und war Vertrauter der einander nachfolgenden Fürsten Karl der Kühne, Maximilian von Österreich und Philipp der Schöne. Geschickt und klug wie er war, wusste er sich unermesslichen Reichtum und eine sehr wichtige Stellung zu erwerben. In all seinen Ämtern war er seinem Fürsten stets loyal gegenüber. Gegenüber diesen positiven Charaktereigenschaften konnte er aber auch sehr hochmütig, jähzornig und starrköpfig sein. So wird über ihn erzählt, dass er von Kaiser Maximilian beauftragt wurde, dessen Sohn Philipp den Schönen in Mecheln abzuholen. Als er daran durch Margarete von York und den Magistrat von Mecheln gehindert wurde, geriet er so sehr in Wut, dass er die Grachten von Mecheln zuschütten ließ, eine zur damaligen Zeit demütigende und für eine Stadt sehr gefährliche Strafe.

Engelbrecht war verheiratet mit Cimburga von Baden, einer Cousine ersten Grades des deutschen Kaisers Friedrich III. Sie schenkte ihm jedoch keine Kinder. Allerdings war Engelbrecht offenbar nicht derjenige, der unfruchtbar war, da von ihm in jedem Fall zwei uneheliche Kinder bekannt sind: Ein Sohn Engelbrecht und eine Tochter Barbara. Nun war das Zeugen von Bastarden im späten 15. und zu Beginn des 16. Jahrhunderts nichts Ungewöhnliches. Es schien sich sogar fast (jedenfalls beim Adel) zu einer Modeerscheinung entwickelt zu haben. Dennoch sorgte Engelbrechts Lebenswandel offenbar auch für Unmut, da er auf der jährlichen Kapitelversammlung der Ritter vom Goldenen Vlies zweimal (1481 und 1491) zurechtgewiesen wurde. Seine Ritterbrüder hielten ihn für einen Salonlöwen und Schürzenjäger. Wahrscheinlich wurde ihm seine Liederlichkeit zum Verhängnis. Als 1966 die königliche Gruft in der Kirche von Breda für Untersuchungen geöffnet wurde, erwies sich das Skelett Engelbrechts als ein Schulbeispiel für Syphilis. Seine Knochen waren durch die Krankheit stark angegriffen. Besonders gut war das an seinem Schädel zu sehen, wo sich an bestimmten Stellen der Knochen aufgelöst und rissig zu werden begonnen hatte. Auch an den Knochen seiner Hände und Unterschenkel waren deutlich poröse Stellen zu erkennen. Praktisch bedeutete dies, dass Engelbrecht starke Schmerzen in Knochen und Gelenken, Hautausschlag und Schwären am ganzen Körper und oft Fieber und Kopfschmerzen gehabt haben musste. Die Syphilis ist wahrscheinlich erst nach der Entdeckung Amerikas im Jahre 1492 nach Europa gekommen. Sie hat hier jedenfalls eine verheerende Wirkung gehabt. Vielleicht war Engelbrecht ja eines der vielen Opfer der großen Epidemie von 1495. In diesem Fall wäre er zwar nicht unmittelbar daran gestorben, aber die letzten neun Jahre seines Lebens wären kein Vergnügen gewesen.

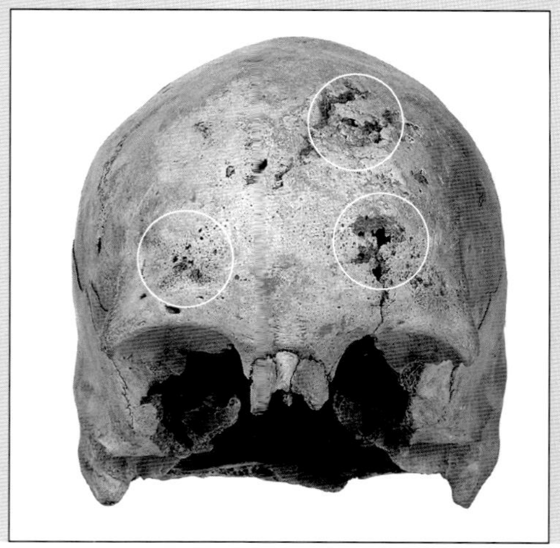

Bei diesem in Dokkum gefundenen Schädel aus dem 17. Jahrhundert ist an verschiedenen Stellen der Knochen aufgelöst: Deutliche Spuren der Syphilis (Rijksdienst Oudheidkundig Bodemonderzoek, Amersfoort).

Dildo oder Verhütungsmittel?

Michael Klomp

Im Jahre 1997 wurden in einer Senkgrube in Zwolle zwei sonderbare Gegenstände aus Holz gefunden. Das erste Objekt ist eine Spritze in Form eines sehr naturgetreu wiedergegebenen männlichen Geschlechtsorgans. Die Gesamtlänge des Gegenstands beträgt nicht weniger als 22,5 cm. Hergestellt ist er aus Buchsbaumholz. Diese Holzart hat den Vorteil, dass sie nicht splittert und dadurch sehr glatt gearbeitet werden kann. Die Spritze besteht aus vier Einzelteilen: Dem hohlen Schaft, den Hoden, dem Spritzenkolben und einem kleinen Knopf. Der Penisschaft hat an der Unterseite ein Gewinde, wo die aus einem Stück bestehenden Hoden angeschraubt werden können. Unterhalb der Hoden ist der Spritzenkolben mit einem Gewinde versehen, an dem der Knopf befestigt ist. Der Spritzenkolben verläuft bis in die Eichel. Das zweite Exemplar ist von der Form her stärker stilisiert und hat eine Gesamtlänge von ca. 14,5 cm. Auch diese Spritze bestand aus vier Einzelteilen: Dem hohlen Schaft, einem Schraubenkopf (anstelle der Hoden), dem Spritzenkolben und einem kleinen Knopf. Dieses Knöpfchen am Ende des Spritzenkolbens war nicht mehr vorhanden.

Die Form der erstgenannten Spritze aus der Senkgrube hat eine wichtige Rolle bei der Interpretation der beiden Holzgegenstände gespielt. Zuerst dachte man dabei an ein Spielzeug bzw. Dildo für Erwachsene. Man weiß, dass in Frankreich um 1783 Nonnen wichtige Abnehmer von Kunstpenissen waren. Aus diesem Grund wurden sie auch als *bijoux de religieuse* bezeichnet. Diese Kunstpenisse konnten mit einer heute unbekannten Flüssigkeit gefüllt werden, wodurch ein Orgasmus sehr reizvoll gestaltet werden konnte.

Es ist aber auch noch eine andere Interpretation als die eines Kunstpenis möglich. Auf dem Gemälde *Der Quacksalber* von Jan Steen sieht man eine bettlägerige Dame, die Besuch von ihrem Liebhaber bekommt. Er hat sich als Quacksalber verkleidet und besucht in dieser Maskerade seine Geliebte. In seiner einen Hand hält er einen Gegenstand, mit dem er seine Absichten verdeutlicht. Lange dachte man, dass es sich um eine Klistierspritze handelte. Es kann hier aber genauso gut um eine Frauenspritze gehen. Eine Frauenspritze benutzte man zum Spülen der Scheide nach dem Geschlechtsverkehr; sie hatte so die Wirkung eines Verhütungsmittels. In diesem Fall wäre sie ein ganz gewöhnlicher und verbreiteter Gebrauchsgegenstand, der nichts mit einem sexuellen Lustobjekt zu tun hat. Durch mündliche Überlieferung weiß man, dass diese Frauenspritzen früher einfach auf der Toilette hingen. Dennoch bleibt bemerkenswert, dass die erste Spritze in so naturgetreuer Form wiedergegeben wurde.

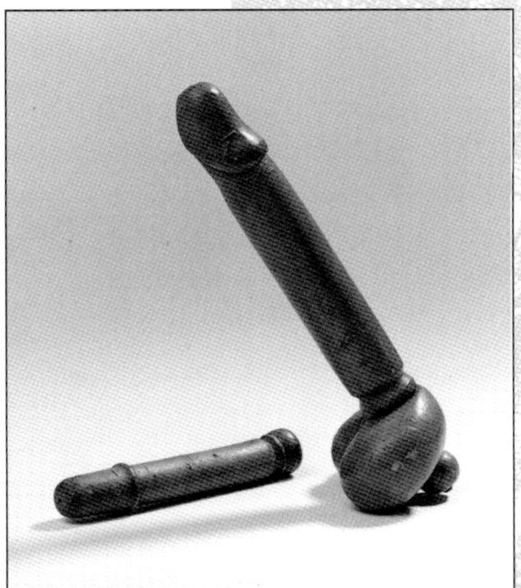

Die Dildos aus Zwolle: Spritze oder Spielzeug? 17. Jahrhundert (Dienst Stadsarcheologie, Zwolle).

Tränke das Kondom in warmer Milch

David Gaimster

Die ältesten bekannten Kondome wurden in einer Senkgrube in Dudley Castle gefunden. 1640 - 1650 (Dudley Museum, Dudley).

Der Legende nach war es Oberst Condom, der Ende des 17. Jahrhunderts das Kondom erfunden hat. Condom war Leibarzt von König Karl II. von England (1630 - 1685), von dem man weiß, dass er gern fremd ging und schon eine ganze Kompanie Bastardkinder gezeugt hatte. Es wird berichtet, dass Oberst Condom das Kondom erfunden haben soll, um zu verhindern, dass der König mit noch mehr Nachkommenschaft, welche Anspruch auf den Thron hätte erheben können, überschwemmt werden würde. Die Geschichte von Oberst Condom ist nicht mit historischen Fakten belegt, aber dass das Kondom zu dieser Zeit schon existierte, ist gesichert. Soweit man weiß, wurde bereits im letzten Viertel des 16. Jahrhunderts mit allerlei Mitteln experimentiert. So berichtet Hercules Saxoniae in seinem 1597 verfassten Buch *Luis Venerae perfectissimus tractatus* von einer Methode, Kondome aus Leinen herzustellen, das mit einer Flüssigkeit getränkt und dann getrocknet werden sollte.

Die ältesten bekannten Kondome verdeutlichen, dass man nach verschiedenen anderen Lösungen suchte. Es geht um nicht weniger als zehn Exemplare aus der ersten Hälfte des 17. Jahrhunderts, die zusammen in einer der Senkgruben von Dudley Castle in den englischen West Midlands gefunden wurden. Diese mächtige Burg hat eine lange Geschichte, die auf das elfte Jahrhundert zurückgeht. Sie wurde im englischen Bürgerkrieg (1642 - 1646) erobert und geschleift. Im Jahre 1646 war die Burg in der Hand der Königstreuen, die eine ganze Garnison Soldaten stationiert hatten. Sie wurden von den Rebellen belagert und endlich erobert. Die Tatsache, dass die Scharmützel zeitweise unterbrochen wurden, um John Beaumont, dem zweiten Offizier der Garnison, die Gelegenheit zu geben, seine Frau Dorothy in der Kirche von Dudley zu begraben, belegt, dass neben den Soldaten auch Frauen anwesend waren.

Fünf der zehn Kondome waren, als sie gefunden wurden, übereinander gestülpt, als wären sie nie benutzt worden. Die Kondome aus der Senkgrube sind zwar nur fragmentarisch erhalten, geben aber einen guten Einblick in ihre Herstellungsweise. Eine mikroskopische Untersuchung hat deutlich gezeigt, dass es sich um tierische Rohstoffe handelt, wobei Schafs- oder Schweinedarm am wahrscheinlichsten sind. Bei der Herstellung müssen die Därme saubergeschabt, gewaschen, getrocknet und auf die richtige Länge geschnitten werden. Die ursprüngliche Länge der Kondome von Dudley ist nicht mehr zu bestimmen, aber von zwei Kondomen aus der Sammlung des British Museum (datiert zwischen 1790 und 1810) ist bekannt, dass eine Länge von etwa 20 cm anzunehmen ist. Diese letztgenannten Kondome hatten am offenen Ende einen umgeschlagenen Rand, der so mit

Die handschriftliche Gebrauchsanweisung (auf lateinisch) bei diesem Kondom rät, es zuerst in warmer Milch zu tränken und es bei Unzucht mit Prostituierten gegen Geschlechtskrankheiten zu benutzen. Vor 1813 (Lunds Universitets Historiska Museum, Lund).

einem Baumwollfaden befestigt ist, dass eine Seidenschnur an Ort und Stelle gehalten wurde. Diese Seidenschnur diente dazu, die Kondome festzubinden, sodass sie nicht abrutschen konnten. Mit ihrem Durchmesser von fünf bis sieben Zentimetern saßen sie nämlich noch nicht so eng wie heutzutage. Die gleiche Seidenschnur begegnet auch bei einem anderen der seltenen Kondome der frühen Phase, einem Exemplar aus dem Raritätenkabinett des Universitätsmuseums im schwedischen Lund. Dieses Kondom datiert nach einer beigegebenen handschriftlichen Gebrauchsanweisung vor 1813. Die auf lateinisch geschriebene Gebrauchsanweisung ist sehr interessant und lautet in der Übersetzung:

„Um sich selbst vor Geschlechtskrankheiten zu schützen, müssen jene, die Sinnes sind, Verkehr zu haben, eine dünne Membrane in warmer Milch weichen und damit den Penis bedecken, und diese Umhüllung benutzen, wenn sie mit Prostituierten Unzucht begehen. XVI April MDCCCXIII."

Hieraus wird klar ersichtlich, dass das Kondom nicht in erster Linie als Mittel zur Geburtenbeschränkung gedacht war, sondern zur Vermeidung von Geschlechtskrankheiten. Seit der Entdeckung von Amerika 1492 war besonders die Syphilis zu einem großen Problem geworden. Diese Krankheit, die bereits bei der großen Epidemie von 1495 unzählige Opfer gefordert hatte, lebte auch im 17. und 18. Jahrhundert immer wieder auf. Kondome wurden auf jeden Fall schon zu Beginn des 18. Jahrhunderts in größerem Umfang hergestellt. Eine Reihe von Fabrikanten aus London sind namentlich bekannt, wobei vor allem Mrs. Philips einen Ruf als Lieferantin von sehr guter Qualität genoss. Anscheinend produzierte sie so viel, dass auch exportiert werden konnte. Ihr Ruhm in Frankreich war fast ebenso groß wie in England. Erst 1843 bot die Erfindung des Vulkanisierens von Gummi die Möglichkeit, das Kondom als Massenware zuverlässig und billig herzustellen. Mehr und mehr wurde es im Laufe der Zeit auch das Mittel par excellence für die Geburtenbeschränkung. Der Ersatz des Gummis durch Latex (um 1935) änderte daran nichts. Das Aufkommen von Aids hat das Kondom neu belebt. Aber mit dieser neuen Funktion, als Mittel, die Ausbreitung von sexuell übertragbaren Krankheiten zu verhindern, ist das Kondom ganz an den Anfang zurückgekehrt.

Schmutzige Bilder

Mechteld de Bois

Das französische Bett, Kupferstich von Rembrandt 1646 (Rijksprentenkabinet, Amsterdam).

Die bildende Kunst des 16. und 17. Jahrhunderts wurde früher einzig auf Stil und künstlerische Qualität hin untersucht. Erst seit den sechziger Jahren des vorigen Jahrhunderts werden auch die Symbolik der Darstellungen und die Aussage der Kunstwerke für ihre Zeitgenossen in die Untersuchung einbezogen. Die meisten Szenen auf Drucken und Gemälden sind nicht unmittelbar der realen Wirklichkeit entnommen. Die Künstler stellten die Szenen im Atelier aus Elementen des Alltagslebens zusammen. Dabei sahen sie es auch als ihre Aufgabe an, zwecks Belehrung und Unterhaltung der Menschen, dem Werk eine Botschaft mitzugeben. So hatte die Kunst nicht nur einen vergnüglichen, sondern auch einen erbaulichen Aspekt. Darüber hinaus fand man, dass ein Gemälde oder ein Druck an Qualität gewänne, wenn man die Aussage durch die Verwendung von Allegorien und durch die Darstellung von umgangssprachlichen Redewendungen verschleierte. Eines der beliebtesten Themen stellte die Liebe dar. Das 16. und das 17. Jahrhundert konnten sich eines unerschöpflichen Repertoires an Zweideutigkeiten, Scherzen und Possen mit sexueller Konnotation und Frivolitäten rühmen. In der bildenden Kunst dieser Zeit hat das erotische Element deshalb auch eine sehr wichtige Rolle gespielt. Die Beispiele, die hier gezeigt werden, sind nur drei aus einer unüberschaubaren Menge.

Geflügelte Phalli umschwirren eine Vulva auf einem Stock: Die Jagd mit der Leimstange (La chasse à la pipée), Kupferstich. Erste Hälfte des 17. Jahrhunderts (Bibliothèque Nationale de France, Paris).

Der pornographische Stich *La chasse à la pipée* (Die Jagd mit der Leimstange) aus der ersten Hälfte des 17. Jahrhunderts zeigt im rechten Vordergrund zwei sich verbergende Frauen. Die eine hält einen Zeigefinger an ihre Lippen, womit sie ihre Gefährtin zur Diskretion mahnt, während die andere auf eine Szene im Hintergrund deutet. Dort steht eine hohe Stange mit einer Vagina darauf, die von fliegenden Phalli mit Leimruten belagert wird. Unter dem Stich steht ein französischer Vierzeiler, in dem das Liebesspiel mit der Vogeljagd verglichen wird. Die Leimstange (la pipée) war eine probate Methode bei der Jagd auf Vögel. Schon seit dem Mittelalter hatten sich die Wörter Vogel und Vogler sowie das Verb vögeln im allgemeinen Sprachgebrauch als zweideutig eingebürgert. Vogel galt als Synonym für den Penis, mit dem Vögeln war das Liebemachen gemeint und ein Vogler war natürlich derjenige, der solches tat. Im 16. und 17. Jahrhundert war das Sujet vom Vogler oder Vögeln ein beliebtes Thema in Literatur und bildender Kunst. Das Bild von den geflügelten Penissen um die Stange mit der Vagina als Symbol der Wollust ist eine Variante der Darstellung einer Eule auf einer Stange mit sie umflatternden Vögeln. Die Eule auf der Stange wurde in der damaligen Zeit häufig als erotische Anspielung auf männliche (Im)Potenz verwandt. Sitzt der Vogel stolz auf dem Querholz, ist alles in bester Ordnung; fällt er aber kraftlos herunter, taugt er nichts. Die Leimstange des Vogelfängers ist ein Symbol für die Versuchung, der die Damen nur allzu gern erliegen.

Dass sich auch bedeutende Künstler rege für erotische Themen interessierten, zeigt eine Radierung von Rembrandt mit dem Titel *Das französische Bett*. Der Druck zeigt ein kopulierendes Paar im Bett. Es ist unklar, ob es sich um ein Liebespaar handelt, ganz allgemein auf eine Bordellszene verwiesen wird oder auf das biblische Gleichnis vom verlorenen Sohn, der sein Erbteil in Bordellen verprasste. Das Glas auf dem Tisch rechts und vor allem die Mütze mit Feder an einem der Bettpfosten wurden im 17. Jahrhundert mit Begriffen wie Trunksucht und Liederlichkeit assoziiert.

Obschon dieser Druck von Rembrandt signiert und datiert (1646) ist, konnte man im prüden und puritanischen 19. Jahrhundert kaum glauben, dass ein so herausragender Künstler diese ausschweifende Szene dargestellt haben sollte. Bis weit ins 20. Jahrhundert hinein wurde diese Radierung gewöhnlich ignoriert oder aber als ein Scherz des Meisters interpretiert. Übrigens hat Rembrandt noch einige andere erotische Drucke geschaffen.

Für die unverhüllte Darstellung eines Koitus sind nur wenige Beispiele aus dem 16. und

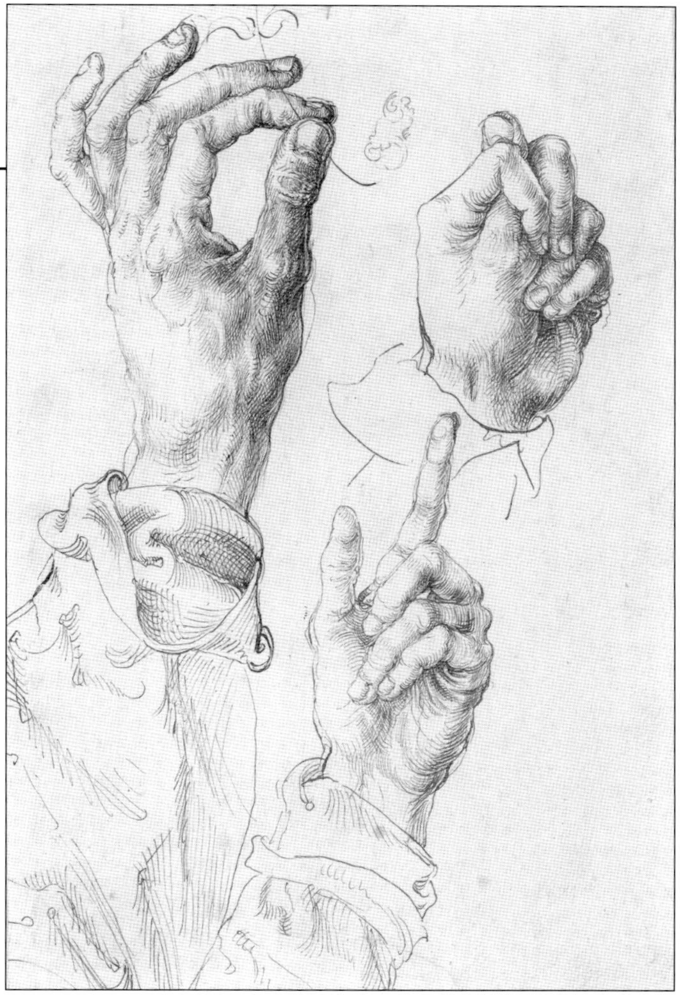

Viele Gebärden der Hand (rechts) haben eine sexuelle Bedeutung. Studie mit drei Händen, Zeichnung von Albrecht Dürer. 1494/1495 (Albertina, Wien).

17. Jahrhundert bekannt. Zwar wird diese erotische Kunst wohl in einigem Umfang produziert worden sein, aber durch den Zahn der Zeit und die Zensur ist viel davon verloren gegangen. Sehr bekannte Beispiele sind *I Modi* (Stiche mit Abbildungen von Stellungen), die um 1527 von dem Kupferstecher Marcantonio Raimondi nach Zeichnungen des Raffael-Schülers Giulio Romano in Rom angefertigt worden sind. Sie wurden oft kopiert und waren zu ihrer Zeit auch anderswo in Europa sattsam bekannt. Auch Rembrandt war im Besitz italienischer Drucke mit aufreizenden Darstellungen, wie das Inventar zeigt, das von seinem Kunstbesitz erstellt wurde. Von Albrecht Dürer kennen wir eine sehr schöne Zeichnung dreier linker Hände in besonderer Haltung mit erotischer Bedeutung. Oben rechts ist die Hand zur Faust geballt und der Daumen zwischen Zeige- und Mittelfinger gesteckt: die so genannte Feige, die auf den Geschlechtsverkehr anspielt. Die *ficus, fica* oder Feige war eine schon im Altertum bekannte Gebärde und hat ihre Bedeutung bis zum heutigen Tag beibehalten. Die Hand mit dem ausgestreckten Zeigefinger und die Hand mit gekrümmtem Zeigefinger und Daumen, welche einander an den Spitzen berühren und eine längliche Öffnung bilden, symbolisieren das erigierte männliche Glied beziehungsweise die Vagina. Diese drei erotischen Gebärden und noch einige andere treffen wir regelmäßig in Zeichnungen, Drucken und Gemälden bekannter wie unbekannter Künstler des 16. und 17. Jahrhunderts an. Bei den meisten dieser Zweideutigkeiten ist im Laufe der Zeit die Bedeutung verloren gegangen. Es ist bedauerlich, beim Betrachten solcher Szenen feststellen zu müssen, dass heute oft nicht einmal die Hälfte der Symbolik erfasst wird, die darin verborgen ist.

Leichte Schläge auf die Hinterbacken

Tanja Kootte

Nachdem sie sexuellen Umgang gebeichtet hatte, gab Bruder Cornelis (1521-1581) der Sünderin als angemessene Strafe leichte Schläge auf den Po. Öl auf Papier. 18. Jahrhundert (Museum Catherijneconvent, Utrecht).

Der klösterliche Bau,
aus Mauern, Stein und Kalk,
Deckt manche geile Frau,
und sodomit'schen Schalk.

In einem schlichten Raum legt ein Franziskaner, an der Tonsur und der braunen Kutte zu erkennen, eine Frau übers Knie. Er hebt seine rechte Hand, um sie auf den nackten Po zu schlagen. Die Frau scheint jedoch überhaupt keine Angst zu haben. Weiß sie vielleicht, dass sie nicht von einer harten Rute, sondern von einem weichen Fuchsschwanz getroffen werden wird?

Diese Darstellung, auf Tapetenpapier gemalt, geht wie viele Spottbilder unmittelbar auf einen Druck zurück. Die Originalabbildung findet sich in einem satirischen Büchlein von 1720 mit dem Titel *Papekost opgedist in Geuse schotelen* (Pfaffenkost aufgetischt in Geusenschüsseln). Erstaunlicherweise wurde dieses Werk, das mit einigen pornographischen Drucken lebendiger gestaltet wurde, von einem Pfarrer geschrieben. Pastor Laurentius Steversloot aus Leiden (1672-1736) richtete hierin scharfe Pfeile auf Papst, Geistlichkeit und Klosterbrüder. Dies tat er zu einer Zeit, als der Antipapismus wieder aufflackerte, aber dennoch konnte der Pastor nicht völlig ungestraft zu Werke gehen. Der Hof van Holland verbot Steversloots Buch am 23. Oktober 1720 *„als fortgesetzte sehr üble Lästerungen wider die Aufseher und Lehrer der Römischen Kirche*". Sexuelle Anschuldigungen bildeten bereits seit Jahrhunderten eine mächtige Waffe in der Auseinandersetzung zwischen Protestanten und Katholiken. Schon vor der Reformation gab es viel Kritik an Geistlichen, die es mit dem Zölibat nicht so genau nahmen. Erasmus z.B. prangerte in seinem *Lob der Torheit* die Sittenlosigkeit der Mönche an. Scharfe reformatorische Karikaturen bildeten die vermeintlichen fröhlichen Abenteuer manchen Mönches ab. So zeigt ein anonymer Druck einen Mönch und eine Nonne, die sich auf einem Bett umarmen. Ein pikantes Detail ist, dass der Papst ihnen neugierig zuschaut. Wirklich zu missbilligen scheint er ihre Handlungen nicht. Das warme Liebesnest sorgt sogar dafür, dass Eier darin ausgebrütet werden, aus denen neue Mönche und Nonnen schlüpfen. Ein anderer Druck zeigt einen Klostergarten, in dem ein Mönch rittlings auf einer Nonne sitzt, um sie auf ihr entblößtes Gesäß zu schlagen. Der anonyme Illustrator der *Pfaffenkost* ist offenbar von diesem Vorbild inspiriert. Jedoch gibt es Unterschiede. Die Szene wurde in einen Raum im Hausinneren verlegt. Überdies ist es keine Nonne, die gezüchtigt wird, sondern eine gewöhnliche Frau. Die hier besprochene Darstellung verweist nämlich auf die anrüchige Geschichte des Bruders Cornelis, dessen pikante Abenteuer in unzähligen niederländischen Schriften Erwähnung finden. Der aus Dordrecht stammende Minorit, also ein Angehöriger der Ordensfamilie des Heiligen Franz von Assisi, Cornelis Brouwer (1521-1581) brachte zu seiner Zeit durch sein heftiges Vorgehen gegen Protestanten bereits viele Menschen gegen sich auf. Jedoch sollte dieser *Ketzerfresser* vor allem wegen des Gerüchtes, dass er heimlich Frauen geißelte, in die Geschichte eingehen. Eine Prosasatire von 1569 erzählt diese skandalöse Historie von B. Cornelis Adriaensen aus Dordrecht. Der in Brügge tätige Bruder Corne-

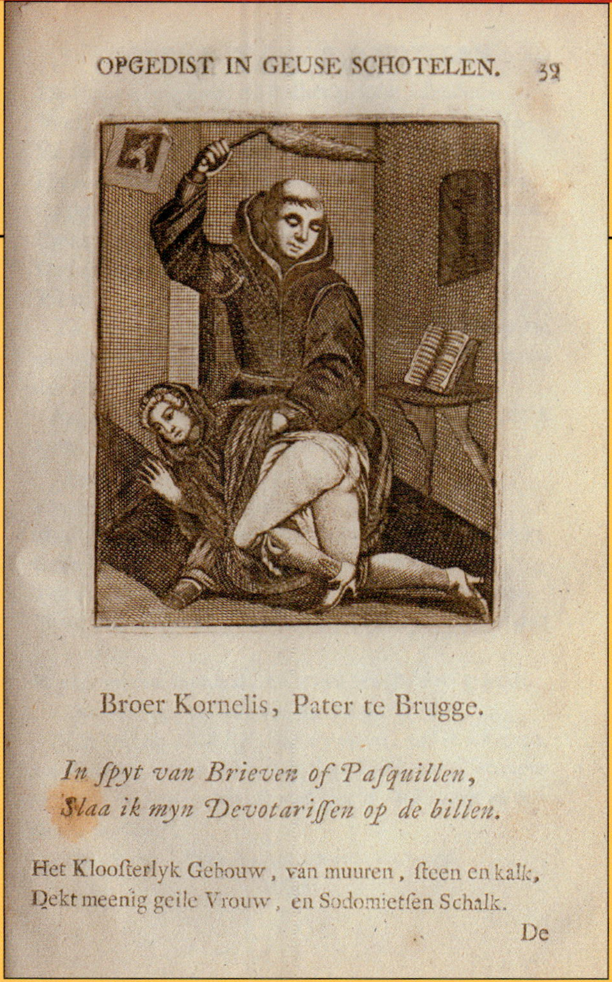

Bruder Cornelis schlägt ein Beichtkind. Anonyme Abbildung aus dem Werk Papekost opgedist in Geuse schotelen. 1720 (Museum Catherijneconvent, Utrecht).

lis tat in seinen aufpeitschenden Predigten regelmäßig die Ansicht kund, dass der Zölibat einen höheren Status als die Ehe habe. Eine Reihe von Frauen geriet hierdurch in solche Gewissensnot, dass er für sie eine kleine Frauengemeinschaft bildete. Während er Mädchen und Witwen dazu aufrief, sich nicht zu verheiraten, erhielten verheiratete Frauen den Rat, zwar ihr Verlangen nach geschlechtlichem Umgang, nicht aber den Vollzug des Aktes zu bekämpfen. Doch die Natur ist stärker als die Lehre. Manche Frauen beichteten reuig, dass sie ihren sexuellen Anfechtungen hatten nicht widerstehen können. Bruder Cornelis dachte sich eine angemessene Strafe aus. Die Büßerin musste sich entkleiden und ihrem Beichtvater eine selbst verfertigte Geißelrute übergeben, um Schläge von ihm zu bekommen. Diese verursachten aber kaum Schmerzen, da das Ziel dieser geheimen Pönitenz nicht die körperliche Züchtigung, sondern die Demut der Sünderin war.

Der Bericht über diesen Skandal klingt glaubwürdig, auch wenn am Wahrheitsgehalt gezweifelt wird. Wie dem auch sei, der Franziskaner war seit dieser Zeit ein beliebtes Ziel für Hohn und Spott. So nennt ihn der bekannte Staatsmann/Autor Philips van Marnix, Heer van Sint Aldegonde (1540-1598), in seiner Satire *Binenkorb des Heyl. Römischen Immenschwarms,* Cornelis den Geißler, den Grauen Bruder, der Frauen *„gänzlich splitternackt zur Erde mit Händen [und] mit Füßen"* sich beugen ließ, um Buße zu tun. Es versteht sich von selbst, dass Cornelis' unkeusche Handlungen auch in Karikaturen auftauchten.

Derartige Drucke sowie das hier besprochene Gemälde hatten nicht nur eine antipapistische Bedeutung, sondern sicher auch einen aufreizenden Charakter. Würde sich jemand einen solchen Druck oder ein solches Gemälde ins Wohnzimmer hängen? Jedenfalls nicht Joanna, die Frau aus dem Lustspiel *De Spilpenning* (Die Verschwenderin) des Dramatikers Thomas Asselyn von 1693. Als sie von ihrem Mann wegen ihrer verschwenderischen Art getadelt wird, erwidert sie ihm das Folgende: *„…gehört es sich, dass du Drucke nach Hause bringst, und diese studierst, von Bruder Kornelis, wo er seine frommen Frauen diszipliniert?"*

Der Papst beobachtet Mönch und Nonne beim Liebesspiel. Anonymer Stich (Kupferstichkabinett, Universität Leiden).

Bruder Cornelis. Stich von Matthias Greuter, um 1565-1638 (Kupferstichkabinett, Universität Leiden).

„Meine Dose steht wohl offen…“

Harry Tupan

Nach der Entdeckung Amerikas war das Rauchen von Tabak um 1600 allgemein bekannt geworden. Bereits im ersten Viertel des 17. Jahrhunderts gab es bereits kommerziellen Tabakanbau in Europa. Tabakspfeifenmanufakturen schossen wie Pilze aus dem Boden. Die aus weiß brennendem Ton hergestellten Tabakspfeifen tauchten schon früh auf Stillleben berühmter Maler des Goldenen Zeitalters auf. Sie symbolisieren dort nicht nur die Verletzlichkeit und die Vergänglichkeit des Lebens (eine Tonpfeife ist sehr spröde und zerbrechlich), sondern ihnen wird auch eine deutliche sexuelle Bedeutung zugeschrieben, kann doch sowohl die Form wie auch die Verwendung einer Pfeife unleugbar doppeldeutig interpretiert werden. In Verbindung mit einer Tabaksdose stellen Pfeife und Dose das männliche und das weibliche Geschlechtsteil dar.

Tabak wurde anfänglich in den unteren sozialen Schichten konsumiert. Es ist deshalb nicht verwunderlich, dass viele Gesellschaften von Rauchern gerade in Bauernschenken, wie Adriaen van Ostade sie so treffend gemalt hat, dargestellt sind. Oft sieht man betrunkene Männer, die rauchend über leichten Damen hängen. Die Botschaft ist klar: Lass uns Liebe machen! Auf vielen Tabaksdosen des 17. und 18. Jahrhunderts wird diese Unzweideutigkeit mit Hilfe von Abbildungen und Texten unterstrichen.
Die Entwicklung der Tabaksdose verläuft parallel zu der der Tabakspfeife. Da der Tabak anfänglich noch teuer und von schwerer Qualität war, waren die Pfeifenköpfe klein. In dem Maße, in dem der Tabak billiger wurde, wuchs das Volumen der Pfeife und wurde der Stiel dünner. Die Tabaksdose, die den Tabak frisch und feucht halten soll, entwickelte sich in derselben Weise. Die ersten Dosen waren klein und oval oder eiförmig. Im 18. Jahrhundert erwuchs daraus die bekannte längliche Dose, eckig oder mit abgerundeten Ecken.

Deckel und Boden der Dosen eigneten sich hervorragend für das Anbringen von Texten und Abbildungen. Unbelastet von irgendwelchen Schamgefühlen gravierten die Vorfahren freizügige Bildchen und Sprüche auf die Dosen. So findet man z.B. auf einer Dose das folgende Gedichtchen:

Mädchen die bleich sind,
Haben Brüstchen, die weich sind,
Und die Ringe in den Ohren tragen,
Darf man küssen ohne Fragen.

Die andere Seite zeigt eine hübsche Gravur, auf der das bedichtete Mädchen stolz ihre Brüste zeigt.
Auf einer anderen Dose, auf der ein Angler, begleitet von einer jungen Frau, soeben seine Angel ausgeworfen hat, liest man:

Meine Dose steht wohl offen,
Aber nicht die schmarotzen.
Das Angeln ist eine Freude
Besonders, wenn mein Döpper steht.

Die Doppeldeutigkeit ist mit Händen zu greifen. Die Dose bezieht sich auf das weibliche Geschlechtsteil und die stehende Rute verweist auf das erigierte männliche Glied. Es ist klar, worauf dieses Paar aus ist: Ein bisschen im Schilf des Fischteichs kosen.

Ein besonders hübscher Druck stammt von der Hand Matthys Pools nach einem Gemälde von Cornelis Dusart. Die Darstellung zeigt eine recht schlampige Dame, viel-

Eine Tabaksdose mit doppeldeutiger Inschrift: „Das Angeln ist ein Vergnügen, besonders wenn meine Rute steht.“ 18. Jahrhundert (Niemeyer Tabaksmuseum, Groningen).

Diese Tabaksdose verbirgt hinter zwei Schiebern erotische Szenen: Eine Frau mit gespreizten Beinen und eine Katze mit einem Phallus im Maul. 18. Jahrhundert (Niemeyer Tabaksmuseum, Groningen).

leicht eine Prostituierte, mit einer Tabakspfeife und einer Tabaksdose in Händen. Auch dieser Stich ist mit einem Reim versehen:

Griet, warum lachst du? Griet was sagst du von dem Döslein?
Sie stahl es gestern aus dem Knappsack ihres Jöslein.

Die Bedeutung dieses Bildes dürfte unmittelbar klar werden!

Eine sehr bemerkenswerte Tabaksdose befindet sich im Niemeyer Tabaksmuseum in Groningen. Die in Rot- und Gelbkupfer ausgeführte Dose aus dem frühen 18. Jahrhundert entspricht scheinbar dem damals gängigen Typ. An der Vorderseite befinden sich zwei, mit einer geschmackvollen Gravur versehene Schieber. Entfernt man diese Schieber jedoch, sieht man die wahren Gedanken und Phantasien des männlichen Besitzers der Dose. Die linke Szene zeigt eine Dame, die ihren Rock bis zur Taille hochgerafft hat, breitbeinig steht und ungeniert dreinschaut, während ein Mann unterwürfig versucht, ihre Gunst zu erlangen. Auf der rechten Miniaturdarstellung wird es noch frivoler. Im Vordergrund links sieht man eine Katze mit einem männlichen Glied im Maul. Damals galt eine Katze als Symbol für die Wollust, weshalb auch diese Kombination nicht der Symbolik entbehrt.

In der Symbolik des 17. Jahrhunderts steht für das weibliche Geschlechtsteil die Muschel. Auf diversen Stillleben, aber auch auf Genrestücken, kommen sie mit großer Regelmäßigkeit vor, insbesondere in Verbindung mit Frauen und anderen Gegenständen, die eine tiefere Bedeutung haben. Auf einer kupfernen Tabaksdose des 18. Jahrhunderts ist eine Frau mit einer Muschel in der Hand eingraviert. Der darunter stehende Text erklärt die Bedeutung:

Diese Muschel bleibt ständig geschlossen,
Aber die meine steht immer offen.

Die Gravuren und Texte auf den oben genannten Dosen lassen erkennen, dass man im 17. und 18. Jahrhundert kein Problem mit pikanten Einzelheiten bezüglich sexueller Phantasien hatte. Auf lange Sicht hat es Früchte getragen, dass Obrigkeit und Kirche sich um mehr Sittlichkeit und Moral bemühten. Seit Beginn des 19. Jahrhunderts kommen derartige Dosen nicht mehr vor. Unter dem Joch der viktorianischen Prüderie war diese Art von kulturellen Ausdrucksformen tabu.

Sowohl die Tabakspfeife, als auch die Tabaksdose hatten eine doppelte Bedeutung. Stich von Matthys Pool nach einem Gemälde von Cornelis Dusar. Frühes 18. Jahrhundert (Niemeyer Tabaksmuseum, Groningen).

Eine aufgedrehte Stellung

Jan Jaap Haspels

Als im 14. Jahrhundert die ersten Räderuhrwerke in westeuropäischen Kirchtürmen, Rathäusern und Klöstern zu ticken begannen, wurden die sich drehenden Räder der Schlag- oder Spielwerke sehr schnell mit einem oder mehreren dadurch in Bewegung gesetzte Automaten in Form von Menschen, Tieren, Heiligen, Teufeln, Gott, dem Tod usw. verbunden.
Der auf den Zifferblättern sichtbar gemachte langsame Lauf von Sternen und Planeten wurde durch den rastlosen Antrieb bewegt mit dem eigentlichen Uhrwerk mit Zeitanzeige als primärer Funktion. Die sich mit größerer Kraft und Geschwindigkeit drehenden Räder des Schlagwerkes dagegen setzen sich nur zur vollen Stunde – später auch zur halben und manchmal selbst zur Viertelstunde – in Bewegung und sorgten dafür, dass ein Automat in der Form von z.B. Vater Zeit (Chronos), eines muskelbepackten Mannes, eines Engels oder Skeletts mit einem Hammer die richtige Zahl von Schlägen auf eine oder mehrere Glocken sehen und hören lässt. Hinzugefügte Spielwerke lassen eine passende, manchmal von Automaten auf Glocken gespielte Melodie erklingen, während sich eine zentral angeordnete Automatenszene vollzieht, wie die Krönung eines Fürsten bzw. Marias zur Himmelkönigin oder einfach das Niederschlagen eines Bären oder Löwen oder das Leeren eines riesigen Pokals in einem Zug. Denkbar sind hierbei, sowohl bei öffentlichen wie bei häuslichen Uhrwerken, Handlungen mit Wiederholungscharakter: Das Sägen eines Holzstückes, die Hin- und Herbewegung eines Geigenbogens, das Pumpen von Wasser (wobei das Wasser durch einen sich drehenden schraubenförmigen Glasstab dargestellt wird), angeln, zimmern, tanzen – kurz: Eine bunte Sammlung von Wiederholungsbewegungen, bei der jemand mit einer blühender Phantasie sich die tollsten Dinge ausdenken kann.

Damit sind wir beim eigentlichen Thema dieses Kataloges angelangt und wollen uns gleich die älteste, weltweit verbreitete und naheliegendste Handlung vornehmen: Den Akt der Fortpflanzung. Im Rahmen dieses Beitrages fällt sofort auf, dass die Wiederholung der Bewegung – gewiss wesentlich für besagte Handlung – sich nahtlos an das o.g. Vermögen von Schlag- und Spielwerken anschließt, eine solche Bewegung auf mechanischem Weg auszulösen und am Laufen zu halten. Wenn sich diese Werke auf Befehl des Laufwerkes zu einem bestimmten Zeitpunkt (also meistens zur vollen Stunde) in Bewegung setzen, gibt es immer mindestens ein Rad, welches ein, sagen wir, kopulationstechnisch angenehmes Tempo hat. Zu denken wäre an ein Rad, das sich in einer halben bis ganzen Sekunde dreht. Indem man dieses Rädchen mit einem Exzenter versieht und daran eine hin- und hergehende Stange befestigt, kann die Bewegung zu einer Automatenszene auf dem Zifferblatt übertragen werden. Dabei müssen die beiden kopulierenden Automaten mit Gelenken in Knien und Hüften und – falls sie einander eng umschlingen – mit drehbaren Schultern und Ellenbogen versehen sein.

Vielleicht ist dieses anregende Schauspiel für eine kurze Zeit ganz nett, aber am metrischen starren, fast erbarmungslosen Charakter der Wiederholungsbewegung hat man sich schnell satt gesehen. Häusliche Uhrwerke – und nicht zuletzt Taschenuhren – mit einer erotischen Automatenszene würden an

Attraktivität gewinnen, wenn sich der Uhrmacher die Mühe machte, dem Schlag- oder Spielwerk etwas hinzuzufügen, was man auf Englisch ein *climaxing wheel* nennen würde. Dieses Rad würde eine Umdrehung in einer halben oder einer Viertelminute machen und durch seine Kontur mit dem Ablauf, der Beschleunigung und/oder Intensivierung der Hüftbewegungen des Paares programmiert sein.

Vor allem in wertvollen Taschenuhren des 19. Jahrhunderts finden sich solche Mechaniken. Oft ist die Szene mit einem Deckel, einem Bildchen oder einem auf Gold gemalten Vorhang etc. verschlossen und der Uhr ist nichts anzusehen. Wie gut kann man sich einen vornehmen viktorianischen Herrn vorstellen, der in seinem Londoner Club – nur für Männer natürlich – einem guten Freund entgegengeht, ihm mit einem Augenzwinkern seine Uhr zeigt und, nach einem verschmitzten Blick in die Runde, die climaxing scene in Betrieb setzt.

Die Fertigung von dem, was der calvinistische Niederländer *montre méchante* und der leichtfertigere Franzose *montre galante* nennt, fand u.a. in Paris und London statt, aber das bedeutendste Produktionszentrum der pornographischen Uhren war der Schweizer Jura. Die Produktion nahm dort solche Formen an, vor allem durch die enorme Nachfrage aus Indien und China, dass 1816 der Landesrat der Schweizer Pastoren sich in einem seelsorgerischen Schreiben aus Genf – der Stadt Calvins! – gegen den durch diese Industrie verursachten Sittenverfall wandte, und die Fabrikdirektoren beschwor, ihre Produktionsprioritäten zu revidieren. Wie dem auch sei, nach dem Ersten Weltkrieg war es mit der Produktion der *montres lubriques* vorbei, u.a. auch wegen der Tatsache, dass die neue Armbanduhr die jahrhundertelange Hegemonie der Taschenuhr beendete. Heutzutage werden im Schweizer Jura in bescheidenem Umfang wieder *montres érotiques* angefertigt, aber das einzig Bemerkenswerte daran ist m.E. der Preis. Die goldenen Zeiten der *Nummer im Verborgenen*, der in vier Arten Gold ausgeführten, mechanischen schnellen Nummer, des Schmunzelns, des saftigen Augenzwinkerns und des verschmitzten Blickes über die Schulter – sie sind für immer vorbei.

Schweizer Taschenuhr in geschlossenem (vorige Seite) und geöffnetem Zustand, mit verborgener erotischer Szene. Zu bestimmten Zeitpunkten wurde ein kosendes Pärchen durch eine Mechanik in eine Auf- und Abwärtsbewegung versetzt. Um 1820 (National Museum van Speelklok tot Pierement, Utrecht).

Dildos im Dutzend

Peter Schonewille

In diesem Haus an der Rue Saint-Sauveur in Paris hatte am Ende des 18. Jahrhunderts das renommierte Bordell der Madame Gourdan seinen Sitz.

Die Entstehung der erotischen Literatur wird im Allgemeinen mit dem Beginn der Aufklärung in Verbindung gebracht. Die Bücher von de Sade und Titel wie *Fanny Hill* und *Lolita* kennt ein jeder. Unter den frühen französischen Werken erregten *L'École des Filles* (um 1655) und *L'Académie des Dames* (1680) das meiste Aufsehen, wobei das erstgenannte Werk als der Beginn der pornographischen Literatur gesehen wird. Im 19. Jahrhundert wirbelte in Frankreich vor allem die Veröffentlichung der Korrespondenz von Madame Gourdan Staub auf. Diese Madame Gourdan war im letzten Viertel des 18. Jahrhunderts eine der wichtigsten Bordellbesitzerinnen von Paris. Sie sorgte dafür, dass ständig neue und vor allem junge Mädchen in ihrem Bordell vorhanden waren. Auf Bitten hin trat sie für reiche Kunden auch an Mädchen heran. Madame Gourdan empfing Dutzende von Briefen von Mädchen und manchmal auch deren Müttern mit der Bitte, bei ihr arbeiten zu dürfen. Kunden konnten brieflich ein Mädchen ihrer Wahl bestellen. Außer kurzen Kontakten vermittelte sie auch längerfristige Beziehungen. So scheint der Herzog du Barry seiner Frau Jeanne Bécu zum ersten Mal bei Madame Gourdan begegnet zu sein. Jeanne sollte später als die Geliebte von König Ludwig XV. bekannt werden. In ihren Memoiren wird Gourdan noch einmal erwähnt, um ein Mädchen zu besorgen, dass dem König die Langeweile vertreiben soll.

Vor allem sorgte Madame Gourdan dafür, dass die Kunden das Bordell anonym betreten und verlassen konnten. Das Bordell befand sich in Paris an der Ecke der Rue Saint-Sauveur und der Rue des deux Portes (Rue Dussoubs), einer Gegend, die immer noch nicht frei von Prostitution ist, in der auf den Strich gegangen wird und die *maquereaux*, die Zuhälter, das Sagen haben. Um das Bordell anonym zu betreten, musste man nur mit einer geschlossenen Kutsche kommen. Die Kutschen konnten bis zu einem geschlossenen Innenhof durchfahren, wodurch niemand von der Straße her sehen konnte, wer ausstieg. Um in Notfällen das Bordell anonym verlassen zu können, gab es für die Kunden einen ganzen Schrank voller Kleidung, mit der eine schnelle Verwandlung vorgenommen werden konnte. Darüber hinaus gab es einen geheimen Ausgang. Dieser war in einem Schrank versteckt und verlief über eine Treppe und einen Gang bis in ein Antiquitätengeschäft einige Häuser weiter in der Rue Saint-Sauveur. Madame Gourdan verstarb 1783. Bei der Räumung des Bordells wurde ein Inventar der Gegenstände angelegt, die darin vorgefunden wurden. Dabei wurde auch die Korrespondenz gefunden, die später teilweise veröffentlicht wurde. Eine große Zahl hochgestellter Personen, darunter auch Geistliche, wird sich deshalb sehr unbehaglich gefühlt haben, da einige Kunden von Madame Gourdan mit Vor- und Zunamen bekannt wurden. Stellen Sie sich vor, Sie wären Pastor in der Provinz und es würde bekannt, dass Sie sich vor der endgültigen Rückreise aus Paris noch schriftlich ein

Eine Dame packt Neues aus Hamburg aus. Federzeichnung von Carl Gustav Ehrensvärd, 1745 - 1800 (J. Ehrensvärd, Tosterup).

Mädchen reserviert haben, um den letzten Abend mit ihr zu verbringen!
Eine Tätigkeit der Madame Gourdan springt besonders ins Auge: Die Herstellung von Dildos, von denen viele bei der Räumung des Bordells gefunden wurden. Sie hatte eine Art kleiner Fabrik, in der sie produziert wurden. Die Kunstpenisse aus Holz der Madame Gourdan waren mit einem Hodensack versehen und konnten – wenn sie gefüllt worden waren – Flüssigkeit hervorbringen, um eine Ejakulation nachzuahmen und die Benutzung vielleicht noch angenehmer zu machen. Die Kunstpenisse, die Madame Gourdan verkaufte, waren unter dem Namen *consolateur* bekannt, was soviel bedeutet wie trostreich oder tröstend. Die Dildos werden wohl genauso ausgesehen haben wie das Exemplar aus dem 17. Jahrhundert, das in Zwolle gefunden wurde (S. 93), das mit derselben Spritzfunktion versehen zu sein scheint. Zwischen der Korrespondenz wurden viele 100 Anfragen auf Lieferung eines Dildos vorgefunden. Es stellte sich heraus, dass darunter auch viele Briefe von Nonnen waren. Der Bedarf war offensichtlich groß.

Die Peep-Show des 19. Jahrhunderts

Wim van Keulen

Stereophoto von Alexis Gouin, Nackte Frau mit einer Muschel als Vulvasymbol. Handkolorierte Stereodaguerreotypie. Um 1853 (W. van Keulen, Haarlem).

Anonyme Stereophotos mit erotischen Szenen. Albumindrucke und (S. 107 unten) eine nichtkolorierte Stereodaguerreotypie. Um 1880 bzw. 1852 (W. van Keulen, Haarlem).

In der Geschichte der erotischen Photographie nehmen die Stereophotos des 19. Jahrhunderts einen besonderen Platz ein. Mit dem langsamen Verschwinden der intoleranten Sexualmoral des 19. Jahrhunderts und der darauf basierenden Strafgesetzgebung wurde erst, als man sich in der zweiten Hälfte des 20. Jahrhunderts einen Überblick über die Geschichte der Photographie verschaffte, deutlich, wie umfangreich die illegale Produktion dieses spezifischen Bildmaterials gewesen ist.

Die Möglichkeit einer photographischen Reproduktion der räumlichen Wirklichkeit hatte schon der englische Wissenschaftler Wheatstone, kurz nach der Erfindung der Fotographie im Jahre 1839, nachgewiesen. Dem Stereo-Sehen liegt die Entfernung zwischen dem linken und dem rechten Auge zugrunde. Nach der Weiterentwicklung zu einer anwendbaren Technik der Aufnahme und des Betrachtens durch den schottischen Gelehrten Brewster stand die Stereophotographie im Jahre 1851 mit der öffentlichen Präsentation durch den Pariser Optiker Duboscq auf der ersten Weltausstellung in London allgemein zur Verfügung. Was dieses neue Medium so interessant für erotische Themen machte, war die visuelle Greifbarkeit, die sich zeigte, wenn man in ein Brewster-Stereoskop sah. Die außerordentlich detaillierte Wiedergabe des ersten photographischen Verfahrens, der Daguerreotypie, hat zweifellos zu einer Zunahme des Interesses für erotisches Stereobildmaterial beigetragen. Einen zusätzlichen Beitrag zu einer noch realistischeren Wiedergabe erotischer Szenen lieferten Miniaturenmaler, die sich bereits kurz nach der Erfindung der Photographie auf das Handkolorieren von Daguerreotypie-Porträts verlegt hatten.

Das Problem der Oberflächenhaftung bei der Daguerreotypie – einer lichtempfindlich gemachten, versilberten Kupferplatte – hatten sie bereits gelöst, indem sie Farbpulver mit Gummi-Arabicum-Pulver vermischten,

weshalb schon ein Behauchen ausreichte, um die Haftung herzustellen. Die für das jeweilige Auge bestimmte linke und rechte Hälfte der Stereodaguerreotypien musste darüber hinaus vollkommen identisch eingefärbt werden, um störende Bildunterschiede zu vermeiden.

Um sich auf die unterschiedlichen sexuellen Phantasien potentieller Käufer einstellen zu können, war auch die Bildregie von essentiellem Interesse. So wurden Spiegel verwandt, um mehrere Seiten des Modells zu zeigen. Attribute wie Schleier, aufgedeckte Betten, Vögel und Muscheln dienten der Verstärkung des erotischen Bildinhalts. Ein Effekt wie von Schmuckstücken wurde mit Hilfe kleiner Dellen in der Oberfläche der Daguerreotypie hervorgehoben, die durch den Lichteinfall in der Linse aufblitzten.

Dass Paris in der Produktion erotischen Stereobildmaterials die Hauptrolle spielte, erklärt sich aus einer im Gegensatz zum übrigen Europa toleranteren Sexualmoral. Dennoch ging man auch dort von höherer Stelle gegen diesen offiziell verbotenen Handel vor, wie aus Polizeiberichten erhellt, die vor kurzem in der Ausstellung *Paris en 3-D* zu sehen waren. Die hohen Preise für erotische Stereodaguerreotypien mussten von Wohlhabenden gezahlt werden. Die Stereodaguerreotypien wurden unter anderem durch das zeitraubende photographische Verfahren und die Nachbearbeitung, wie Kolorieren und Rahmen hinter Glas zum Schutz der empfindlichen photographischen Oberfläche, bestimmt. Die Anfertigung dieses frühen

erotischen Stereobildmaterials war ganz den Berufsphotographen vorbehalten, die wegen des illegalen Charakters der Produktion anonym operierten. Man hat inzwischen eine Reihe von Namen herausgefunden, unter anderem durch den Vergleich der Studioattribute einerseits und der posierenden Modelle andererseits. Die weite Verbreitung dieser Bilder ins Ausland durch Kauf für den Privatgebrauch und den illegalen Handel war allgemein üblich. Nach der Entdeckung eines stereoskopischen Nacktfotos in einem Londoner Schaufenster riefen die *Morning Post* und *The Photographic News* im November 1858 laut nach dem Eingreifen der Polizei. Die Engländer bekamen, den offiziellen Reaktionen nach zu urteilen, von solchen Abbildungen vornehmlich eine *stiff upper lip.* Jede Daguerreotypie war ein seitenverkehrtes Unikat, das nicht vervielfältigt werden konnte und auf das angesichts des hohen Preises viel Mühe und Aufmerksamkeit verwandt wurde. Aus diesen Gründen wurde die erotische Stereodaguerreotypie bis zu einem Höhepunkt in der Periode 1851 bis 1861 zum Sammelobjekt, als auch andere fotographische Verfahren eingeführt wurden, die Vervielfältigungen zuließen. Viele der erotischen Stereoveröffentlichungen auf Papier, wie Salzdrucke und Albumindrucke, wurden ebenfalls von Hand koloriert, wenn auch mit anderen Färbemitteln. Die späteren Ausgaben auf diesem Gebiet sind Variationen der Produktion der ersten Periode.

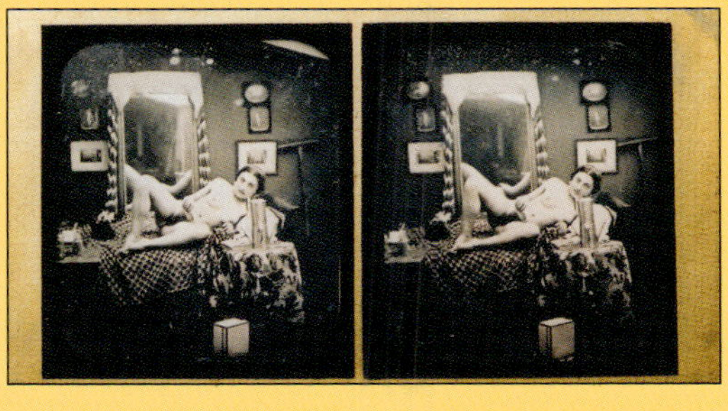

Autoren

Dr. Rudolf Asskamp, Westfälisches Römermuseum, Haltern, Deutschland.

Drs. Mechteld de Bois, Drents Museum, Assen, Niederlande.

Ruud Borman, Historisches Museum, Arnhem, Niederlande.

Dr. Jill Cook, The British Museum, London, England.

Dr. Angelika Dierichs, Münster, Deutschland.

Dr. Carol van Driel-Murray, Universität von Amsterdam, Niederlande.

Dr. David Gaimster, The British Museum, London, England.

Dr. Jan Jaap L. Haspels, Nationaal Museum “Van Speelklok tot Pierement”, Utrecht, Niederlande.

Dr. Charles Hupperts, Universität von Amsterdam, Niederlande.

Prof. Dr. Clasina Isings, Utrecht, Niederlande.

Wim van Keulen, Haarlem, Niederlande.

Drs. Michael Klomp, Stadtarchäologie, Zwolle, Niederlande.

Prof. Dr. Jos Koldeweij, Katholische Universität von Nijmegen, Niederlande.

Drs. Tanja Kootte, Museum Catharijneconvent, Utrecht, Niederlande.

Drs. Benoît Mater, Drents Museum, Assen, Niederlande.

Dr. Johan Mattelaer, Kortrijk, Belgien.

Dr. Rob Meens, Universität von Utrecht, Niederlande.

Dr. Theo van der Meer, Amsterdam, Niederlande.

Dr. Neil Price, Universität von Uppsala, Schweden.

Jack Roberts, Sligo, Irland.

Dr. Wolfgang Schmidt, Saalburg-Museum, Bad Homburg v.d.H., Deutschland.

Drs. Peter Schonewille, Drents Museum, Assen, Niederlande.

Prof. Dr. Wolfgang Szaivert, Universität Wien, Österreich.

Drs. Annemies Tamboer, Driebergen-Rijssenburg, Niederlande.

Drs. Harry Tupan, Drents Museum, Assen, Niederlande.

Christian Vernou, Musée Archéologique, Dijon, Frankreich.

Drs. Vincent van Vilsteren, Drents Museum, Assen, Niederlande.

Prof. Dr. Rainer-Maria Weiss, Helms-Museum, Hamburg.

Prof. Dr. Matthias Wemhoff, Museum “In der Kaiserpfalz”, Paderborn, Deutschland.

Dr. Nina Willburger, Württembergisches Landesmuseum, Stuttgart, Deutschland.

Arco Willeboordse, Archäologisches Museum von Aardenburg, Niederlande.

Ausgewählte Literatur

[S. 6-13] K. Absolon, The diluvial anthropomorphic statuettes and drawings, especially the so-called Venus statuettes, discovered in Moravia. Artibus Asiae 12, 1949, 201-220.– R. Bégouïn, J. Clottes, J.P.Giraud und F. Rouzaud, Plaquette gravée d'Enlène Montesquieu-Avantès (Ariège). Bulletin de la Société Préhistorique Française 79, 1982, 103-109. – J. Clottes, Return to Chauvet Cave. Excavating the Birthplace of Art: The First Full Report. London 2003. – H. Delporte, L'Image de la femme dans l'Art Préhistorique. Paris 1993. – J.P. Duhard, Réalisme de l'Image Masculine Paléolithique. Grenoble 1996. – R. Feustel, Sexuologische Reflexionen über Jungpaläolithische Objekte. Alt-Thüringen 11, 1971, 7-46. – M. Gill, Image of the Body. New York 1989. – G.H. Luquet, Les Vénus paléolithiques. Journal de Psychologie 31, 1934, 429-459. – A. de Mortillet, Deux curieuses pièces de la Grotte du Placard (Charente). Bulletin de la Société Préhistorique Française 3, 1906, 431-434. – L. Pales/M. de Tassin Saint-Péreuse, Les Gravures de la Marche. Tl. II: Les Humains. Paris 1976. **[S. 14-15]** – Macht, Herrschaft und Gold. Ausstellungskatalog Saarbrücken 1988, bes. 55 Abb. 25; 59; 200 ff. – T. Taylor, Sexualität der Vorzeit. Zur Evolution von Geschlecht und Kultur. Wien 1997. **[S. 18-27]** – E. Cantarella, Bisexuality in the Ancient World. New Haven/ London 1992. – A. Dierichs, Erotik in der Kunst Griechenlands. Mainz 1993. – C. Hupperts, Eros dikaios. Amsterdam 2000. – E.C. Keuls, The Reign of the Phallus: Sexual Politics in Ancient Athens. New York 1985. – C. Reinsberg, Ehe, Hetärentum und Knabenliebe im antiken Griechenland. München 1989. – A. Rousselle, Porneia: on Desire and the Body in Antiquity. Oxford 1988. – R.F. Sutton, The Interaction between Men and Women Portrayed on Attic Red-Figure Pottery. Chapel Hill 1982. **[S. 28-29]** – C. Schubert/U. Huttner (Hrsg.), Frauenmedizin in der Antike. 1999. **[S. 30-37]** – E. Cantarella, Bisexuality in the Ancient World. New Haven/London 1992. – J.R. Clarke, Looking at Lovemaking. Constructions of Sexuality in Roman Art 100 B.C.-250 A.D. Berkeley/Los Angeles/London 1998. – A. Dierichs, Erotik in der römischen Kunst. Mainz 1997. – L. Hermans, Bewust van andere lusten. Homoseksualiteit in het Romeinse keizerrijk. Amsterdam 1995. – S.B. Pomeroy, Goddesses, Whores, Wives & Slaves. Women in Classical Antiquity. London 1994. – A. Rousselle, Porneia: on Desire and the Body in Antiquity. Oxford 1988. – C. Salles, De zelfkant van de oudheid. Baarn 1995. – B.C. Verstraete, Male homosexuality and homosocial arrangements in Roman society and literature. Acta of the Amsterdam Conference: Homosexuality, Which Homosexuality? 1987, 94-106. **[S. 38-39]** – N. Schindel/L. Reis, Kaiser – Huren – Spiele: Die römischen Tesserae mit Zahlzeichen. Moneytrend, 1998/5, 52-55, 1998/6, 52-54, 1998/7, 51-53. **[S. 40-41]** – A. Varone, Erotica Pompeiana. Love inscriptions on the walls of Pompeii. Rome 2001 (=Studia archaeologica 116). **[S. 43]** – W. Hottenot/ S. van Lith, Römische Amulette aus Hirschhorn in den Niederlanden. Helinium XXX, 1990, 186-207. **[S. 44]** – D. Marcolungi, Fascinum, turpicula, res scaevola. A propos d'un pendentif phallique trouvé a Philippeville. Archeo-Situla 13-16, 1992, 85-95. **[S. 45]** – B. Rudnick, Die römischen Töpferöfen von Haltern. Mainz 2001. **[S. 46-47]** – C. van Driel-Murray, Roman leather bikinis. Archaeological leather group newsletter 9, 1999, 7-9. **[S. 48-49]** – A. Dierichs, Klingendes Kleinod. Ein unbekanntes Tintinnabulum in Dänemark. Zeitschrift für Archäologie und Kulturgeschichte 30, 1999, 145-149. **[S. 52-53]** – S. Deyts, Un peuple de pélerins. Offrandes de pierre et de bronze des Sources de la Seine. Dijon 1994. – A.M. Romeuf/M. Dumontet, Les ex-voto gallo-romains de Chamalières (Puy-de-Dôme). Bois sculptés de la sources des Roches. Paris 2000 . **[S. 54-63]** – C. Jorgensen Itnyre, A smorgasbord of sexual practices. In: J.E. Salisbury (Hrsg.), Sex in the Middle Ages. New York 1991, 145-156. – N.S. Price, The Viking way: religion and war in late Iron Age Scandinavia. Uppsala 2002. – T. Taylor, The prehistory of sex. Four million years of human sexual culture. London 1996. – W. Van der Sanden/T. Capelle, Götter, Götzen, Holzmenschen. Oldenburg 2002. **[S. 64-65]** – P. Payer, Sex and the Penitentials. The Development of a Sexual Code, 550-1150. Toronto 1984. – H. Lutterbach, Sexualität im Mittelalter. Eine Kulturstudie anhand von Bußbüchern des 6. bis 12. Jahrhunderts. Beihefte zum Archiv für Kulturgeschichte 43, 1999. **[S. 66-73]** – V.L. Bullough, Sexual Variance in Society and History. Chicago/London 1976. – D.F. Greenberg, The Construction of Homosexuality. Chicago/ London 1988. – T. Laqueur, Making sex. Body and gender from the Greeks to Freud.Cambridge Mass./London 1990. **[S. 74-75]** – J. Roberts/J. McMahon, The Sheela-na Gigs of Britain & Ireland. Sligo 1997. **[S. 76-77]** – H. van Beuningen/A.M. Koldeweij, Heilig en Profaan. 1000 laatmiddeleeuwse insignes uit de collectie H.J.E. van Beuningen. Cothen 1993. – H. van Beuningen, A.M. Koldeweij und D. Kicken, Heilig en Profaan 2. 1200 laatmiddeleeuwse insignes uit openbare en particuliere collecties. Cothen 1995. **[S. 80]** – J.A. Trimpe Burger, Aardenburgs pottenbakkerswaar. Mededelingenblad van de Vrienden van de Nederlandse Ceramiek 1974, 2-12. **[S. 81]** – H. Grewe/ M. Wemhoff, Die „Frau von Herford" und ihr Hausrat. In: H.G. Horn et al. (Hrsg.), Ein Land macht Geschichte. Archäologie in Nordrhein-Westfalen. Mainz 1995, 316–320. – K. Kovacsovics/ R. Wintersteiger, Das Phallusglas aus dem Höllbräu zu Salzburg. Das Kunstwerk des Monats, Salzburger Museum Carolino Augusteum Bl. 161, 2001. **[S. 82-89]** – D. Gaimster, Sex and Sensibility at the British Museum. History Today 50(9) 2000, 10-15. – D. Gaimster, Under lock and key. Censorship and the secret museum. In: S. Bayley (Hrsg.), Sex. The Erotic Review 2001, 126-139. – D. Gaimster, George Witt (1804-1869). New Dictionary of National Biography. Oxford 2004. – S. Marcus, The Other Victorians. A Study of Sexuality and Pornography in Mid-Nineteenth Century England. London 1967. – R. Pearsall, The Worm in the Bud. The World of Victorian Sexuality. London 2003 (Nachdruck von 1969). – I. Tang, Pornography. The Secret History of Civilization. London, Channel 4, 1999. **[S. 90-91]** – Jan Steen schilder en verteller. Katalog zur gleichnamigen Ausstellung 1996 im Rijksmuseum Amsterdam und in der National Gallery Washington. Zwolle 1996. **[S. 92]** – P. de Win,: Engelbert II Graaf van Nassau-Dillenburg en Vianden, Heer van Breda. Handelingen van de Kon. Kring voor Oudh., Letteren en Kunst van Mechelen 2, 1991, 85-115. – G. Maat, G. Van den Eynde und R.W. Mastwijk, De eerste Nassaus in Nederland. Identificatie van en paleopathologische bevindingen bij de voorouders van Willem van Oranje, begraven in de Grote of Onze Lieve Vrouwe Kerk te Breda. Ned. Tijdschr. voor Geneesk. 141, 2501-2513. **[S. 93]** – H. Clevis (Hrsg.), Zwolle ondergronds. Zeven blikvangers van archeologische vondsten in Zwolle. **[S. 94-95]** – D. Gaimster et al., The archaeology of private life. The Dudley Castle condoms. Post-Medieval Archaeology 30, 1996, 129-142. **[S. 96-97]** – Tot Lering en Vermaak. Betekenissen van Hollandse genrevoorstellingen uit de zeventiende eeuw. Ausstellungskatalog Rijksmuseum Amsterdam. Londen 1976. – E. de Jongh/ G. Luijten, Spiegel van alledag. Nederlandse genreprenten 1550-1700. Amsterdam/Gent 1997. **[S. 98-99]** – K. Bostoen/D. Horst, De wolf onder de schapen. Afbeeldingen van Broer Cornelis. De zeventiende eeuw 17, 2001, 41-74. **[S. 100-101]** – G.A. Brongers, Van gouwenaar tot bruyère pijp. Groningen 1978. **[S. 104-105]** – O. Uzanne, Correspondance de Madame Gourdan, dite la petite comtesse: pour servir a l'histoire des moeurs du siecle, et principalement de celles de Paris. Bruxelles 1883. **[S. 106-107]** – S. Nazarieff, Le Nu Stéréoscopique. Paris 1985.

Bildnachweise

P. Achroyd, Dressing Up, London (1979): **81**; Albertina, Wien: **97**; Amsterdams Arch. Centrum, Universität Amsterdam: **43** r.; Antikenmuseum, Staatliche Museen Preußischer Kulturbesitz, Berlin (Ingrid Geske): **27**; Archäologisches Landesmuseum Schloss Gottorf, Schleswig: **62**; Arch. en Bouwhist. Centrum, Utrecht (H. Lägers): **43** l.o.; Bibliothèque Nationale de France, Paris: **96**; Bildarchiv Foto Marburg: **65**; The Bridgeman Art Library, London: **57**; The British Library: **63**; The British Museum: **23, 37, 84, 85, 88** r., **89**; Bureau Oudheidkundig Onderzoek Rotterdam: **77** r.o.; U. Cantoni, Roma: **83**; P. Dean & S. Crummy, reproduziert mit Genehmigung durch das British Museum, London: **3, 4, 5, 8, 9, 13**; S. Deyts, Dyon: **52** l.; Dienst Monumentenzorg en Archeologie, Zwolle: **93**; Drents Museum: **15**, **17** r., **46** (E. Gerritsen), **34** l. (V.T. van Vilsteren), **47** (B. Mater); Dudley Museum & Art Gallery, Dudley: **94**; J. Ehrensvärd, Tosterup: **105**; Freud Museum, London: **1**; D. Gaimster, London: **88** l.; Galleria degli Uffizi, Florenz: **68**, **79** l.; Gem. Arch. Museum, Aardenburg (P. Verdurmen): **44**, **80** l.; J. Paul Getty Museum, Los Angeles: **24, 28**; JAV Studio's, Assen: **2**, **36** r., **43** l., **48**, **53** r., **55**, **79** r., **86**, **87**; W. van Keulen, Haarlem: **106**, **107**; G. Kossina 1941, Die Deutsche Vorgeschichte, Leipzig: **17** l.; Kunsthistorisches Museum, Wien: **38**, **39** r.o., **78** l., **90**; Landes Museum Tirol, Innsbruck: **61**; Limburgs Museum, Venlo: **81** u.; Lund University Historical Museum, Schweden (B. Almgren): **95**; Manchester City Galleries, Manchester: **91**; J. J. Mattelaer, Kortrijk: **22**; Mauritshuis, Den Haag: **70**; Musée Archéologique, Dijon (F. Perrodin): **52** r., **53** l.; Museum of London, London: **78** r.; Archäologisches National Museum, Athen: **19**; Museum Het Catherijneconvent, Utrecht (R. de Heer): **98**, **99** l.o.; Dänisches Nationalmuseum, Kopenhagen: **16**, **17** r., **56**; Nationaal Museum van Speelklok tot Pierement, Utrecht: **102**, **104**; National Gallery of Art, Washington: **76** l.; National Heritage Board, Stockholm (J. Dunér/Lena Beronius Jörpeland/Gabriel Hildebrand): **58**; Niemeyer Tabaksmuseum, Groningen: **101** o.; Prentenkabinet, Universiteit Leiden: **99** r.m., **99** r.u.; E. Pux, Elancourt: **104**; Regionales Geschichtsmuseum, Varna: **14**; Rheinisches Landesmuseum, Trier: **49**; Rijksdienst voor Oudheidkundig Bodemonderzoek, Amersfoort (T. Penders): **80** r., **92** r.; Rijksmuseum Amsterdam: **67**, **92**, **96** r.; Rijksmuseum Het Koninklijk Penningkabinet, Leiden: **39** l.; Saalburg Museum, Bad Homburg: **42**; RMN, Paris: **6** (J.G Berizzi), **7**, **20** (Chuzeville), **21** (H. Lewandowski); J. Roberts, Sligo: **74**, **75**; U. Seitz-Gray, Frankfurt am Main: **64**; Sexmuseum, Amsterdam: **73**; Soprintendenza Archeologica per l'Etruria Meridionale: **26**, **29**; Soprintendenza per i Beni Archeologici di Napoli e Caserta: **34** o., **36** l.; Soprintendenza Archeologica per Pompeji: **31**, **32**, **35**; Statens Historiska Museum, Stockholm: **59**; John Stoel, Haren: **100**, **101** u.; Stichting Middeleeuwse Insignes, Cothen: **76** r., **77** r.u.; George Tailor, Bradford: **60**; Universität Innsbruck: **77** l.b; the Wellcome Trust Medical Photographic Library, London: **69**; Westfälisches Museum für Archäologie, Paderborn: **81** o.; Westfälisches Römermuseum Haltern: **45**; Württembergisches Landesmuseum, Stuttgart: **51**; P. Dean & S. Crummy, naar Marshack, A. 1972. *The Roots of Civilisation*. London: **10**; P. Dean & S. Crummy, naar Mortillet, A de, 1906. Deux curieuses piéces de la grotte du Placard (Charente). Bulletin de la Sociétée Prèhistorique de France 3, 431 - 434: **11**; P. Dean & S. Crummy, naar Pales, L. & Tassin Saint-Pereuse, M. De. 1976, Les Gravures de la Marche. Paris, Ophrys (a en c); Begouin, R. Clottes, J. Giraud, J.-P. & Rouzaud. F., 1982, Plaquette grave d'Enlene Montesquiei-Avantès (Ariège). Bulletin de la Sociétée Préhistorique francaise 79 (4), 103 - 109 (b): **12**.